MANUEL COMPLET

DES

GARDES NATIONAUX

DE FRANCE.

Il vient de paraître chez le même librair

LOI SUR L'ORGANISATION DE LA GARDE NATIONALE DE F (1831).

LOI MUNICIPALE (1831).

LOI ÉLECTORALE.

Franc de port.

MANUEL DU SAPEUR-POMPIER, contenant la description de chines en usage contre les incendies, l'ordre du servic exercices pour la manœuvre des pompes, etc.; par M. capitaine. Suivi de la description du tonneau hydrauli de la pompe aspirante et foulante; par M. *Launay*. U volume orné de Planches. Prix 1 fr.

ÉVÈNEMENS DE BRUXELLES ET AUTRES VILLES DU ROYAUM PAYS-BAS, depuis le 25 août 1830, précédés du Catécl du Citoyen belge, et de Chants patriotiques. 1 vol. in Prix 1 fr.

PROCÈS DES EX-MINISTRES; Relation exacte et détaillée co nant tous les débats et plaidoyers recueillis par les meil sténographes. 3e édition. 3 gros vol. in-18, ornés de q portraits gravés sur acier. Prix : 7 fr. 50 c., et 9 fr. p poste.

Rien n'a été négligé pour que cette relation soit la plus plète. Les séances du procès ont été collationnées sur le *M teur;* tous les débats et discours des défenseurs y sont rappo textuellement. Les troubles qui ont eu lieu dans Paris à l'o sion des ministres y ont trouvé place; enfin elle est la seule contienne toutes les dépositions.

THÉORIE DU 4 MARS 1831, *pour les Manœuvres d'Infante* 1 vol. avec Planches. 7

MANUEL DE L'ARTIFICIER, ou l'Art de faire toutes sorte feux d'artifice à peu de frais, et d'après les meilleurs pro dés, contenant les élémens de pyrotechnie civile et milita leur application pratique à tous les artifices connus jusq ce jour, et à de nouvelles combinaisons fulminantes; M. *Vergnaud*. 1 vol. orné de figures. 3

Gardes Nationaux en grande tenue
Face
Revers
Cavalerie

NOUVEAU
MANUEL COMPLET
DES
GARDES NATIONAUX
DE FRANCE,

CONTENANT

École du Soldat et de Peloton, du 4 mars 1831, etc.; précédés de la Loi de 1831 sur la Garde Nationale, les Ordonnances sur la Cavalerie et l'Artillerie, la Loi sur les Émeutes, la Consigne des Postes, l'État-Major, le Modèle du Drapeau, etc., l'Ordre du jour sur l'Uniforme en général, et celui pour les Communes rurales.

ADOPTÉ PAR LE GÉNÉRAL EN CHEF ;

PAR M. R. L.

Ouvrage orné d'un grand nombre de figures représentant les différens uniformes de la garde nationale, et toutes celles nécessaires pour l'exercice et les manœuvres.

VINGT-SEPTIÈME ÉDITION,

REVUE, CORRIGÉE ET AUGMENTÉE.

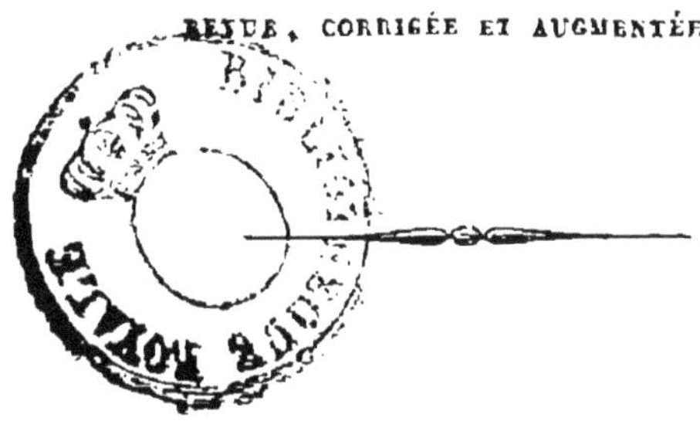

PARIS,

LIBRAIRIE ENCYCLOPÉDIQUE DE RORET,

RUE HAUTEFEUILLE, AU COIN DE LA RUE DU BATTOIR.

1831.

De l'Imprimerie de LACHEVARDIERE, rue du Colombier, n. 30.

LOI
SUR L'ORGANISATION
DE LA
GARDE NATIONALE.

LOUIS-PHILIPPE, Roi des Français, à tous présens et venir, salut:

Les Chambres ont adopté, nous avons ordonné et ordonnons qui suit:

TITRE PREMIER.

Dispositions générales.

Art. 1. La garde nationale est instituée pour défendre la yauté constitutionnelle, la Charte et les droits qu'elle a nsacrés, pour maintenir l'obéissance aux lois, conserver ou tablir l'ordre et la paix publique, seconder l'armée de ligne ans la défense des frontières et des côtes, assurer l'indépen-ance de la France et l'intégrité de son territoire.

Toute délibération prise par la garde nationale sur les faires de l'Etat, du département et de la commune, est ne atteinte à la liberté publique et un délit contre la chose ablique et la constitution.

2. La garde nationale est composée de tous les Français, uf les exceptions ci-après.

3. Le service de la garde nationale consiste :

1° En service ordinaire dans l'intérieur de la commune;

2° En service de détachement hors du territoire de la com-une;

3° En service de corps détachés pour seconder l'armée de gne dans les limites fixées par l'art. 1er.

4. Les gardes nationales seront organisées dans tout le oyaume : elles le seront par communes.

Les compagnies communales d'un canton seront formées en ataillons cantonnaux lorsqu'une ordonnance du Roi l'aura rescrit.

5. Cette organisation sera permanente; toutefois, le Roi

pourra suspendre ou dissoudre la garde nationale en des lie déterminés.

Dans ces deux cas, la garde nationale sera remise en activi ou réorganisée dans l'année qui s'écoulera, à compter du jo de la suspension ou de la dissolution, s'il n'est pas interve une loi qui prolonge ce délai.

Dans le cas où la garde nationale résisterait aux réquisitio légales des autorités, ou bien s'immiscerait dans les actes d autorités municipales, administratives ou judiciaires, le préf pourra provisoirement la suspendre.

Cette suspension n'aura d'effet que pendant deux mois, si pendant cet espace de temps, elle n'est pas maintenue, ou la dissolution n'est pas prononcée par le Roi.

6. Les gardes nationales sont placées sous l'autorité des mai res, des sous-préfets, des préfets, et du Ministre de l'intérieu

Lorsque la garde nationale sera réunie, en tout ou en parti au chef-lieu du canton, ou dans une autre commune que chef-lieu du canton, elle sera sous l'autorité du maire de commune où sa réunion aura lieu d'après les ordres du sou préfet ou du préfet.

Sont exceptés les cas déterminés par les lois, où les gard nationales sont appelées à faire, dans leur commune ou leu canton, un service d'activité militaire, et sont mises, pa l'autorité civile, sous les ordres de l'autorité militaire.

7. Les citoyens ne pourront ni prendre les armes, ni se ras sembler en état de gardes nationales, sans l'ordre des chefs im médiats, ni ceux-ci donner cet ordre sans une réquisition d l'autorité civile, dont il sera donné communication à la têt de la troupe.

8. Aucun officier ou commandant de poste de la gard nationale ne pourra faire distribuer des cartouches aux citoyen armés si ce n'est en cas de réquisition précise; autrement i demeurera responsable des évènemens.

TITRE II.

SECTION PREMIERE.

De l'obligation du service.

9. Tous les Français, âgés de vingt à soixante ans, son appelés au service de la garde nationale, dans le lieu de leur do micile réel : ce service est obligatoire et personnel, sauf le exceptions qui seront établies ci-après.

10. Pourront être appelés à faire le service, les étrangers admi

la jouissance des droits civils, conformément à l'article 13 ı Code Civil, lorsqu'ils auront acquis, en France, une pro-iété, ou qu'ils y auront formé un établissement.

11. Le service de la garde nationale est incompatible avec s fonctions des magistrats qui ont le droit de requérir la rce publique.

12. Ne seront pas appelés à ce service :

1° Les ecclésiastiques engagés dans les ordres ; les ministres s différens cultes, les élèves des grands séminaires et des cultés de théologie ;

2° Les militaires des armées de terre et de mer en activité service ; ceux qui auront reçu une destination des Minis-es de la guerre ou de la marine ; les administrateurs ou agens mmissionnés des services de terre et de mer également en tivité ; les ouvriers des ports, des arsenaux, et des manu-ctures d'armes organisés militairement ; ne sont pas compris ns cette dispense les commis et employés des bureaux de la arine au-dessous du grade de sous-commissaire ;

3° Les officiers, sous officiers et soldats des gardes muni-pales et autres corps soldés ;

4° Les préposés des services actifs des douanes, des octrois, s administrations sanitaires ; les gardes-champêtres et fores-rs.

13. Sont exemptés du service de la garde nationale les ncierges des maisons d'arrêt, les geôliers, les guichetiers, et tres agens subalternes de justice ou de police.

Le service de la garde nationale est interdit aux individus ivés de l'exercice des droits civils conformément aux lois.

Sont exclus de la garde nationale,

1° Les condamnés à des peines afflictives ou infamantes ;

2° Les condamnés en police correctionnelle pour vol, es-oquerie, pour banqueroute simple, abus de confiance, pour ustraction commise par des dépositaires publics, et pour at-ntat aux mœurs, prévus par les articles 331 et 334 du Code énal ;

3° Les vagabonds ou gens sans aveu déclarés tels par juge-ens.

SECTION II.

De l'inscription au registre-matricule.

14. Les Français appelés au service de la garde nationale, sont inscrits sur un registre-matricule établi dans chaque mmune.

A cet effet, des listes de recensement seront dressées par maire et révisées par un conseil de recensement, comme il dit ci-après.

Ces listes seront déposées au secrétariat de la mairie, les toyens seront avertis qu'ils peuvent en prendre connaissan

15. Il y aura au moins un conseil de recensement par co mune dans les communes rurales; et dans les villes qui ne fo ment pas plus d'un canton, le conseil municipal, présidé p le maire, remplira les fonctions du conseil de recensement.

Dans les villes qui renferment plusieurs cantons, le cons municipal pourra s'adjoindre un certain nombre de person choisies en nombre égal, dans les divers quartiers, parmi citoyens qui sont ou qui seront appelés à faire le service de garde nationale.

Le conseil municipal et les membres adjoints pourront subdiviser, suivant les besoins, en autant de conseils de rec sement qu'il y aura d'arrondissemens.

Dans ce cas, l'un des conseils sera présidé par le mai chacun des autres le sera par l'adjoint ou le membre du con municipal délégué par le maire.

Ces conseils seront composés de huit membres au moins.

A Paris, il y aura, par arrondissement, un conseil de rec sement présidé par le maire de l'arrondissement, et comp de huit membres choisis par lui, comme il est dit au troisiè paragraphe de cet article.

16. Le conseil de recensement procédera immédiatemen la révision des listes et à l'établissement du registre-matricu

17. Au mois de janvier de chaque année, le conseil de censement inscrira au registre-matricule les jeunes gens qui ront entrés dans leur vingtième année pendant le cours l'année précédente, ainsi que les Français qui auront nouvel ment acquis leur domicile dans la commune; il rayera du registre les Français qui seront entrés dans leur soixantiè année pendant le cours de la même année, ceux qui aur changé de domicile et les décédés.

Toutefois le service ne sera pas exigé avant l'âge de vingt accomplis.

18. Dans le courant de chaque année, le maire notera, marge du registre-matricule, les mutations provenant 1° décès, 2° des changemens de résidence, 3° des actes en ve desquels les personnes désignées dans les articles 11, 12 et auraient cessé d'être soumises au service de la garde nation ou en seraient exclues.

Le conseil de recensement, sur le vu des pièces justificati prononcera, s'il y a lieu, la radiation.

Le registre-matricule, déposé au secrétariat de la mairie, ra communiqué à tout habitant de la commune qui en fera la emande au maire.

TITRE III.

Du service ordinaire.

SECTION PREMIÈRE.

De l'inscription au contrôle du service ordinaire et de réserve.

19. Après avoir établi le registre-matricule, le conseil de ecensement procédera à la formation du contrôle du service rdinaire et du contrôle de réserve.

Le contrôle de service ordinaire comprendra tous les citoyens ue le conseil de recensement jugera pouvoir concourir au ervice habituel.

Néanmoins, parmi les Français inscrits sur le registre-maicule, ne pourront être portés sur le contrôle du service ordiaire que ceux qui sont imposés à la contribution personnelle, t leurs enfans lorsqu'ils auront atteint l'âge fixé par la loi, u les gardes nationaux non imposés à la contribution personelle, mais qui ayant fait le service postérieurement au 1er août ernier voudront le continuer.

Le contrôle de réserve comprendra tous les citoyens pour squels le service habituel serait une charge trop onéreuse, et ui ne devront être requis que dans les circonstances extraorinaires.

20. Ne seront pas portés sur les contrôles du service ordiaire les domestiques attachés au service de la personne.

21. Les compagnies et subdivisions de compagnie sont forées sur les contrôles du service ordinaire. Les citoyens inrits sur les contrôles de réserve seront répartis à la suite desites compagnies ou subdivisions de compagnie, de manière pouvoir y être incorporés au besoin.

22. Les inscriptions et les radiations à faire sur les contrôles, uront lieu d'après les règles suivies pour les inscriptions et idiations opérées sur les registres-matricules.

23. Il sera formé, à la diligence du juge de paix, dans chaque nton, un jury de révision composé du juge de paix président, de douze jurés désignés par le sort, sur la liste de tous les ficiers, sous-officiers, caporaux et gardes nationaux sachant re et écrire, et âgés de plus de vingt-cinq ans.

Il sera dressé une liste, par commune, de tous les officiers, us-officiers, caporaux et gardes nationaux ainsi désignés; le tirage définitif des jurés sera fait sur l'ensemble de ces listes pour tout le canton.

24. Le tirage des jurés sera fait par le juge de paix en audience publique. Les fonctions de juré et celles de membre du conseil de recensement sont incompatibles.

Les jurés seront renouvelés tous les six mois.

25. Ce jury prononcera sur les réclamations relatives,

1° A l'inscription ou à la radiation sur les registres-matricules, ainsi qu'il est dit art. 14.

2° A l'inscription ou à l'omission sur le contrôle du service ordinaire.

Seront admises les réclamations des tiers gardes nationaux, sur qui retomberait la charge du service.

Ce jury exercera, en outre, les attributions qui lui seront spécialement confiées par les dispositions subséquentes de la présente loi.

26. Le jury ne pourra prononcer qu'au nombre de sept membres au moins, y compris le président.

Ses décisions seront prises à la majorité absolue et ne seront susceptibles d'aucun recours.

SECTION II.

Des remplacemens, des exemptions, des dispenses du service ordinaire.

27. Le service de la garde nationale étant obligatoire et personnel, le remplacement est interdit pour le service ordinaire, si ce n'est entre les proches parens; savoir: du père par le fils, du frère par le frère; de l'oncle par le neveu, et réciproquement; ainsi qu'entre alliés aux mêmes degrés, à quelque compagnie ou bataillon qu'appartiennent les parens et les alliés.

Les gardes nationaux de la même compagnie qui ne sont ni parens ni alliés aux degrés ci-dessus désignés, pourront seulement échanger leur tour de service.

28. Peuvent se dispenser du service de la garde nationale nonobstant leur inscription,

1° Les membres des deux Chambres;

2° Les membres des cours et tribunaux;

3° Les anciens militaires qui ont cinquante ans d'âge et vingt années de service;

4° Les gardes nationaux ayant cinquante-cinq ans;

5° Les facteurs de poste aux lettres, les agens des lignes télégraphiques, et les postillons de l'administration des postes reconnus nécessaires au service.

29. Sont dispensées du service ordinaire les personnes qu'une firmité met hors d'état de faire le service.

Toutes ces dispenses, et toutes les autres dispenses tempoires demandées pour cause d'un service public, seront proncées par le conseil de recensement sur le vu des pièces qui constateront la nécessité.

Les absences constatées seront un motif suffisant de dispense mporaire.

En cas d'appel, le jury de révision statuera.

SECTION III.

Formation de la garde nationale, composition des cadres.

30. La garde nationale sera formée, dans chaque commune, r subdivisions de compagnie, par compagnies, par bataillons par légions.

La cavalerie de la garde nationale sera formée, dans chaque mmune ou dans le canton, par subdivisions d'escadron et r escadron.

Chaque bataillon aura son drapeau, et chaque escadron son endard.

31. Dans chaque commune, la formation en compagnie se ra de la manière suivante:

Dans les villes, chaque compagnie sera composée, autant ıe possible, des gardes nationaux du même quartier. Dans s communes rurales, les gardes nationaux de la même comune forment une ou plusieurs compagnies, ou une subdivision compagnie.

32. La répartition en compagnies ou en subdivisions de comgnies des gardes nationaux inscrits sur le contrôle du service dinaire sera faite par le conseil de recensement.

§ 1er.

Formation des compagnies.

33. Il y aura par subdivision de compagnie de gardes nati naux à pied de toutes armes :

	NOMBRE TOTAL D'HOMMES.				
	jusqu'à 14.	de 15 à 20.	de 20 à 30.	de 30 à 40.	de 40 à 50.
Lieutenans	»	»	»	1	1
Sous lieutenans	»	1	1	1	1
Sergens	1	1	2	2	3
Caporaux	1	2	4	4	6
Tambours	»	»	»	1	1

34. La force ordinaire des compagnies sera de soixante à deı cents hommes; néanmoins la commune qui n'aura que cinqua te à soixante gardes nationaux, formera une compagnie.

35. Il y aura par compagnie de garde nationale àpied toutes armes :

	NOMBRE TOTAL D'HOMMES.			
	de 50 à 80.	de 80 à 100.	de 100 à 140.	de 140 à 200
Capitaine en premier	1	1	1	1
Capitaine en second	»	»	»	1
Lieutenans	1	1	2	2
Sous-lieutenans	1	2	2	2
Sergent-major	1	1	1	1
Sergent-fourrier	1	1	1	1
Sergens	4	6	6	8
Caporaux	8	12	12	16
Tambours	1	2	2	2

36. Il pourra être formé une garde à cheval dans les canto ou communes où cette formation serait jugée utile au servic

et où se trouveraient au moins dix gardes nationaux qui s'engageraient à s'équiper à leurs frais et à entretenir chacun un cheval.

37. Il y aura par subdivision d'escadron et par escadron :

	NOMBRE TOTAL D'HOMMES.						
	jusqu'à 17.	de 17 à 30.	de 30 à 40.	de 40 à 50.	de 50 à 70.	de 70 à 100.	de 100 à 120 et au-dessus.
Capitaine en premier	»	»	»	»	»	1	1
Capitaine en second	»	»	»	»	»	»	1
Lieutenans	»	»	1	1	1	2	2
Sous-lieutenans	»	1	1	1	2	2	2
Maréchal-des-logis chef	»	»	»	»	»	1	1
Fourrier	»	»	»	»	»	1	1
Maréchaux-des-logis	1	2	2	3	4	4	8
Brigadiers	2	4	4	6	8	8	16
Trompettes	»	»	1	1	1	1	2

38. Dans toutes les places de guerre et dans les cantons voisins des côtes, il sera formé des compagnies ou des subdivisions de compagnies d'artillerie. A Paris, et dans les autres villes, une ordonnance du Roi pourra prescrire la formation et l'armement de compagnies ou de subdivisions de compagnies d'artillerie. L'ordonnance réglera l'organisation, la réunion ou la répartition des compagnies.

39. Les artilleurs seront choisis, par le conseil de recensement, parmi les gardes nationaux qui se présenteraient volontairement, et qui réuniraient, autant que possible, les qualités exigées pour entrer dans l'artillerie.

40. Partout où il n'existe pas de corps soldés de sapeurs-pompiers, il sera, autant que possible, formé par le conseil de recensement des compagnies ou subdivisions de compagnies de sapeurs-pompiers volontaires, faisant partie de la garde nationale. Elles seront composées principalement d'anciens officiers et soldats du génie militaire, d'officiers et agens des ponts-et-chaussés et des mines, et d'ouvriers d'art.

41. Dans les ports de commerce et dans les cantons maritimes, il pourra être formé des compagnies spéciales de marins et d'ouvriers marins, ayant pour service ordinaire la protec-

tion des navires et du matériel maritime situé sur les côtes e dans les ports.

42. Toutes les compagnies spéciales concourront par arme et suivant leur force numérique au service ordinaire de l. garde nationale.

§ II.

Formation des bataillons.

43. Le bataillon sera formé de quatre compagnies au moin et de huit au plus.

44. L'état-major du bataillon sera composé :
D'un chef de bataillon,
D'un adjudant-major capitaine,
D'un porte-drapeau sous-lieutenant,
D'un chirurgien-aide-major,
D'un adjudant-sous-officier,
D'un tambour-maître.

A Paris, lorsque la force effective d'un bataillon sera de mille hommes et plus, il pourra y avoir un chef de bataillon en second et un deuxième adjudant-sous-officier.

45. Dans toutes les communes où le nombre des gardes nationaux inscrits sur le contrôle du service ordinaire s'élèvera à plus de 500 hommes, la garde naionale sera formée par bataillons.

Lorsque, dans le cas prévu par l'article 4, une ordonnance du Roi aura prescrit la formation en bataillons des gardes nationales de plusieurs communes, cette ordonnance indiquera les communes dont les gardes nationales doivent participer à la formation du même bataillon.

La compagnie ou les compagnies d'une commune ne pourront jamais être réparties dans des bataillons différens.

46. Les bataillons formés par les gardes nationales d'une même commune pourront seuls avoir chacun une compagnie de grenadiers et une de voltigeurs.

47. Les compagnies de sapeurs-pompiers et de canonniers volontaires ne seront pas comprises dans la formation des bataillons de garde nationale : elles seront cependant, ainsi que les compagnies de cavalerie, sous les ordres du commandant de la garde communale ou cantonnale.

§ III.

Formation des légions.

48. Dans les cantons et dans les villes où la garde nationale présente au moins deux bataillons de 500 hommes chacun,

e pourra, d'après une ordonnance du Roi, être réunie par ;ions.

Dans aucun cas, la garde nationale ne pourra être formée r département ni par arrondissement de sous-préfecture.

49. L'état-major d'une légion sera composé :

D'un chef de légion colonel,
D'un lieutenant-colonel,
D'un major chef de bataillon,
D'un chirurgien-major,
D'un tambour-major.

A Paris et dans les villes où la nécessité en sera reconnue, pourra y avoir près des légions un officier payeur et un ca- taine d'armement.

SECTION IV.

De la nomination aux grades.

50. Dans chaque commune, les gardes nationaux appelés à rmer une compagnie ou subdivision de compagnie, se réu- ront sans armes et sans uniforme pour procéder, en présence président du conseil de recensement, assisté par les deux embres les plus âgés de ce conseil, à la nomination de leurs ficiers, sous-officiers et caporaux, suivant les tableaux des ar- les 33, 35 et 37.

Si plusieurs communes sont appelées à former une compa- ie, les gardes nationaux de ces communes se réuniront dans commune la plus populeuse pour nommer leur capitaine, ir sergent-major et leur fourrier.

51. L'élection des officiers aura lieu pour chaque grade suc- ssivement, en commençant par le plus élevé, au scrutin indi- duel et secret, à la majorité absolue des suffrages.

Les sous-officiers et caporaux seront nommés à la majorité lative.

Le scrutin sera dépouillé par le président du conseil de re- nsement, assisté comme il est dit dans l'article précédent, ir au moins deux membres de ce conseil, lesquels rempliront s fonctions de scrutateurs.

52. Dans les villes et communes qui ont plus d'une compa- ie, chaque compagnie sera appelée séparément et tour à tour our procéder à ses élections.

53. Pour nommer le chef de bataillon et le porte-drapeau, us les officiers du bataillon réunis à pareil nombre de sous- ficiers, caporaux ou gardes nationaux, formeront une assem- ée convoquée et présidée par le maire de la commune, si le

bataillon est communal, et par le maire délégué du sous-pr fet, si le bataillon est cantonnal.

Les sous-officiers, caporaux et gardes nationaux chargés concourir à l'élection, seront nommés dans chaque compagn

Tous les scrutins d'élection seront individuels et secrets faudra la majorité absolue des suffrages.

54. Les réclamations élevées relativement à l'inobservati des formes prescrites pour l'élection des officiers et sous-of ciers, seront portées devant le jury de révision qui décid sans recours.

55. Si les officiers de tout grade, élus conformément à loi, ne sont pas, au bout de deux mois, complètement arm équipés et habillés suivant l'uniforme, ils seront considé comme démissionnaires et remplacés sans délai.

56. Les chefs de légion et les lieutenans-colonels ser choisis par le Roi sur une liste de dix candidats, présenté la majorité relative par la réunion, 1° de tous les officiers la légion; 2° de tous les sous-officiers, caporaux et gardes n tionaux désignés dans chacun des bataillons de la légion p concourir au choix du chef de bataillon, comme il est dit ticle 53.

57. Les majors, les adjudans-majors, chirurgiens-maj et aides-majors seront nommés par le Roi,

L'adjudant sous-officier sera nommé par le chef de légi ou de bataillon.

Le capitaine d'armement et l'officier payeur seront nomn par le commandant supérieur ou le préfet sur la présentati du chef de légion.

58. Il sera nommé aux emplois autres que ceux désignés dessus, sur la présentation du chef de corps, savoir :

Par le maire, lorsque la garde nationale sera communal

Et par le sous-préfet pour les bataillons cantonnaux.

59. Dans chaque commune, le maire fera reconnaître à garde nationale assemblée sous les armes le commandant cette garde. Celui-ci, en présence du maire, fera reconnaît les officiers.

Les fonctions du maire seront remplies, à Paris, par le préf

Pour les compagnies et bataillons qui comprennent pl sieurs communes, le sous-préfet ou son délégué fera reco naître l'officier commandant, en présence de la compagn ou du bataillon assemblé.

Dans le mois de la promulgation de la loi, les officiers tout grade, actuellement en fonctions, et à l'avenir ceux no vellement élus au moment où ils seront reconnus, prêtero erment de fidélité au Roi des Français et d'obéissance à la Charte constitutionnelle et aux lois du royaume.

60. Les officiers, sous-officiers et caporaux seront élus pour trois ans. Ils pourront être réélus.

61. Sur l'avis du maire et du sous-préfet, tout officier de la garde nationale pourra être suspendu de ses fonctions pendant deux mois, par arrêté motivé du préfet pris en conseil de préfecture, l'officier préalablement entendu dans ses observations.

L'arrêté du préfet sera transmis immédiatement par lui au Ministre de l'intérieur.

Sur le rapport du Ministre, la suspension pourra être prolongée par une ordonnnance du Roi.

Si, dans le cours d'une année, ledit officier n'a pas été rendu à ses fonctions, il sera procédé à une nouvelle élection.

62. Aussitôt qu'un emploi quelconque deviendra vacant, il sera pourvu au remplacement, suivant les formes établies par la présente loi.

63. Les corps spéciaux suivront, pour leur formation et pour l'élection de leurs officiers, sous-officiers et caporaux, les règles prescrites par les articles 53 et suivans.

64. Dans les communes où la garde nationale formera plusieurs légions, le Roi pourra nommer un commandant supérieur; mais il ne pourra être nommé de commandant supérieur des gardes nationales de tout un département, ou d'un même arrondissement de sous-préfecture.

Cette disposition n'est pas applicable au département de la Seine.

65. Lorsque le Roi aura jugé à propos de nommer dans une commune un commandant supérieur, l'état-major sera fixé, quant au nombre et aux grades des officiers qui devront le composer, par une ordonnance du Roi.

Les officiers d'état-major seront nommés par le Roi, sur la présentation du commandant supérieur, qui ne pourra choisir les candidats que parmi les gardes nationaux de la commune.

66. Il ne pourra y avoir dans la garde nationale aucun grade sans emploi.

67. Aucun officier exerçant un emploi actif dans les armées de terre et de mer, ne pourra être nommé officier ni commandant supérieur des gardes nationales en service ordinaire.

SECTION V.

De l'uniforme, des armes et des préséances.

68. L'uniforme des gardes nationales sera déterminé pa une ordonnance du Roi : les signes distinctifs des grades seron les mêmes que ceux de l'armée.

69. Lorsque le Gouvernement jugera nécessaire de délivre des armes de guerre aux gardes nationales, le nombre d'arme reçues sera constaté dans chaque municipalité, au moyen d'états émargés par les gardes nationaux, à l'instant où les arme leur seront délivrées.

L'entretien de l'armement est à la charge du garde national, et les réparations, en cas d'accident causé par le service sont à la charge de la commune.

Les gardes nationaux et les communes sont responsables de armes qui leur auront été délivrées ; ces armes restent la propriété de l'Etat.

Les armes seront poinçonnées et numérotées.

70. Les diverses armes dont se compose la garde national seront assimilées, pour le rang à conserver entre elles, au armes correspondantes des forces régulières.

71. Toutes les fois que la garde nationale sera réunie, le différens corps prendront la place qui leur sera assignée pa le commandant supérieur.

72. Dans tous les cas où les gardes nationales serviron avec les corps soldés, elles prendront le rang sur eux.

Le commandement dans les fêtes ou cérémonies civiles appartiendra à celui des officiers des divers corps qui aura la supériorité du grade, ou, à grade égal, à celui qui sera le plu ancien.

SECTION VI.

Ordre du service ordinaire.

73. Le règlement relatif au service ordinaire, aux revues e aux exercices, sera arrêté par le maire, sur la proposition du commandant de la garde nationale, et approuvé par le sous-préfet.

Les chefs pourront, en se conformant à ce règlement et sans réquisition particulière, mais après en avoir prévenu l'autorité municipale, faire toutes les dispositions et donner tous les ordres relatifs au service ordinaire, aux revues et aux exercices.

Dans les villes de guerre, la garde nationale ne pourra prendre les armes ni sortir des barrières, qu'après que le maire en aura informé par écrit le commandant de la place.

74. Lorsque la garde nationale des communes sera organisée en bataillons cantonnaux, le règlement sur les exercices et revues sera arrêté par le sous-préfet, sur la proposition de l'officier le plus élevé en grade du canton, et sur l'avis des maires des communes.

75. Le préfet pourra suspendre les revues et exercices annuels dans les communes et dans les cantons de son département, à la charge d'en rendre immédiatement compte au Ministre de l'intérieur.

76. Pour l'ordre du service, il sera dressé par les sergens-majors un contrôle de chaque compagnie, signé du capitaine, et indiquant les jours où chaque garde national aura fait un service.

77. Dans les communes où la garde nationale est organisée par bataillons, l'adjudant-major tiendra un état, par compagnie, des hommes commandés chaque jour dans son bataillon.

Cet état servira à contrôler le rôle de chaque compagnie.

78. Tout garde national commandé pour le service devra obéir, sauf à réclamer, s'il s'y croit fondé, devant le chef du corps.

SECTION VII.

De l'administration.

79. La garde nationale est placée, pour son administration et sa comptabilité, sous l'autorité administrative et municipale.

Les dépenses de la garde nationale sont votées, réglées et surveillées comme toutes les autres dépenses municipales.

80. Il y aura dans chaque légion ou dans chaque bataillon formé par les gardes nationaux d'une même commune, un conseil d'administration chargé de présenter annuellement au maire l'état des dépenses nécessaires, et de viser les pièces justificatives de l'emploi fait des fonds.

Le conseil sera composé du commandant de la garde nationale, qui présidera, et de six membres choisis parmi les officiers, sous-officiers et gardes nationaux.

Il y aura également, par bataillon cantonnal, un conseil d'administration chargé des mêmes fonctions, et qui devra présenter au sous-préfet l'état des dépenses résultant de la formation du bataillon.

Les membres du conseil d'administration seront nommés par

le préfet, sur une liste triple de candidats présentés par le che[f] de légion ou par le chef de bataillon dans les communes où i[l] n'est pas formé de légion.

Dans les communes où la garde nationale comprendra un[e] ou plusieurs compagnies non réunies en bataillon, l'état des dé[-] penses sera soumis au maire par le commandant de la gard[e] nationale.

81. Les dépenses ordinaires de la garde nationale sont :

1° Les frais d'achat des drapeaux, des tambours et de[s] trompettes ;

2° La partie d'entretien des armes qui ne sera pas à la charg[e] individuelle des gardes nationaux ;

3° Les frais de registres, papiers, contrôles, billets de garde et tous les menus frais de bureau qu'exigera le service de l[a] garde nationale.

Les dépenses extraordinaires sont :

1° Dans les villes qui, d'après l'article 64, recevront u[n] commandant supérieur, les frais d'indemnité pour dépense[s] indispensables de ce commandant et de son état-major.

2° Dans les communes et les cantons où seront formés de[s] bataillons ou légions, les appointemens des majors, adjudans[-] majors et adjudans sous-officiers, si ces fonctions ne peuven[t] pas être exercées gratuitement ;

3° L'habillement et la solde des tambours et trompettes.

Les conseils municipaux jugeront de la nécessité de ces dé[-] penses.

Lorsqu'il sera créé des bataillons cantonnaux, la répartitio[n] de la portion afférente à chaque commune du canton, dans le[s] dépenses du bataillon, autres que celles des compagnies, ser[a] faite par le préfet en conseil de préfecture, après avoir pri[s] l'avis des conseils municipaux.

SECTION VIII.

§ 1er.

Des peines.

82. Les chefs de poste pourront employer contre les gardes nationaux de service les moyens de répression qui suivent :

1° Une faction hors de tour contre tout garde national qui aura manqué à l'appel ou se sera absenté du poste sans autorisation ;

2° La détention dans la prison du poste, jusqu'à la relevée de la garde, contre tout garde national de service en état d'ivresse ou qui se sera rendu coupable de bruit, tapage, voies de fait, ou de provocation au désordre ou à la violence, sans préjudice du renvoi au conseil de discipline, si la faute emporte une punition plus grave.

83. Sur l'ordre du chef du corps, indépendamment du service régulièrement commandé, et que le garde national, le caporal ou le sous-officier doit accomplir, il sera tenu de monter une garde hors de tour lorsqu'il aura manqué pour la première fois au service.

84. Les conseils de discipline pourront, dans les cas énumérés ci-après, infliger les peines suivantes :

1° La réprimande ;
2° Les arrêts pour trois jours au plus ;
3° La réprimande avec mise à l'ordre ;
4° La prison pour trois jours au plus ;
5° La privation du grade.

Si, dans les communes où s'étend la juridiction du conseil de discipline, il n'existe ni prison, ni local pouvant en tenir lieu, ce conseil pourra commuer la peine de prison en une amende d'une journée à dix journées de travail.

85. Sera puni de la réprimande l'officier qui aura commis une infraction, même légère, aux règles du service.

86. Sera puni de la réprimande, avec mise à l'ordre, l'officier qui, étant de service ou en uniforme, tiendra une conduite propre à porter atteinte à la discipline de la garde nationale ou à l'ordre public.

87. Sera puni des arrêts ou de la prison, suivant la gravité des cas, tout officier qui, étant de service, se sera rendu coupable des fautes suivantes :

1° La désobéissance et l'insubordination ;
2° Le manque de respect, les propos offensans et les insultes envers des officiers d'un grade supérieur ;
3° Tout propos outrageant envers un subordonné, et tout abus d'autorité ;
4° Tout manquement à un service commandé ;
5° Toute infraction aux règles du service.

88. Les peines énoncées dans les articles 85 et 86 pourront, dans les mêmes cas, et suivant les circonstances, être appliquées aux sous-officiers, caporaux et gardes nationaux.

89. Pourra être puni de la prison, pendant un temps qui ne pourra excéder deux jours et en cas de récidive trois jours,

1° Tout sous-officier, caporal et garde national coupable de désobéissance et d'insubordination, ou qui aura refusé, pour la seconde fois, un service d'ordre et de sûreté ;
2° Tout sous-officier, caporal et garde national qui, étant

de service, sera dans un état d'ivresse ou tiendra une conduite qui porte atteinte à la discipline de la garde nationale ou à l'ordre public;

3° Tout garde national qui, étant de service, aura abandonné ses armes ou son poste avant qu'il ne soit relevé.

90. Sera privé de son grade tout officier, sous-officier ou caporal, qui, après avoir subi une condamnation du conseil de discipline, se rendra coupable d'une faute qui entraîne l'emprisonnement, s'il s'est écoulé moins d'un an depuis la première condamnation. Pourra également être privé de son grade tout officier, sous-officier et caporal qui aura abandonné son poste avant qu'il ne soit relevé.

Tout officier, sous-officier et caporal privé de son grade par jugement, ne pourra être réélu qu'aux élections générales.

91. Le garde national prévenu d'avoir vendu à son profit les armes de guerre ou les effets d'équipement qui lui ont été confiés par l'État ou par les communes, sera renvoyé devant le tribunal de police correctionnelle, pour y être poursuivi à la diligence du ministère public, et puni, s'il y a lieu, de la peine portée en l'art. 408 du Code Pénal, sauf l'application, le cas échéant, de l'art. 463 dudit Code.

Le jugement de condamnation prononcera la restitution au profit de l'État ou de la commune du prix des armes ou effets vendus.

92. Tout garde national qui, dans l'espace d'une année, aura subi deux condamnations du conseil de discipline pour refus de service, sera, pour la troisième fois, traduit devant les tribunaux de police correctionnelle, et condamné à un emprisonnement qui ne pourra être moindre de cinq jours ni excéder dix jours.

En cas de récidive, l'emprisonnement ne pourra être moindre de dix jours ni excéder vingt jours.

Il sera en outre condamné aux frais et à une amende qui ne pourra être moindre de 5 francs ni excéder 15 francs dans le premier cas, et dans le deuxième être moindre de 15 francs, ni excéder 50 francs.

93. Tout chef de corps, poste ou détachement de la garde nationale qui refusera d'obtempérer à une réquisition des magistrats ou fonctionnaires investis du droit de requérir la force publique, ou qui aura agi sans réquisition et hors des cas prévus par la loi, sera poursuivi devant les tribunaux, et puni conformément aux art. 234 et 258 du Code Pénal.

La poursuite entraînera la suspension, et, s'il y a condamnation, la perte du grade.

§ II.

Des conseils de discipline.

94. Il y aura un conseil de discipline,

1° Par bataillon communal ou cantonnal;

2° Par commune ayant une ou plusieurs compagnies non ;unies en bataillon;

3° Par compagnie formée de gardes nationaux de plusieurs ommunes.

95. Dans les villes qui comprendront une ou plusieurs lé-ons, il y aura un conseil de discipline pour juger les officiers ıpérieurs de légion et officiers d'état-major, non justiciables es conseils de discipline ci-dessus.

96. Le conseil de discipline de la garde nationale d'une ommune ayant une ou plusieurs compagnies non réunies en ataillon, et celui d'une compagnie formée de gardes natio-aux de plusieurs communes, seront composés de cinq juges, ıvoir :

Un capitaine, président, un lieutenant ou un sous-lieute-ant, un sergent, un caporal et un garde national.

97. Le conseil de discipline du bataillon sera composé de ept juges, savoir : le chef de bataillon, président, un capi-ine, un lieutenant ou un sous-lieutenant, un sergent, un ca-oral et deux gardes nationaux.

98. Le conseil de discipline pour juger les officiers supé-eurs et officiers d'état-major, sera composé de sept juges, avoir : d'un chef de légion, président, de deux chefs de ba-illon, deux capitaines, et deux lieutenans ou sous-lieutenans.

99. Lorsqu'une compagnie sera formée des gardes natio-aux de plusieurs communes, le conseil de discipline siégera ans la commune la plus populeuse.

100. Dans le cas où le prévenu serait officier, deux officiers u grade du prévenu entreront dans le conseil de discipline, t remplaceront les deux derniers membres.

S'il n'y a pas dans la commune deux officiers du grade du révenu, le sous-préfet les désignera par la voie du sort, armi ceux du canton, et s'il ne s'en trouve pas dans le can-on, parmi ceux de l'arrondissement.

S'il s'agit de juger un chef de bataillon, le préfet désignera, ar la voie du sort, deux chefs de bataillon des cantons ou des rrondissemens circonvoisins.

101. Il y aura, par conseil de discipline de bataillon ou de égion, un rapporteur ayant rang de capitaine ou de lieute-

nant, et un secrétaire ayant rang de lieutenant ou de sou lieutenant.

Dans les villes où il se trouvera plusieurs légions, il y aur par conseil de discipline, un rapporteur-adjoint et un secr taire-adjoint, du grade inférieur à celui du rapporteur et secrétaire.

102. Lorsque la garde nationale d'une commune ne forme qu'une ou plusieurs compagnies non réunies en bataillon, officier ou un sous-officier remplira les fonctions de rapporteu et un sous-officier celles de secrétaire du conseil de disc pline.

103. Le sous-préfet choisira l'officier ou les sous-officie rapporteurs et secrétaires du conseil de discipline, sur listes de trois candidats désignés par le chef de légion, ou, s n'y a pas de légion, par le chef de bataillon.

Dans les communes où il n'y a pas de bataillon, des lis de candidats seront dressées par le plus ancien capitaine.

Les rapporteurs, rapporteurs-adjoints, secrétaires et secr taires-adjoints, seront nommés pour trois ans; ils pourro être réélus.

Le préfet, sur le rapport des maires et des chefs de corp pourra les révoquer; il sera, dans ce cas, procédé immédiat ment à leur remplacement par le mode de nomination ci-de sus indiqué.

104. Les conseils de discipline sont permanens; ils ne pou ront juger que lorsque cinq membres au moins seront prése dans les conseils de bataillon et de légion, et trois membr au moins dans les conseils de compagnie. Les juges seront r nouvelés tous les quatre mois. Néanmoins, lorsqu'il n'y au pas d'officier du même grade que le président ou les juges conseil de discipline, ceux-ci ne seront pas remplacés.

105. Le président du conseil de recensement, assisté du ch de bataillon, ou du capitaine commandant, si les compagni ne sont pas réunies en bataillon, formera, d'après le contrô du service ordinaire, un tableau général, par grade et p rang d'âge, de tous les officiers, sous-officiers et caporau et d'un nombre double de gardes nationaux de chaque batai lon, ou des compagnies de la commune, ou de la compagn formée de plusieurs communes.

Ils déposeront ce tableau, signé par eux, au lieu des séanc des conseils de discipline, où chaque garde national pourra prendre connaissance.

106. Lorsque la garde nationale d'une commune ou d'u canton n'aura qu'un seul conseil de discipline, les gardes na

tionaux faisant partie des corps d'artillerie, de sapeurs-pompiers et de cavalerie, seront justiciables de ce conseil.

S'il y a plusieurs bataillons dans le même canton, les gardes nationaux ci-dessus désignés seront justiciables du même conseil de discipline que les compagnies de leur commune.

S'il y a plusieurs bataillons dans la même commune, le préfet déterminera de quels conseils de discipline les mêmes gardes nationaux seront justiciables.

Dans ces trois cas, les officiers, sous-officiers, caporaux et gardes des corps ci-dessus désignés concourront pour la formation du tableau du conseil de discipline.

Lorsqu'en vertu d'une ordonnance du Roi les corps d'artillerie et de cavalerie seront réunis en légion, ils auront un conseil de discipline particulier.

107. Les juges de chaque grade ou gardes nationaux, seront pris successivement d'après l'ordre de leur inscription au tableau.

108. Tout garde national qui aura été condamné trois fois par le conseil de discipline, ou une fois par le tribunal de police correctionnelle, sera rayé pour une année du tableau servant à former le conseil de discipline.

109. Toute réclamation pour être réintégré sur le tableau, ou pour en faire rayer un garde national, sera portée devant le jury de révision.

§ III.

De l'instruction et des jugemens.

110. Le conseil de discipline sera saisi, par le renvoi que lui fera le chef de corps, de tous rapports, ou procès-verbaux, ou plaintes constatant les faits qui peuvent donner lieu au jugement de ce conseil.

111. Les plaintes, rapports et procès-verbaux seront adressés à l'officier rapporteur, qui fera citer le prévenu à la plus prochaine des séances du conseil.

Le secrétaire enregistrera les pièces ci-dessus.

La citation sera portée à domicile par un agent de la force publique.

112. Les rapports, procès-verbaux ou plaintes constatant des faits qui donneraient lieu à la mise en jugement devant le conseil de discipline du commandant de la garde nationale d'une commune, seront adressés au maire, qui en réfèrera au sous-préfet. Celui-ci procédera à la composition du conseil de discipline, conformément à l'art. 100.

113. Le président du conseil convoquera les membres sur

la réquisition de l'officier rapporteur, toutes les fois que le nombre et l'urgence des affaires lui paraîtront l'exiger.

114. En cas d'absence, tout membre du conseil de discipline non valablement excusé, sera condamné à une amende de 5 fr. par le conseil de discipline, et il sera remplacé par l'officier, sous-officier, caporal ou garde national, qui devra être appelé immédiatement après lui.

Dans les conseils de discipline des bataillons cantonnaux, le juge absent sera remplacé par l'officier, sous-officier, caporal ou garde national du lieu ou siége le conseil, qui devra être appelé d'après l'ordre du tableau.

115. Le garde national cité comparaîtra en personne ou par un fondé de pouvoirs.

Il pourra être assisté d'un conseil.

116. Si le prévenu ne comparaît pas au jour et à l'heure fixés par la citation, il sera jugé par défaut.

L'opposition au jugement par défaut devra être formée dans le délai de trois jours, à compter de la notification du jugement. Cette opposition pourra être faite par déclaration au bas de la signification. L'opposant sera cité pour comparaître à la plus prochaine séance du conseil de discipline.

S'il n'y a pas opposition, ou si l'opposant ne comparaît pas à la séance indiquée, le jugement par défaut sera définitif.

117. L'instruction de chaque affaire devant le conseil sera publique, à peine de nullité.

La police de l'audience appartiendra au président, qui pourra faire expulser ou arrêter quiconque troublerait l'ordre.

Si le trouble est causé par un délit, il en sera dressé procès-verbal.

L'auteur du trouble sera jugé de suite par le conseil, si c'est un garde national, et si la faute n'emporte qu'une peine que le conseil puisse prononcer.

Dans tout autre cas, le prévenu sera renvoyé, et le procès-verbal transmis au procureur du Roi.

118. Les débats devant le conseil auront lieu dans l'ordre suivant :

Le secrétaire appellera l'affaire.

En cas de récusation, le conseil statuera. Si la récusation est admise, le président appellera, dans les formes indiquées par l'art. 114, les juges suppléans nécessaires pour compléter le conseil.

Si le prévenu décline la juridiction du conseil de discipline, le conseil statuera d'abord sur sa compétence; s'il se déclare incompétent, l'affaire sera renvoyée devant qui de droit.

Le secrétaire lira le rapport, le procès-verbal ou la plainte, les pièces à l'appui.

Les témoins, s'il en a été appelé par le rapporteur et le prénu, seront entendus.

Le prévenu ou son conseil sera entendu.

Le rapporteur résumera l'affaire et donnera ses conclusions.

L'inculpé ou son fondé de pouvoirs et son conseil, pourront roposer leurs observations.

Ensuite le conseil délibérera en secret et hors de la présence rapporteur, et le président prononcera le jugement.

119. Les mandats d'exécution de jugement des conseils de cipline seront délivrés dans la même forme que ceux des trinaux de simple police.

120. Il n'y aura de recours contre les jugemens définitifs des nseils de discipline que devant la cour de cassation, pour ompétence ou excès de pouvoirs, ou contravention à la loi.

Le pourvoi en cassation ne sera suspensif qu'à l'égard des junens prononçant emprisonnement, et sera dispensé de la se en état.

Dans tous les cas, ce recours ne sera assujetti qu'au quart l'amende établie par la loi.

121. Tous actes de poursuites devant les conseils de discine, tous jugemens, recours et arrêts rendus en vertu de la ésente loi, seront dispensés du timbre et enregistrés gratis.

122. Le garde national condamné aura trois jours francs, artir du jour de la notification, pour se pourvoir en cassan.

TITRE IV.

sures exceptionnelles et transitoires pour la garde nationale en service ordinaire.

123. Dans les trois mois qui suivront la promulgation de la ésente loi, il sera procédé à une nouvelle élection d'officiers, s-officiers et caporaux dans tous les corps de la garde natioe.

Néanmoins, le Gouvernement pourra suspendre pendant un la réélection des officiers dans les localités où il le jugera conable.

124. Le Roi pourra suspendre l'organisation de la garde ionale pour une année dans les communes qui forment un plusieurs cantons, et dans les communes rurales pour un ps qui ne pourra excéder trois ans.

Ces délais ne pourront être prorogés qu'en vertu d'une loi.

125. Les organisations actuelles de la garde nationale par com-pagnies, par bataillons et par légions qui ne se trouveraie pas conformes aux dispositions de la présente loi, pourront êt provisoirement maintenues par une ordonnance du Roi, sa toutefois que cette autorisation puisse dépasser l'époque du pr-mier janvier 1832.

126. Les compagnies qui dépassent le maximum fixé par présente loi, ne recevront pas de nouvelles incorporation jusqu'à ce qu'elles soient rentrées dans les limites voulues p cette loi, à moins que toutes les compagnies du bataillon soient au complet.

TITRE V.

Des détachemens de la garde nationale.

SECTION PREMIERE.

Appel et service des détachemens.

127. La garde nationale doit fournir des détachemens da les cas suivans :

1° Fournir par détachemens, en cas d'insuffisance de gendarmerie et de la troupe de ligne, le nombre d'homm nécessaire pour escorter d'une ville à l'autre les convois fonds ou d'effets appartenant à l'Etat, et pour la conduite d accusés, des condamnés et autres prisonniers.

2° Fournir des détachemens pour porter secours aux co-munes, arrondissemens et départemens voisins qui seraie troublés ou menacés par des émeutes ou des séditions, par l'incursion de voleurs, brigands et autres malfaiteurs.

128. Lorsqu'il faudra porter secours d'un lieu dans un a-tre, pour le maintien ou le rétablissement de l'ordre et de paix publique, des détachemens de la garde nationale, en s-vice ordinaire, seront fournis afin d'agir dans toute l'étend de l'arrondissement, sur la réquisition du sous-préfet; da toute l'étendue du département, sur la réquisition du préfe enfin, s'il faut agir hors du département, en vertu d'une c-donnance du Roi.

En cas d'urgence et sur la demande écrite du maire d'u commune en danger, les maires des communes limitrophe sans distinction de département, pourront néanmoins requé un détachement de la garde nationale de marcher immédiat-ment sur le point menacé, sauf à rendre compte, dans le pl bref délai, du mouvement et des motifs à l'autorité supérieur

Dans tous ces cas, les détachemens de la garde nationale

esseront pas d'être sous l'autorité civile. L'autorité militaire e prendra le commandement des détachemens de la garde naionale pour le maintien de la paix publique, que sur la réuisition de l'autorité administrative.

129. L'acte en vertu duquel, dans les cas déterminés par les eux articles précédens, la garde nationale est appelée à faire n service de détachement, fixera le nombre des hommes equis.

130. Lors de l'appel fait conformément aux articles précéens, le maire, assisté du commandant de la garde nationale e chaque commune, formera les détachemens parmi les ommes inscrits sur le contrôle du service ordinaire, en commençant par les célibataires et les moins âgés.

131. Lorsque les détachemens des gardes nationales s'éloineront de leur commune pendant plus de vingt-quatre heues, ils seront assimilés à la troupe de ligne pour la solde, l'inemnité de route et les prestations en nature.

132. Les détachemens à l'intérieur ne pourront être requis e faire un service hors de leurs foyers, de plus de dix jours, ur la réquisition du sous-préfet; de plus de vingt jours sur la équisition du préfet; et de plus de soixante jours en vertu 'une ordonnance du Roi.

SECTION II.

Discipline.

133. Lorsque, conformément à l'art. 127, la garde nationale devra fournir des détachemens en service ordinaire, sur a réquisition du sous-préfet, du préfet, ou en vertu d'une rdonnance du Roi, les peines de discipline seront fixées ainsi u'il suit :

Pour les officiers :

1° Les arrêts simples, pour dix jours au plus ;
2° La réprimande avec mise à l'ordre;
3° Les arrêts de rigueur pour six jours au plus ;
4° La prison pour trois jours au plus;

Pour les sous-officiers, caporaux et soldats :

1° La consigne, pour dix jours au plus;
2° La réprimande, avec mise à l'ordre ;
3° La salle de discipline, pour six jours au plus;
4° La prison pour quatre jours au plus.

134. Les peines des arrêts de rigueur, de la prison, et de a réprimande avec mise à l'ordre, ne pourront être infligées que par le chef du corps; les autres peines pourront l'être par

tout supérieur à son inférieur, à la charge d'en rendre comp dans les vingt-quatre heures, en observant la hiérarchie d grades.

135. La privation du grade pour les causes énoncées dar les art. 90 et 93, sera prononcée par un conseil de discipline composé ainsi qu'il est dit à la section VIII du titre III.

Il n'y aura qu'un seul conseil de discipline pour tous les dé tachemens formés d'un même arrondissement de sous-préfectur

136. Tout garde national désigné pour faire partie d'un dé tachement, qui refusera d'obtempérer à la réquisition, ou qu quittera le détachement sans autorisation, sera traduit en po lice correctionnelle, et puni d'un emprisonnement qui n pourra excéder un mois; s'il est officier, sous-officier ou ca poral, il sera, en outre, privé de son grade.

Disposition commune aux deux titres précédens.

137. Les gardes nationaux blessés pour cause de service auront droit aux secours, pensions et récompenses que la loi ac corde aux militaires en activité de service.

TITRE VI.

Des corps détachés de la garde nationale pour le service de guerre.

SECTION PREMIÈRE.

Appel et service des corps détachés.

138. La garde nationale doit fournir des corps détachés pou la défense des places fortes, des côtes et des frontières d royaume, comme auxiliaires de l'armée active.

Le service de guerre des corps détachés de la garde nationale comme auxiliaires de l'armée, ne pourra pas durer plus d'un année.

139. Les corps détachés ne pourront être tirés de la gard nationale qu'en vertu d'une loi spéciale, ou, pendant l'absenc des Chambres, par une ordonnance du Roi qui sera converti en loi lors de la prochaine session.

140. L'acte en vertu duquel la garde nationale est appelé à fournir des corps détachés pour le service de guerre, fixer le nombre des hommes requis.

SECTION II.

Désignation des gardes nationaux pour la formation des corps détachés.

141. Lors de l'appel fait en vertu d'une loi ou d'une ordon

nance, conformément à l'art. 139, les corps détachés de la garde nationale se composeront :

1° Des gardes nationaux qui se présenteront volontairement, et qui seront trouvés propres au service actif;

2° Des jeunes gens de dix-huit à vingt ans qui se présenteront volontairement, et qui seront également reconnus propres au service actif;

3° Si ces enrôlemens ne suffisaient pas pour compléter le contingent demandé, les hommes seront désignés dans l'ordre spécifié dans l'art 143 ci après.

142. Les jeunes gens de dix-huit à vingt ans, enrôlés volontaires ou remplaçans dans les corps détachés de la garde nationale, resteront soumis à la loi du recrutement; mais le temps que les volontaires auront servi dans les corps détachés de la garde nationale leur comptera en déduction de leur service dans l'armée régulière, si plus tard ils y sont appelés.

143. Les désignations des gardes nationaux pour les corps détachés seront faites par le conseil de recensement de chaque commune, parmi tous les inscrits sur le contrôle du service ordinaire, et sur le contrôle du service extraordinaire, dans l'ordre qui suit :

Première classe, les célibataires;

Seront considérés comme célibataires tous ceux qui postérieurement à la promulgation de la présente loi, se marieraient avant d'avoir atteint l'âge de vingt-trois ans;

2° Les veufs sans enfans;

3° Les mariés sans enfans;

4° Les mariés avec enfans.

144. Pour la classe des célibataires, les contingens seront répartis proportionnellement au nombre d'hommes appartenant à chaque année, depuis vingt jusqu'à trente-cinq ans.

Dans chaque année la désignation se fera d'après l'âge.

Pour chaque année depuis vingt ans jusqu'à vingt-trois, les veufs et mariés seront considérés comme plus âgés que les célibataires de cette année, auxquels ils sont assimilés par l'art. 143, § Ier.

Dans chacune des autres classes successives, les appels seront toujours faits en recommençant par les moins âgés, jusqu'à l'âge de trente ans.

145. L'aîné d'orphelins mineurs de père et de mère, le fils unique ou l'aîné des fils, ou, à défaut de fils, le petit-fils, ou l'aîné des petits-fils d'une femme actuellement veuve, d'un père aveugle, ou d'un vieillard septuagénaire, prendront rang dans

l'appel au service des corps détachés entre les mariés sans enfans et les mariés avec enfans.

146. En cas de réclamations pour les désignations faites par le conseil de recensement, il sera statué par le jury de révision.

147. Ne sont point aptes au service militaire des corps détachés,

1° Les gardes nationaux qui n'auront pas la taille fixée par la loi du recrutement;

2° Ceux que des infirmités constatées rendront impropres au service militaire.

148. L'aptitude au service sera jugée par un conseil de révision, qui se réunira dans le lieu où devra se former le bataillon.

Le conseil se composera de sept membres, savoir :

Le préfet, président, et à son défaut le conseiller de préfecture qu'il aura délégué;

Trois membres du conseil de recensement désignés par le préfet parmi les membres des conseils de recensement des communes qui concourront à la formation du bataillon;

Le chef de bataillon,

Et deux des capitaines dudit bataillon, nommés par le général commandant la subdivision militaire ou le département.

149. Les conseils de révision apprécieront les motifs d'exemption relatifs au nombre des enfans.

150. Les gardes nationaux qui ont des remplaçans à l'armée ne sont pas dispensés du service de la garde nationale dans les corps détachés; toutefois ils ne prendront rang dans l'appel qu'après les veufs sans enfans.

151. Le garde national désigné pour faire partie d'un corps détaché pourra se faire remplacer par un Français âgé de dix-huit à quarante ans.

Le remplaçant devra être agréé par le conseil de révision.

152. Si le remplaçant est appelé à servir pour son compte dans un corps détaché de la garde nationale, le remplacé sera tenu d'en fournir un autre ou de marcher lui-même.

153. Le remplacé sera, pour le cas de désertion, responsable de son remplaçant.

154. Lorsqu'un garde national porté sur le rôle du service ordinaire se sera fait remplacer dans un corps détaché de la garde nationale, il ne cessera pas pour cela de concourir au service ordinaire de la garde nationale.

SECTION III.

Formation, nomination aux emplois et administration des corps détachés de la garde nationale.

155. Les corps détachés de la garde nationale, en vertu des art. 138 et 139, seront organisés par bataillon d'infanterie et par escadron ou compagnie pour les autres armes. Le Roi pourra ordonner la réunion de ces bataillons ou escadrons en légions.

156. Des ordonnances du Roi détermineront l'organisation des bataillons, escadrons et compagnies; le nombre, le grade des officiers; la composition et l'installation des conseils d'administration.

157. Pour la première organisation, les caporaux et sous-officiers, les sous-lieutenans et lieutenans seront élus par les gardes nationaux. Néanmoins, les fourriers, sergens-majors, maréchaux-des-logis-chefs et adjudans sous-officiers, seront désignés par les capitaines nommés par les chefs de corps.

Les officiers comptables, les adjudans-majors, les capitaines et les officiers supérieurs seront à la nomination du Roi.

158. Les officiers à la nomination du Roi pourront être pris indistinctement dans la garde nationale, dans l'armée ou parmi les militaires en retraite.

159. Les corps détachés de la garde nationale, comme auxiliaires de l'armée, sont assimilés, pour la solde et les prestations en nature, à la troupe de ligne.

Une ordonnance du Roi déterminera les premières mises, les masses et les accessoires de la solde.

Les officiers, sous-officiers et soldats jouissant d'une pension de retraite, cumuleront, pendant la durée du service, avec la solde d'activité des grades qu'ils auront obtenus dans les corps détachés de la garde nationale.

160. L'uniforme et les marques distinctives des corps détachés seront les mêmes que ceux de la garde nationale en service ordinaire.

Le Gouvernement fournira l'habillement, l'armement et l'équipement aux gardes nationaux qui n'en seraient pas pourvus, ou qui n'auraient pas le moyen de s'équiper et de s'armer à leurs frais.

SECTION IV.

Discipline des corps détachés.

161. Lorsque les corps détachés de la garde nationale seront organisés, ils seront soumis à la discipline militaire.

Néanmoins, lorsque les gardes nationaux refuseront d'obtempérer à la réquisition, ils seront punis d'un emprisonnement qui ne pourra excéder deux ans; et lorsqu'ils quitteront leur corps sans autorisation, hors de la présence de l'ennemi, ils seront punis d'un emprisonnement qui ne pourra excéder trois ans.

Dispositions générales.

162. Sont et demeurent abrogées toutes les dispositions des lois, décrets ou ordonnances relatives à l'organisation et à la discipline des gardes nationales.

Sont et demeurent abrogées les dispositions relatives au service et à l'administration des gardes nationales, qui seraient contraires à la présente loi.

La presente loi, discutée, délibérée et adoptée par la Chambre des Pairs et par celle des Députés, et sanctionnée par nous ce jourd'hui, sera exécutée comme loi de l'État.

DONNONS EN MANDEMENT à nos cours et tribunaux, préfets, corps administratifs, et tous autres, que les présentes ils gardent et maintiennent, fassent garder, observer et maintenir, et, pour les rendre plus notoires à tous, ils les fassent publier et enregistrer partout où besoin sera; et, afin que ce soit chose ferme et stable à toujours, nous y avons fait mettre notre sceau.

Fait à Paris, au Palais-Royal, le 22e jour du mois de mars, l'an 1831.

Signé LOUIS-PHILIPPE.

Vu et scellé du grand sceau :

Le Garde des Sceaux de France, Ministre Secrétaire d'État au département de la Justice,

Signé BARTHE.

Par le Roi :

Le Président du Conseil, Ministre Secrétaire d'État au département de l'Intérieur,

Signé CASIMIR PÉRIER.

Certifié conforme par nous,

Garde des Sceaux de France, Ministre Secrétaire d'État au département de la Justice.

A Paris, le 25 mars 1831.

BARTHE.

ARTICLES CITÉS

DANS LA LOI SUR LA GARDE NATIONALE.

CODE CIVIL.

3. L'étranger qui aura été admis par l'autorisation du Roi tablir son domicile en France, y jouira de tous les droits ils, tant qu'il continuera d'y résider.

CODE PÉNAL.

o. La condamnation aux peines établies par la loi est tours prononcée sans préjudice des restitutions et dommagesérêts qui peuvent être dus aux parties.

2. Les tribunaux jugeant correctionnellement pourront, s certains cas, interdire, en tout ou en partie, l'exercice droits civiques, civils et de famille suivans: 1° de vote et lection; 2° d'éligibilité: 3° d'être appelé ou nommé aux ctions de juré ou autres fonctions publiques, ou aux emplois l'administration, ou d'exercer ces fonctions ou emplois; de port d'armes: 5° de vote et de suffrage dans les délibéions de famille; 6° d'être tuteur, curateur, si ce n'est de enfans et sur l'avis seulement de la famille; 7° d'être ext ou employé comme témoin dans les actes; 8° de témoige en justice, autrement que pour y faire de simples déclaions.

34. Tout commandant, tout officier ou sous-officier de la ce publique qui, après en avoir été légalement requis par torité civile, aura refusé de faire agir la force à ses ordres, a puni d'un emprisonnement d'un mois à trois mois, sans judice des réparations civiles qui pourraient être dues, aux mes de l'article 10 du présent Code.

54. Quant aux soustractions, destructions ou enlèvemens pièces ou de procédures criminelles, ou d'autres papiers, istres, actes et effets contenus dans les archives, greffes ou ôts publics, ou remis à un dépositaire public en cette lité, les peines seront, contre les greffiers, archivistes, aires ou autres dépositaires négligens, de trois mois à un d'emprisonnement, et d'une amende de cent francs à trois ts francs.

55. Quiconque se sera rendu coupable des soustractions, èvemens ou destructions mentionnés en l'article précédent, a puni de la réclusion.

Si le crime est l'ouvrage du dépositaire lui-même, il se puni des travaux forcés à temps.

256. Si le bris de scellés, les soustractions, enlèvemens ou destructions de pièces ont été commis avec violences envers les personnes, la peine sera, contre toute personne, celle des travaux forcés à temps, sans préjudice de peines plus fortes, s'il y a lieu, d'après la nature des violences et des autres crimes qui y seraient joints.

258. Quiconque, sans titre, se sera immiscé dans des fonctions publiques, civiles ou militaires, ou aura fait les actes d'une de ces fonctions, sera puni d'un emprisonnement de deux à cinq ans, sans préjudice de la peine de faux, si l'acte porte le caractère de ce crime.

331. Quiconque aura commis le crime de viol, ou sera coupable de tout autre attentat à la pudeur, consommé ou tenté avec violence contre les individus de l'un ou de l'autre sexe, sera puni de la réclusion.

334. Quiconque aura attenté aux mœurs, en excitant, favorisant ou facilitant habituellement la débauche ou la corruption de la jeunesse de l'un ou de l'autre sexe au-dessous de l'âge de vingt-un ans, sera puni d'un emprisonnement de six mois à deux ans, et d'une amende de 50 francs à 500 francs. Si la prostitution ou la corruption a été excitée, favorisée ou facilitée par leurs pères, mères, tuteurs ou autres personnes chargées de leur surveillance, la peine sera de deux à cinq ans d'emprisonnement, et 300 francs à 1,000 francs d'amende.

405. Quiconque, soit en faisant usage de faux noms ou de fausses qualités, soit en employant des manœuvres frauduleuses pour persuader l'existence de fausses entreprises, d'un pouvoir ou d'un crédit imaginaire, ou pour faire naître l'espérance ou la crainte d'un succès, d'un accident ou de tout autre évènement chimérique, se sera fait remettre ou délivrer des fonds, des meubles ou des obligations, dispositions, billets, promesses, quittances ou décharges, et aura, par un de ces moyens, escroqué ou tenté d'escroquer la totalité ou partie de la fortune d'autrui, sera puni d'un emprisonnement d'un an au moins et de cinq au plus, et d'une amende de cinquante francs au moins et de trois mille francs au plus.

Le coupable pourra être, en outre, à compter du jour où il aura subi sa peine, interdit, pendant cinq ans au moins et dix ans au plus, des droits mentionnés en l'article 42 du présent Code : le tout sauf les peines plus graves, s'il y a crime de faux.

406. Quiconque aura abusé des besoins, des faiblesses ou des passions d'un mineur, pour lui faire souscrire à son préju

-e des obligations, quittances ou décharges, pour prêt d'ar-nt ou de choses mobilières, ou d'effets de commerce, ou de as autres effets obligatoires, sous quelque forme que cette gociation ait été faite ou déguisée, sera puni d'un emprison-ment de deux mois au moins, de deux ans au plus, et d'une ende qui ne pourra excéder le quart des restitutions et des mmages-intérêts qui seront dus aux parties lésées, ni être oindre de vingt-cinq francs.

La disposition portée au second paragraphe du précédent icle, pourra de plus être appliquée.

408. Quiconque aura détourné ou dissipé, au préjudice du opriétaire, possesseur ou détenteur des effets, deniers, mar-andises, billets, quittances ou tous autres écrits contenant ou érant obligation ou décharge, qui ne lui auraient été remis 'à titre de dépôt ou pour un travail salarié, à la charge de rendre ou représenter, ou d'en faire un usage ou emploi terminé, sera puni des peines portées dans l'article 406.

Le tout sans préjudice de ce qui est dit aux articles 254, 5 et 256, relativement aux soustractions et enlèvemens de niers, effets ou pièces, commis dans les dépôts publics.

463. Dans tous les cas où la peine d'emprisonnement est rtée par le présent Code, si le préjudice causé n'excède pas ngt-cinq francs, et si les circonstances paraissent atténuantes, tribunaux sont autorisés à réduire l'emprisonnement, même -dessous de six jours, et l'amende, même au-dessous de seize ancs. Ils pourront aussi prononcer séparément l'une ou l'au- de ces peines, sans qu'en aucun cas elle puisse être au-des-us des peines de simple police.

LOI DU 14 BRUMAIRE AN V.

Art. 1. L'article 5 du titre IV de la première partie du rè-ement de 1738, qui assujettit les demandeurs en cassation à nsigner l'amende de 150 livres ou de 75 livres, selon la na-re des jugemens, sera strictement observé tant en matière ci-le qu'en matière de police correctionnelle et municipale.

L'amende est de 150 francs pour les jugemens ou arrêts ntradictoires, et de 75 francs pour les jugemens et arrêts r défaut.

CHARTE DE 1830.

66. La présente Charte et tous les droits qu'elle consacre meurent confiés au patriotisme et au courage des gardes na-onales et de tous les citoyens français.

Nota. On doit interpréter les lois à l'aide des lois elles-mê-es, c'est-à-dire en rapprochant les différentes dispositions législatives qui ont entre elles quelque rapport. Tout autre com mentaire n'est qu'une opinion particulière privée de force l gale. Pour parvenir à ce but, nous ne nous sommes pas born à citer dans l'appendice ci-dessus les articles des Codes éno cés positivement dans la Loi sur la garde nationale; nous avo encore rapporté ceux qui peuvent y avoir trait indirectemen En lisant avec attention ces divers articles, il sera facile de l ver les doutes que ferait naître le texte de la Loi.

ORDONNANCE SUR LA CAVALERIE.

LOUIS-PHILIPPE, Roi des Français, à tous présens e venir, salut :

Vu les articles 30, 36, 48, 106 et 125 de la loi du 22 m 1831 ;

Sur le rapport de notre ministre secrétaire d'état au départ ment de l'intérieur,

Nous avons ordonné et ordonnons ce qui suit :

Art. 1. La garde nationale de Paris aura une légion de c valerie, divisée :

1° En compagnies qui, suivant leur force, auront le nomb d'officiers, sous-officiers, brigadiers et trompettes, détermi par l'article 37 de la loi du 22 mars ;

2° En escadrons, composés de deux compagnies, et aya chacun un chef d'escadron, un porte-étendard, un adjudan major, un chirurgien-major, un artiste vétérinaire et un maîtr trompette ;

3° Et un état-major de légion, composé comme suit :

Colonel.	1	Capitaine d'armement.	1
Lieutenant-colonel. .	1	Officier payeur.	1
Major.	1	Artiste vétérinaire en chef.	1
Médecin..	1		
Chirurgien-major. . .	1	Trompette-major. . . .	1

2. Chacun des douze arrondissemens de Paris pourra avo une compagnie composée de soixante-onze à cent cinquan hommes.

Celles des compagnies actuelles dont l'effectif excède cen cinquante gardes, ne procéderont à de nouvelles incorporatio que lorsqu'il se trouvera au-dessous de cette proportion.

3. Les cavaliers des divers arrondissemens qui ne peuvent e ce moment former chacun une compagnie de soixante-onz hommes, pourront être réunis, de manière toutefois que

l'effet de la réunion, chaque compagnie n'excède pas le nplet de cent cinquante hommes.

Aussitôt qu'un de ces arrondissemens comptera dans la réun assez de cavaliers pour former lui seul une compagnie de xante-onze hommes, il se détachera de la réunion et orgaera sa compagnie.

. Chacune des compagnies actuelles conservera ceux de cavaliers qui, par leur domicile, sont étrangers à sa circscription; mais à l'avenir, nulle compagnie ne recrutera au iors de cette circonscription.

Nul cavalier ne sera ultérieurement admis à faire partie d'une ipagnie, qu'avec l'approbation du conseil de recensement son arrondissement.

. Pour tous les grades qui sont à l'élection de la garde naale à cheval, ainsi que pour la proposition des dix candis aux grades de lieutenant-colonel et de chef de légion, nul yen de pourra être choisi, s'il n'a point été désigné par les seils de recensement pour faire partie de cette garde.

Pour aucun des grades, il ne sera nécessaire d'avoir été préaement élu à l'un des grades inférieurs.

. Pourront être soldés le major et les adjudans-majors, a nsi l'artiste vétérinaire en chef, le trompette-major, les quaartistes vétérinaires, les quatre maîtres-trompettes et les npettes.

. Notre ministre secrétaire d'état de l'intérieur nous préera, pour la nomination d'un major et des adjudans-ma-, une liste de deux candidats par emplois proposés par ommandant supérieur de la garde nationale de Paris; et, r la nomination du médecin, du chirurgien-major, des urgiens aides-majors, une pareille liste de proposition par éfet du département de la Seine.

a nomination du capitaine d'armement et de l'officier payeur faite par le préfet de la Seine, ainsi que celle aux emplois tiste vétérinaire, de trompette-major et autres emplois és.

Notre ministre secrétaire d'état de l'intérieur est chargé exécution de la présente ordonnance.

onné à Paris, le 28 mai 1831.

LOUIS-PHILIPPE.

Par le roi :

Le ministre Secrétaire d'état de l'intérieur,

CASIMIR PÉRIER.

ORDONNANCE SUR L'ARTILLERIE.

LOUIS-PHILIPPE, Roi des Français, à tous présen à venir, salut.

Vu l'article 38 de la loi du 22 mars 1831 ;

Vu l'ordonnance du 10 février 1831 ;

Sur le rapport de notre ministre secrétaire d'état au dé tement de l'intérieur ;

Nous avons ordonné et ordonnons ce qui suit :

Art. 1. La garde nationale de Paris aura une légion d'ar lerie composée de douze compagnies, formant quatre es drons, d'un état-major, et d'un détachement appliqué à l' tretien du matériel et de l'instruction de la légion.

2. La répartition des douze compagnies entre les douze rondissemens de Paris demeure fixée à raison d'une compag par arrondissement, dont elle portera le numéro.

Les 1re, 2e et 3e compagnies formeront le premier escadr

Les 4e, 5e et 6e compagnies formeront le second escadro

Les 7e, 8e et 9e compagnies formeront le troisième es dron ;

Les 10e, 11e et 12e compagnies formeront le quatrième cadron.

3. La légion aura vingt-quatre pièces de canon, dont d seront affectées à chaque compagnie, et par conséquent s chaque escadron.

4. Le complet des douze compagnies, de l'état-major e détachement appliqué à l'entretien du matériel et à l'inst tion, sera de huit cent quarante hommes, dont :

1° Sept cent quatre-vingt-dix désignés par les conseil recensement des douze arrondissemens de Paris, à raisor soixante-six pour chacune des dix premières compagnies, e soixante-cinq pour chacune des deux dernières.

2° Cinquante pour douze emplois à notre nomination, neuf à celle de notre ministre de l'intérieur, et dix-neuf à du préfet de la Seine, ainsi qu'il sera dit ci-après.

5. Les mêmes huit cent quarante hommes seront distribués omme suit, savoir :

1° *Compagnies.*

Chaque compagnie.	Capitaine commandant.	1	3	
	Lieutenant en 1er.	1		
	Lieutenant en 2e.	1		
	Maréchal-des-logis-chef.	1	62	
	Maréchaux-des-logis.	4		
	Fourrier.	1		
	Brigadiers.	8		
	Canonniers.	48		
			65	
	Les douze compagnies.			780 h.

2° *Etat-Major.*

escadron.	Chef d'escadron.	1		
	Adjudant-major.	1		
	Porte-étendard sous-lieutenant. . . .	1		
	Chirurgien aide-major.	1		
		4		
	Des quatre escadrons.		16	
De la légion.	Colonel.	1	8	
	Lieutenant-colonel	1		
	Major	1		
	Capitaine d'armement	1		
	Officier-payeur.	1		
	Médecin	1		
	Chirurgien-major.	1		
	Secrétaire d'état-major.	1		
	Ensemble.		24 ci :	24

3° *Détachement appliqué à l'entretien du matériel et à l'instruction de la légion.*

Sous-lieut. commandant le détachement .	1	36
Adjudant sous-officier comptable. . . .	1	
Adjudant sous-officier garde du parc. .	1	
Maréchaux-des-logis instructeurs. . . .	1	
Brigadiers (artificiers et canonniers). .	12	
Trompette-major.	1	
Trompettes-maîtres.	2	
Trompettes.	12	
Total.		840 h.

6. Le nombre de sept cent quatre-vingt-dix citoyens à d
gner par les conseils de recensement, d'après l'art. 4 ci-dess
se composera :

1° De ceux qui font partie des douze compagnies actuelles qui auront été portés pour être maintenus par les conseils recensement déjà autorisés à cet effet par notre ministre l'intérieur;

2° De ceux qui font partie de l'état-major actuel et qui, pc concourir aux nouvelles élections, devront se retirer com simples artilleurs près de la compagnie de l'arrondissement leur domicile;

3° Enfin, de ceux que les conseils de recensement devr encore désigner pour compléter le nombre fixé par l'art. 4, soixante-six pour les dix premières compagnies et de soixan cinq pour les deux dernières, et qu'ils prendront dans le ca de remplacement de chaque compagnie, prescrit par l'Ordo nance du 10 février.

7. Ceux des officiers, sous-officiers, brigadiers ou artille qui, d'après l'Ordonnance du 10 février, ont été reçus d une autre compagnie que celle de leur arrondissement, po ront continuer à en faire partie; mais à l'avenir nul ne pou être admis dans la compagnie d'un arrondissement où il n'a pas son domicile.

De même, ceux des artilleurs actuels de tous grades q n'auraient pas encore vingt ans au jour de l'élection, pourro s'ils ne demandent point à se retirer, continuer leur servi Ils seront éligibles aux grades; mais ils ne pourront concou à l'élection.

8. S'il arrive que la rentrée dans les compagnies des o ciers d'état-major compris au n° 2 de l'artillerie ci-dessus po une ou plusieurs d'entre elles au-delà du nombre fixé par n° 1 de l'art. 4, elles conserveront cet excédant; et les aut compagnies, sur l'avis du préfet à leur conseil de recenseme en supporteront proportionnellement la réduction.

9. Les officiers, sous-officiers et brigadiers de chaque co pagnie ne pourront être choisis ailleurs que parmi les citoye désignés pour en faire partie par le conseil de recensement.

De même, le chef d'escadron et le porte-étendard ne pou ront être pris en dehors des trois compagnies composant l'e cadron.

Enfin, les dix candidats pour les grades de colonel et lieutenant-colonel ne pourront être pris en dehors des dou compagnies composant la légion.

Pour aucun des grades, il ne sera nécessaire d'avoir été préalablement élu à l'un des grades inférieurs.

Les articles 50 et suivans de la loi du 22 mars dernier seront, d'ailleurs, observés pour ces diverses élections.

10. Ceux des artilleurs qui auront été nommés officiers de l'état-major viendront en déduction du complet de leur compagnie, qui n'aura point à les remplacer par de nouvelles incorporations.

11. Seront soldés, le major, les adjudans-majors et le secrétaire d'état-major, ainsi que le détachement appliqué à l'entretien du matériel et à l'instruction de la légion.

12. Notre ministre secrétaire-d'état de l'intérieur nous présentera pour la nomination du major, des quatre adjudans-majors et du secrétaire d'état-major, une liste de deux candidats par emploi, proposés par le commandant supérieur de la garde nationale de Paris; et pour la nomination du médecin, du chirurgien-major et des quatre chirurgiens aides-majors, une pareille liste de proposition par le préfet du département de la Seine.

La nomination du capitaine d'armement et de l'officier payeur sera faite par le préfet du département de la Seine.

La nomination aux trente-six emplois du détachement soldé sera faite par notre ministre de l'intérieur pour les dix-neuf grades du sous-lieutenant commandant, des sous-officiers et des brigadiers; et par le préfet de la Seine, pour les dix-sept autres emplois.

13. Les dispositions de l'article 11 de l'ordonnance du 10 février 1831, relatives au cadre de remplacement de chacune des douze compagnies, continueront de recevoir leur exécution jusqu'à l'expiration du délai fixé par cet article. Passé ce délai, ceux d'entre les anciens artilleurs qui n'auraient point encore été admis dans leur compagnie respective, devront être répartis, d'après leur domicile, et conformément à la loi du 22 mars, entre les compagnies d'infanterie de la garde nationale de leur arrondissement.

Les artilleurs du cadre de remplacement ne pourront concourir, comme électeurs ou comme éligibles, qu'aux élections qui, par suite de vacances, seront à faire postérieurement au jour où ils auront été admis dans une compagnie.

14. Toutes les élections qui seront faites par suite de la présente ordonnance, seront considérées comme étant du même jour, et donneront le même rang d'ancienneté à tous les élus, qui, à égalité de grade, prendront le commandement par rang d'âge; le plus âgé commandant au plus jeune.

15. La légion d'artillerie sera exclusivement occupée des exercices et des manœuvres pendant six mois de l'année, du 1er avril au 1er octobre, sauf le poste à entretenir à la garde du parc.

16. Du 1er octobre au 31 mars de chaque année, les compagnies d'artillerie concourront proportionnellement, selon leur force, au service ordinaire de la garde nationale.

17. Notre ministre secrétaire-d'état au département de l'intérieur est chargé de l'exécution de la présente ordonnance.

Donné à Paris, le 3 juin 1831.

LOUIS-PHILIPPE.

Par le Roi :

Le ministre secrétaire-d'état au département de l'intérieur,

CASIMIR PÉRIER.

ORDONNANCE

SUR LES

COMPAGNIES D'ARTILLERIE GARDES-COTES

TIRÉES DE LA GARDE NATIONALE, POUR LES DÉPARTEMENS MARITIMES.

LOUIS-PHILIPPE, ROI DES FRANÇAIS, à tous présens et à venir, salut :

Nous avons ordonné et ordonnons ce qui suit :

Dispositions générales.

Art. 1er. Il sera formé, dans tous les départemens maritimes des *compagnies d'artillerie* tirées de la garde nationale des cantons dont se compose le littoral de ces départemens, ou des cantons les plus voisins.

2. Ces compagnies seront destinées à la construction et au service des batteries des côtes; elles seront particulièrement exercées à la manœuvre des pièces d'artillerie des côtes, et au besoin à celle de l'artillerie de campagne.

3. Le nombre de compagnies d'artillerie à organiser dans les cantons littoraux de chaque département, en exécution de la présente ordonnance, demeure fixé conformément au tableau ci-joint.

Organisation.

4. Le complet de chaque compagnie d'artillerie de gardes nationales des côtes ne pourra excéder *cent hommes*, et devra, tant que possible, être de *cinquante*.

La composition en officiers, sous-officiers, brigadiers et mpettes, est fixée ainsi qu'il suit :

Compagnie de 50 et au-dessous.

Capitaine.	1
Lieutenant.	1
Maréchal-des-logis-chef.	1
Maréchaux-des-logis.	4
Brigadiers.	8
Trompette.	1

Compagnie au-dessus de 50, *ou au maximum de* 100.

Capitaine.	1
Lieutenant en premier.	1
Lieutenant en second.	1
Maréchal-des-logis-chef.	1
Maréchaux-des-logis.	6 à 8
Brigadiers.	12 à 16
Trompette.	1 à 2

5. Aussitôt la promulgation de la présente ordonnance, le éfet civil, le préfet maritime et le directeur d'artillerie de la ection d'où ressort chaque département se concerteront :

1° Pour déterminer les communes du littoral qui devront rnir le nombre de compagnies d'artillerie de gardes natioles des côtes fixée au tableau ci-joint ;

2° Pour régler quelles communes du même canton seront pelées à former une seule et même compagnie ;

3° Pour fixer de la manière la plus conforme aux ressources ales le complet de cette compagnie.

Ces dispositions préparatoires devront être terminées le 5 ril prochain.

Mode d'admission.

6. Il sera formé, d'après les instructions et à la diligence du éfet, dans chacun des cantons appelés à organiser une compagnie d'artillerie de garde nationale des côtes, une commisn d'admission composée :

Du maire du chef-lieu de canton, président ;

Des maires des diverses communes appelées à former une me compagnie ;

D'un nombre égal d'officiers ou sous-officiers désignés par sous-préfet, et pris dans le canton, soit parmi d'anciens art leurs de terre ou de mer, faisant partie de la garde nationale soit, à défaut, parmi des officiers ou sous-officiers de la gar nationale, et si elle n'est point encore organisée, parmi des c toyens susceptibles d'en faire partie.

7. La commission de chaque canton procédera, d'après l règles ci-après, à l'admission des citoyens appelés à faire pa tie de la compagnie d'artillerie de la garde nationale d côtes.

Nul ne pourra être admis comme artilleur de la garde nati nale des côtes:

1° S'il n'est Français ou naturalisé Français;

2° S'il a moins de dix-huit ans, ou s'il est âgé de plus trente-cinq ans;

3° S'il n'est imposé, ou ses père et mère, à la contributi personnelle;

4° S'il ne justifie pas de son domicile réel dans l'une d communes du canton appelées à former la compagnie dont demande à faire partie;

5° S'il ne réunit point les qualités jugées nécessaires au se vice spécial de la construction des batteries et de manœuvr de l'artillerie des côtes.

8. Parmi les citoyens qui se présenteront pour faire part des compagnies d'artillerie de la garde nationale des côtes, commission d'admission accordera la préférence à ceux q justifieront avoir appartenu aux artilleries de terre ou de me

9. Les compagnies d'artillerie de la garde nationale des côt ne seront pas comprises dans la formation des bataillons garde nationale; mais elles ne cesseront pas, néanmoins, d'ét sous les ordres du commandant de la garde communale ou ca tonnale.

Elections.

10. Aussitôt après la désignation des citoyens appelés à fo mer la compagnie d'artillerie de la garde nationale des côte le maire du chef-lieu de canton les convoquera à la municip lité, afin qu'il soit procédé par eux, en sa présence, à l' lection:

Du capitaine;

Du lieutenant en premier;

Du lieutenant en second.

Ces officiers pourront être élus parmi les citoyens déjà d signés pour faire partie de la compagnie, ou parmi d'ancie artilleurs de terre ou de mer domiciliés dans le canton pris en dehors de la compagnie. Ils seront élus au scrutin individuel et secret et à la majorité des suffrages.

11. Dans la même séance, on procédera à l'élection :

Du maréchal-des-logis-chef;

Des maréchaux-des-logis;

Des brigadiers.

Les sous-officiers comme les officiers pourront être élus parmi les citoyens déjà désignés pour faire partie de la compagnie, ou parmi d'anciens artilleurs de terre ou de mer pris en dehors de la compagnie, conformément au deuxième paragraphe de l'article 10. Ils seront élus au scrutin individuel et secret, et à la majorité relative des suffrages.

Instruction.

12. Il sera détaché des treize compagnies de canonniers gardes-côtes sédentaires, actuellement existantes, le nombre d'anciens artilleurs nécessaire à l'instruction de chacune des compagnies de nouvelle formation.

Armement, habillement et équipement.

13. Notre ministre de la guerre mettra immédiatement à la disposition de notre ministre de l'intérieur les armes nécessaires à chaque compagnie d'artillerie de la garde nationale des côtes.

14. Tout officier, sous-officier ou brigadier de l'artillerie de la garde nationale des côtes, qui ne pourra se pourvoir, à ses frais, des objets d'habillement et de grand équipement, les recevra par l'entremise du ministre de l'intérieur, aux frais du département de la guerre. Toutefois ces fournitures ne seront remises aux artilleurs de la garde nationale des côtes que pour le service spécial des batteries, les manœuvres en grand ou les revues. Hors de là, les objets d'habillement, de grand équipement et les armes, seront, par les soins des officiers de ces compagnies, déposés à la maison commune, sous la responsabilité du maire.

15. Une ordonnance spéciale réglera l'uniforme de l'artillerie de la garde nationale des côtes.

Solde en cas de service actif.

16. Il sera alloué aux compagnies d'artillerie de la garde nationale des côtes, à titre de solde ou d'indemnité, aux frais du département de la guerre, pour chaque journée de rassemblement, soit pour le service ou les travaux des batteries, soit pour l'exercice et les manœuvres :

Aux capitaines.	5 fr.
Aux lieutenans.	3 fr. 50 c.
Aux maréchaux-des-logis.	1 fr. 50 c.
Aux brigadiers.	1 fr.
Aux canonniers.	» 75 c.
Aux trompettes.	» 80 c.

17. En cas de service permanent aux batteries pour la défense des côtes, les compagnies d'artillerie de la garde nationale seront traitées comme les compagnies de canonniers sédentaires de la ligne.

18. Nos ministres secrétaires d'État de la guerre et de l'intérieur, sont chargés, chacun en ce qui le concerne, de l'exécution de la présente ordonnance.

Donné à Paris, le 28 février 1831.

LOUIS-PHILIPPE.

État des compagnies d'artillerie des gardes nationales des côtes, à organiser dans les départemens maritimes.

	Nomb. de compag. à organiser.
Nord.	1
Pas-de-Calais.	2
Somme.	1
Seine-Inférieure.	4
Calvados.	3
Manche.	5
Ille-et-Vilaine.	1
Côtes-du-Nord.	3
Finistère.	5
Morbihan.	3
Loire-Inférieure.	4
Vendée.	4
Charente-Inférieure.	4
Gironde.	4
Landes.	1
Pyrénées (Basses).	1
Pyrénées-Orientales.	1
Aude.	1
Hérault.	1
Bouches-du-Rhône.	1
Var.	9
Corse.	1
	60

CIRCULAIRE

DU MINISTÈRE DE L'INTÉRIEUR

OUR L'UNIFORME ET L'ÉQUIPEMENT ADOPTÉS POUR LES COMPAGNIES D'ARTILLERIE GARDES-CÔTES.

Du 27 avril 1831.

Monsieur le Préfet,

J'ai l'honneur de vous informer que le roi, par ordonnance u 22 de ce mois, a décidé que l'uniforme et l'équipement des ixante compagnies d'artillerie de la garde nationale affectées la garde des côtes, seraient les mêmes que ceux qui généralement ont été adoptés par les compagnies d'artillerie de la garde ationale, et particulièrement par celles de la ville de Paris.

Cet uniforme et cet équipement se composent des effets cirès désignés, savoir :

Un habit-veste en drap bleu, ne différant de celui des régiens d'artillerie de l'armée que par les paremens qui, au lieu 'être taillés à pointes, sont ronds et garnis d'une patte blanche.

Une capote de la même étoffe, assez ample pour être portée ar-dessus l'habit, un pantalon en drap bleu avec une double ande rouge dont chacune aura une largeur de 15 millimètres.

Un schakos en carton recouvert d'un tissu en coton, orné de iaque côté d'un chevron en laine écarlate, et au milieu, sur le evant, deux canons en sautoir.

Un plumet flottant en crin rouge,

Un ceinturon
Une giberne } en cuir noir.
Et un porte-giberne

Conformément aux dispositions de l'article 14 de l'ordonnance u 28 février, qui a prescrit la formation de ces compagnies, s officiers, sous-officiers, brigadiers ou artilleurs qui n'auaient pas les moyens de se pourvoir eux-mêmes de l'uniforme, insi que des objets de grand équipement, doivent les recevoir ar mon intermédiaire, aux frais du département de la guerre.

Je vous invite, en conséquence, à me faire connaître, austôt que la compagnie de votre département aura été organisée, le nombre des officiers, sous-officiers, brigadiers et caonniers qui réclament, soit l'habillement, soit l'équipement omplet, soit seulement une partie de ces fournitures, et enfin nombre des armes qu'il sera nécessaire de leur faire délivrer.

Agréez, etc.

LOI CONTRE LES ATTROUPEMENS.

Du 10 avril 1831.

Art. 1er. Toutes personnes qui formeront des attroupemens sur les places ou sur la voie publique, seront tenues de se disperser à la première sommation des préfets, sous-préfets maires, adjoints de maire, ou de tous magistrats et officiers civils chargés de la police judiciaire, autres que les gardes-champêtres et gardes-forestiers.

Si l'attroupement ne se disperse pas, les sommations seront renouvelées trois fois. Chacune d'elles sera précédée d'un roulement de tambour ou d'un son de trompe. Si les trois sommations sont demeurées inutiles, il pourra être fait emploi de la force, conformément à la loi du 3 août 1791.

Les maires et adjoints de la ville de Paris ont le droit de requérir la force publique et de faire les sommations.

Les magistrats chargés de faire lesdites sommations seront décorés d'une écharpe tricolore.

2. Les personnes qui, après la première des sommations prescrites par le second paragraphe de l'article précédent, continueront à faire partie d'un attroupement, pourront être arrêtées, et seront traduites sans délai devant les tribunaux de simple police, pour y être punies des peines portées au chapitre Ier du livre IV du Code pénal.

3. Après la seconde sommation, la peine sera de trois mois d'emprisonnement au plus; et après la troisième, si le rassemblement ne s'est pas dissipé, la peine pourra être élevée jusqu'à un an de prison.

4. La peine sera celle d'un emprisonnement de trois mois à deux ans, 1° contre les chefs et les provocateurs de l'attroupement, s'il ne s'est point entièrement dispersé après la troisième sommation; 2° contre tous individus porteurs d'armes apparentes ou cachées, s'ils ont continué à faire partie de l'attroupement après la première sommation.

5. Si les individus condamnés en vertu des deux articles précédens n'ont pas leur domicile dans le lieu où l'attroupement a été formé, le jugement ou l'arrêt qui les condamnera pourra les obliger, à l'expiration de leur peine, à s'éloigner de ce lieu à un rayon de dix myriamètres pendant un temps qui n'excèdera pas une année, si mieux ils n'aiment retourner à leur domicile.

6. Tout individu qui, au mépris de l'obligation à lui imposée par le précédent article, serait retrouvé dans les lieux à lui interdits, sera arrêté, traduit devant le tribunal de police correc-

ionnelle, et condamné à un emprisonnement qui ne pourra xcéder le temps restant à courir pour son éloignement du lieu ù aura été commis le délit originaire.

7. Toute arme saisie sur une personne faisant partie d'un atroupement sera, en cas de condamnation, déclarée définitivement acquise à l'état.

8. Si l'attroupement a un caractère politique, les coupables es délits prévus par les articles 3 et 4 de la présente loi pourront être interdits pendant trois ans au plus, en tout ou en parte, de l'exercice des droits mentionnés dans les quatre preiers paragraphes de l'article 42 du Code pénal.

9. Toutes personnes qui auraient continué à faire partie d'un troupement après les trois sommations, pourront, pour ce ul fait, être déclarées civilement et solidairement responsales des condamnations pécuniaires qui seront prononcées pour paration des dommages causés par l'attroupement.

10. La connaissance des délits énoncés aux articles 3 et 4 de présente loi est attribuée aux tribunaux de police correctionelle, excepté dans le cas où, l'attroupement ayant un caracre politique, les prévenus devront être, aux termes de la harte constitutionnelle et de la loi du 8 octobre 1830, renoyés devant la cour d'assises.

11. Les peines portées par la présente loi seront prononcées ns préjudice de celles qu'auraient encourues, aux termes du ode pénal, les auteurs et les complices des crimes et délits ommis par l'attroupement. Dans le cas du concours de deux eines, la plus grave seule sera appliquée.

CONSIGNE GÉNÉRALE

POUR LE SERVICE DES GARDES DANS LES POSTES.

§ 1er.

rrivée et réception de la garde montante. — Communication de la consigne.

Art. 1er. Lorsque la nouvelle garde approchera du poste 'elle devra relever, l'officier ou sous-officier qui la commanra lui fera porter les armes, et ordonnera au tambour ou ompette, s'il y en a, de battre ou de sonner la marche. rt. 1er, tit. XI de l'ordonnance du 1er mars 1768.)

2. L'officier ou sous-officier qui commandera l'ancienne

garde, lui fera prendre aussitôt les armes ou monter à chev et la disposera de manière que la nouvelle puisse se former sa gauche, si le terrain le permet, ou en face, si cela ne p être autrement; le tambour et le trompette, s'il y en a, b tront et sonneront la marche. (Art. 2, *idem.*)

3. Les gardes d'infanterie qui ne seront composées que six hommes se mettront en haie, celles qui seront compos de douze se formeront sur deux rangs; celles de dix-huit au-dessus, sur trois rangs.

Les gardes de cavalerie, soit à pied, soit à cheval, ne ront jamais formées que sur un ou deux rangs.

Tout officier commandant un poste, se placera toujours vant le centre de sa garde, à deux pas en avant du prem rang, la poignée de l'épée dans la main droite, la lame d la main gauche, le bout passant de quatre pouces au-dessus, le pouce de la main gauche à la hauteur et en face de l'épau

Tout sous-officier, caporal ou brigadier commandant poste, se placera au premier rang, contre l'homme de droi et, s'il y a des tambours ou trompettes, ils se placeront à droite de la garde, à la hauteur et à deux pas du premier ra (Art. 3, 4 et 5, *idem.*)

4. Les officiers et sous-officiers des deux gardes s'avancer alors les uns vers les autres, et ceux de la garde descenda donneront la consigne à ceux de la garde montante. (Art. *idem.*)

§ 11.

Visite des corps-de-garde.—Vérification du mobilier.— Responsabilité, en cas de pertes ou dégradations.

5. Le commandant de la nouvelle garde, après avoir pri consigne, ordonnera au premier caporal ou au premier bri dier d'aller prendre possession du corps-de-garde.

Ce caporal ou brigadier sera nommé caporal ou brigadier *consigne* du poste.

Dans les petits postes qui seront commandés par un cap ou brigadier, il sera, en même temps, caporal ou brigadier *consigne.*

Le caporal ou brigadier de consigne de la nouvelle gar visitera, avec celui de l'ancienne, les corps-de-garde, ban tables, vitres, falots, guérites, capotes, et toutes les au choses consignées, pour voir si elles sont en bon état.

Cette vérification sera faite sur l'inventaire certifié pa major de la légion, et qui sera collé sur une planche dépo dans le corps-de-garde. (Art. 9, 10, 11 et 12, *idem.*)

6. Dans le cas où quelques uns de ces objets manqueraient ou auraient été dégradés, le caporal ou brigadier de *consigne* en dressera l'état, en présence du caporal ou brigadier de l'ancienne garde.

Cet état sera signé par les deux caporaux ou brigadiers, et visé par l'officier ou le sous-officier commandant la garde montante et la garde descendante.

Si l'officier, le sous-officier ou le caporal de la garde descendante refuse de signer, l'officier ou sous-officier commandant la garde montante en fera mention.

Dans tous les cas, les officiers ou sous-officiers des deux gardes peuvent ajouter, à cet état contradictoire, leurs observations.

7. Dans les postes des mairies, l'adjudant-major de jour assistera à la vérification du mobilier, et il requerra le commandant de la garde descendante de faire faire sur-le-champ les remplacemens ou réparations nécessaires, sauf le recours dudit commandant contre ceux qui auront occasioné des pertes ou dégradations.

Si le commandant de la garde descendante n'obtempère pas à la réquisition de l'adjudant-major, celui-ci en rendra compte au conseil d'administration de sa légion, dans un rapport spécial, auquel devra être joint l'état dont il est parlé à l'article précédent.

8. Les mêmes règles seront observées aux postes de service près le Roi, par le major de la légion qui y aura conduit le détachement.

Elles seront observées aux postes de l'Etat-Major général, de l'Hôtel-de-Ville et de la maison d'Arrêt, par les concierges qui sont à demeure dans ces trois endroits.

Les rapports des commandans de poste devront toujours faire mention de l'accomplissement des formalités prescrites par le présent article et par les articles 5, 6 et 7.

§ III.

Inspection des armes. — Appel et division de la garde. — Première pose des sentinelles. — Eclaircissemens sur les consignes et le service du poste.

9. Pendant que les caporaux ou brigadiers de consigne visiteront les corps-de-garde, le commandant de la nouvelle garde fera l'inspection des armes, et il fera faire l'appel de tous les hommes du poste, dont il aura dû se faire donner la liste nominative par le sergent-major ou maréchal-des-logis-chef de la compagnie qui les aura fournis. (Art. 14, *idem.*)

10. Le commandant de la garde montante partagera ensuit sa garde en deux divisions, afin de pouvoir, au besoin et suivan les circonstances, commander une seule division du poste (Art. 4, *idem.*)

Il assignera ensuite des numéros à chacun des gardes pou servir à l'ordre des factions et des patrouilles, après quoi il fer le commandement de *première pose en avant.*

A ce commandement, le second caporal ou brigadier, et l gardes, dans l'ordre de numéros et en nombre égal à celui d sentinelles, sortiront des rangs.

Ce caporal ou brigadier, nommé caporal ou brigadier *pose*, placera les hommes de la première pose deux par deu et leur fera porter les armes. Cela fait, le caporal ou brigadie suivi de la première pose, et accompagné du caporal ou briga dier de l'ancienne garde, qui lui aura donné la consigne de pose précédente (tous les deux ayant l'arme au bras droit), mettra en marche pour relever les sentinelles, en commença par celle qui est devant les armes. Celle-ci ne sera pas tenue le suivre après avoir été relevée. (Art. 20, 48 et 49, *idem.*)

11. Les sentinelles, en se relevant, se présenteront les a mes, et feront face l'une à l'autre, au commandement qui leur sera fait par le caporal ou brigadier de *pose*. Elles se donnero la consigne en présence des deux caporaux ou brigadiers, q s'avanceront seuls pour l'entendre donner. Les sentinelles q ne seront pas encore posées, ou celles qui seront déjà relevée s'arrêteront six pas en arrière. (Art. 50, *idem*)

La consigne étant donnée, le caporal de pose fera les de commandemens : *portez vos armes, marche*; au premier ces commandemens, l'ancienne et la nouvelle sentinelle port ront les armes; et au second commandement, les deux cap raux et l'ancienne sentinelle rejoindront les autres pour co tinuer la pose si elle n'est pas finie, ou pour retourner au po en cas qu'elle le soit. (Art. 51, *idem.*)

12. Pendant qu'on relèvera les sentinelles, et après av arrêté et signé l'état de vérification des effets du corps-d garde, dans le cas prévu par l'art. 6, les commandans des de gardes visiteront ensemble les avenues du poste, et celui relèvera prendra de l'autre tous les éclaircissemens nécessai sur les consignes et sur le service de son poste. (Art. 22, *iden*

§ IV.

Départ de la garde descendante.

13. Toutes les sentinelles étant relevées et rentrées dans rangs, le commandant de l'ancienne garde se mettra en ma

che, les tambours ou trompettes des deux gardes battront ou sonneront la marche.

Lorsqu'il sera à environ cinquante pas du poste, le commandant de l'ancienne garde fera les commandemens nécessaires pour remettre la baïonnette et pour porter l'arme au bras, ou, si c'est un poste à cheval, pour remettre le sabre dans le fourreau. Il continuera ensuite sa marche au pas accéléré jusque dans le quartier le plus rapproché de sa légion, et lorsqu'il y sera arrivé, il fera le commandement de *halte, présentez armes, haut les armes*, et *rompez les rangs, marche*. (Art. 24, 25, *idem*.)

A ce dernier commandement, chaque garde national rentrera immédiatement chez lui, pour y déposer sa giberne et son fusil, avec lesquels il ne doit jamais se trouver isolément et hors du service, dans les rues, cafés et autres lieux publics.

§ V.

Entrée de la nouvelle garde dans le poste. — Visite des sentinelles. — Vérification des consignes.

14. Après le départ de l'ancienne garde, le commandant de la nouvelle lui fera faire *demi-tour à droite* et *haut les armes*, pour les placer, par ordre de numéros, au râtelier des armes.

Si c'est une garde de cavalerie, il fera remettre le sabre dans le fourreau pour faire mettre pied à terre, et ordonnera de mettre les chevaux dans l'écurie du corps-de-garde.

Aussitôt que la garde sera rentrée, le commandant du poste ira visiter les sentinelles; il lira avec soin les consignes générales et particulières données à son poste, et il instruira ensuite les sous-officiers, caporaux ou brigadiers de tout ce qu'ils auront à faire. (Art. 22, 28 et 29, *idem*.)

§ VI.

Partage du service et heures des repas. — Police des jeux et réunions.

15. Les caporaux ou brigadiers d'un même poste partageront entre eux le temps de leur garde, en sorte qu'ils aient un service égal à faire entre eux, soit de jour, soit de nuit; ils règleront pareillement le temps de la garde des grenadiers, chasseurs, etc., de manière que ceux-ci aient autant d'heures de faction à faire les uns que les autres; et lorsque ce partage ne pourra se faire exactement, le sort en décidera. (Art. 15, *idem*.)

16. Nul ne pourra s'absenter du poste que pour le dîner, pendant trois heures seulement, de une à dix heures du soir,

de sorte que les deux tiers de la garde soient toujours présens au poste.

A cet effet, l'intervalle de une à dix sera partagé en trois périodes, pendant chacune desquelles le tiers de la garde ira dîner : par exemple, si le poste est composé de trente hommes (officiers, sous-officiers et caporaux ou brigadiers non compris), dix hommes s'absenteront de une à quatre, dix de quatre à sept, et enfin les dix autres de sept à dix.

La moitié des sous-officiers et caporaux ou brigadiers sortira de une à quatre, et l'autre moitié de quatre à sept.

L'absence du commandant du poste aura lieu de six à neuf, et s'il y a un second officier, il s'absentera de quatre à sept, lorsqu'un des sous-officiers sera rentré.

Lorsque les sous-officiers et gardes nationaux iront dîner, ils accrocheront leurs gibernes au râtelier d'armes, à côté de leurs fusils, et ils les reprendront aussitôt leur retour.

Ceux même qui dîneront dans le voisinage du poste se conformeront à cette règle dont l'observation tient à l'ordre et à la régularité que la garde nationale doit offrir dans son service.

Le déjeuner se fera, soit au corps-de-garde, soit hors du corps-de-garde, depuis six heures du matin jusqu'à dix heures et demie.

Le chef du poste règlera par tiers le temps des déjeuners, s'ils ont lieu hors du corps-de-garde, de manière qu'il n'en résulte aucun inconvénient pour le service, et surtout aucun retard pour la rédaction et l'envoi du rapport.

Il est expressément défendu de faire, dans les corps-de-garde ou dans tout autre lieu voisin du poste, des réunions auxquelles seraient invitées des personnes étrangères à la garde.

Les excès de boisson, les jeux de hasard et ceux qui, par leur nature, pourraient entraîner des pertes considérables, seront interdits par le chef de poste, qui réprimera tout ce qui pourrait entraîner du désordre, et compromettre, avec l'honneur de la garde nationale, l'ordre et la sûreté publique, pour le maintien desquels elle est spécialement instituée.

§ VII.

Tenue des gardes dans les postes.

17. Les officiers ne pourront, pendant tout le temps de leur garde, quitter, même pour dormir, leur épée, leur hausse-col et leurs bottes. (Art. 51, *idem.*)

Les sous-officiers, grenadiers, chasseurs, etc., ne pourront, au poste, même pour dormir, quitter leur sabre, leur giberne et leurs guêtres.

Les tambours devront conserver également leurs guêtres, leur sabre et leur banderole.

On ne portera de bonnets de police ou autres que pendant la nuit, et jamais en faction.

On pourra croiser l'habit pendant la nuit ; seulement on ne doit, dans aucun cas, se mettre en tenue négligée.

§ VIII.

Ordre et durée des factions.

18. Les sentinelles seront relevées de deux heures en deux heures.

Pendant les fortes gelées, elles le seront d'heure en heure, ou même plus tôt, s'il y a lieu. (Art. 43, *idem.*)

19. Autant qu'il se pourra, il ne sera jamais posé de sentinelle qu'elle ne puisse être entendue de son poste, et communiquer avec lui directement ou par des sentinelles intermédiaires. (Art. 44, *idem.*)

20. Avant que les sentinelles partent d'un poste, le caporal ou brigadier de *pose* les fera mettre en haie, et s'assurera si la tenue et les armes sont en bon état. (Art. 45 et 46, *idem.*) Le chef du poste et le sous-officier feront cette inspection assez souvent, pour s'assurer de l'exécution du présent article.

21. Le commandant du poste fera faire l'appel de la garde toutes les fois qu'il le jugera à propos, et plus spécialement aux heures où on relèvera les sentinelles. (Art. 36, *idem.*)

22. Le caporal ou brigadier de *pose* ramènera les sentinelles, les fera mettre en haie, et fera les commandemens d'usage pour les faire rentrer au poste.

Toutes les fois qu'il y aura quelque chose de nouveau, ou que le bien du service lui paraîtra l'exiger, le caporal de *pose* en rendra compte au chef du poste, et lui présentera les sentinelles à leur retour. (Art. 52, *idem.*)

§ IX.

Service ordinaire des sentinelles.

23. Les sentinelles ne se laisseront jamais relever ou donner une nouvelle consigne que par des caporaux ou brigadiers de leur poste. (Art. 53 *idem.*)

24. Les sentinelles auront toujours la baïonnette au bout du fusil, sans couvre-platine ni capucine au bassinet, et elles porteront l'arme au bras, se reposeront dessus, et pourront les porter, pendant le mauvais temps, sous le bras gauche. (Art. 54, *idem.*)

25. Les sentinelles, pendant le temps qu'elles seront en

faction, ne pourront jamais quitter leurs armes, pas même dans leur guérite, ni s'asseoir, fumer, rire, chanter, siffler, ou parler à personne sans nécessité, ni, en se promenant, s'écarter de leur guérite à plus de trente pas. (Art. 55, *idem.*)

26. Les sentinelles ne souffriront pas qu'il se fasse aucune ordure ou dégradation aux environs de leur poste.

27. Les sentinelles se tiendront alertes pour observer auprès d'elles, et découvrir au loin tout ce qui pourra arriver.

Elles ne se laisseront jamais approcher de trop près par qui que ce soit, et particulièrement pendant la nuit; pour cet effet, elles feront passer alors, autant que cela sera possible, les allans et les venans du côté opposé à celui où elles seront posées. (Art. 68, *idem.*)

Pendant la nuit, elles crieront d'une voix forte : *qui vive?* et elles ne laisseront passer personne qu'il ne leur ait été répondu de manière à se faire connaître. (Art. 69, *idem.*)

Elles arrêteront et feront entrer dans les corps-de-garde tous les individus qui se trouveront dans les cas prévus par l'art. 51.

28. Les sentinelles ne doivent rester dans les guérites que pendant le mauvais temps, et elles en sortiront toutes les fois qu'elles verront s'approcher d'elles des officiers généraux et supérieurs en uniforme, une troupe quelconque, et des rondes et patrouilles. (Art. 65, *idem.*)

§ X.

Dispositions en cas de tumulte, d'incendie et d'alarme.

29. Lorsqu'une sentinelle verra du *tumulte,* ou entendra une *querelle* auprès de son poste, elle criera : *à la garde!* Cet avertissement passera de sentinelle en sentinelle jusqu'au poste, qui enverra plusieurs gardes aux ordres d'un sous-officier, pour arrêter les auteurs du tumulte ou de la querelle. (Art. 63.)

30. Si les sentinelles aperçoivent quelque incendie, elles crieront : *au feu!* Le commandant enverra aussitôt sur les lieux un caporal et deux gardes; et si le caporal juge le feu dangereux, il l'enverra dire au commandant du poste, qui détachera un nombre de gardes proportionné à la force du poste, afin d'empêcher le désordre et de faciliter les premiers secours. Ces gardes ne laisseront approcher que les personnes qui porteront des seaux, des pompes, des échelles et autres ustensiles propres à éteindre le feu. (Art. 64 et 105, *idem.*)

Le commandant du poste fera prévenir en même temps le commissaire de police du quartier et le chef du poste de pompiers le plus voisin, pour qu'à sa réquisition ils se transportent 'endroit où le feu se sera manifesté, et fassent prendre les écautions convenables. Il fera donner semblable avis à l'état-ajor général, qui enverra sur-le-champ, s'il y a lieu, un dé-chement plus ou moins considérable, lequel se joindra à ui du poste qui y sera déjà, et empêchera conjointement le sordre. (Art. 106, *idem*.)

Les commandans des autres postes qui auront également eu nnaissance de l'*incendie*, enverront aussi quelques gardes les lieux, avec la même destination que ceux partis du pre-er poste. Les uns et les autres s'en retourneront, lorsqu'il era arrivé des détachemens envoyés spécialement à cet effet. .rt. 106, *idem*.)

31. En cas d'*alarme*, toutes les gardes prendront les armes monteront à cheval, et, formées en bataille devant les corps-garde, elles y attendront les ordres ou réquisitions qui urraient leur être adressées. (Art. 104, titre XI, *idem*.)

Les commandans de poste communiqueront, par des pa-uilles, avec les postes voisins, et ils donneront avis de *larme* à leurs chefs de légion, lesquels enverront de suite lieutenans-colonels ou majors prendre les ordres du com-ndant en chef.

32. Si les circonstances exigeaient que les armes fussent argées, et si, la nuit, après avoir crié trois fois : *qui vive?* ne répondait pas, les sentinelles crieraient : *halte-là!* en évenant qu'elles vont tirer; et si, malgré cet avertissement, continuait de s'avancer pour vouloir les forcer, les senti-lles tireraient et appelleraient la garde. (Art. 70, *idem*.)

§ XI.

Honneurs à rendre par les sentinelles et les postes.

33. Les sentinelles s'arrêteront, feront face en tête et por-ont les armes, lorsqu'il passera à portée d'elles, soit une upe, soit des officiers de toute arme et des hommes décorés la croix de Saint-Louis ou de celle de la Légion-d'Honneur. es présenteront les armes pour les officiers-généraux et pour officiers supérieurs de l'état-major général et des légions, des régimens de l'armée. (Art. 58, *idem*.)

Les armes ne seront portées et présentées, en conformité du sent article, que pendant le jour seulement. Le ruban seul reçoit point d'honneur.

34. Si le Roi passe devant un poste, les sentinelles, dès 'elles auront aperçu Sa Majesté, crieront : *Aux armes! le i!* La garde prendra les armes; elle les présentera de même

que les sentinelles, et les officiers salueront de l'épée; les ta bours battront aux champs. (Décret du 13 juillet 1804.)

Les mêmes honneurs seront rendus aux princes du sang l'exception que les gardes nationaux porteront les armes lieu de les présenter; les sentinelles seulement les présentero

35. Les sentinelles et gardes rendront les mêmes honne au commandant en chef de la garde nationale, au gouvern de Paris, et au commandant de la première division milita lorsqu'ils passeront en uniforme devant les postes; mais al on portera simplement les armes, et les sentinelles seules présenteront.

Pour le général commandant la place de Paris, les gar sortiront des postes, se mettront en bataille, se reposant leurs armes; les sentinelles seules les présenteront. (Décret 13 juillet 1804.)

Le poste de l'hôtel-de-ville prendra et portera les ar quand le préfet sortira de la préfecture en costume. (*Iden*

Les sentinelles des postes des Mairies présenteront les ar aux maires revêtus de leurs marques distinctives, elles les teront seulement pour les adjoints.

36. Les honneurs indiqués aux articles 34 et 35 seront r dus par les gardes montantes et descendantes, allant rejoin les postes ou les chefs-lieux de légion. Dans ce cas, elles s rêteront et se mettront en bataille.

37. Les gardes ou troupes quelconques qui se rencontre en route se céderont mutuellement la droite et se rendront honneurs en marchant.

38. On ne rendra pas d'honneur après la retraite ni av la diane.

39. Si la sentinelle aperçoit un corps ou détachemen troupes réglées ou de gardes nationales, elle criera : *aux mes !* La garde entière sortira, et elle portera les armes même que la sentinelle. (Art. 65 et 66 du titre XI de l' donnance de 1768.)

Le tambour du poste battra aux champs, et le tromp sonnera, si le corps ou le détachement passant devant le p a des tambours ou trompettes qui battent ou sonnent d même manière.

§ XII.

Visites des postes. — Rondes et patrouilles.

1° *Visites des postes.*

40. Lorsque les officiers supérieurs de service, ou des ciers de l'état-major général, se présenteront devant un co

de-garde, pendant le jour, pour en faire la visite, le commandant du poste en fera sortir tous les sous-officiers et gardes; pendant l'inspection de ces officiers, et à moins qu'ils ne fassent ou ne prescrivent un commandement contraire, le chef de poste pourra faire reposer la garde sur les armes. (Art. 6, tit. XVI.)

2° *Rondes.*

41. Dès que la sentinelle apercevra une ronde, elle criera : *qui vive?* et prêtera attention, afin de distinguer si la réponse est : *ronde d'officier-général*, ou *ronde major*, ou *ronde d'officier supérieur*, ou simplement *ronde*.

Aussitôt après, la sentinelle criera : *halte-là! caporal* ou *brigadier, hors la garde, ronde d'officier-général*, ou *ronde major*, ou *ronde d'officier supérieur*, ou simplement *ronde*, suivant la réponse qu'elle aura entendue.

42. Après cet avertissement, s'il s'agit d'une ronde d'officier-général, le caporal ou brigadier préviendra le commandant du poste, qui fera prendre et porter les armes à sa garde, et s'avancera à dix pas, éclairé par un tambour et escorté par le caporal et quatre gardes placés à deux pas derrière lui, dans la position de *haut les armes;* les sentinelles présenteront les armes.

Le caporal s'avancera et criera de nouveau : *qui vive?* sur la réponse, il reconnaîtra la ronde; et sur son rapport, le commandant du poste criera : *avancez à l'ordre.* L'officier-général qui fait la ronde, s'approchera, et le chef de poste lui donnera le mot d'ordre et recevra celui de ralliement (Art. 29 et 30, titre XV, *idem.*)

43. Les rondes faites par les officiers supérieurs de l'état-major général, sous le titre de *rondes majors*, et celles des officiers supérieurs des légions, seront reconnues, annoncées et reçues comme il est dit au précédent article, avec la seule différence que le commandant du poste n'avancera qu'à quatre pas au lieu de dix, et qu'il ne sera escorté que par deux gardes, au lieu de quatre. (Art. 36, *idem.*)

44. Les rondes d'officiers supérieurs ou d'officiers d'état-major se feront à cheval, et celles des officiers de légion, à pied.

45. Les rondes simples, faites par les capitaines et autres officiers des légions, d'un grade inférieur, seront reconnues, annoncées et reçues comme des patrouilles, et de la manière prescrite ci-après, article 49, c'est-à-dire qu'au lieu de recevoir le mot d'ordre, elles le donneront, et que la garde ne sortira pas. (Art. 72, tit. XI, *idem.*)

Il en sera de même des autres rondes, toutes les fois qu'ell repasseront devant un poste auquel elles se seront déjà arrê tées. (Art. 37, titre XV, *idem.*)

46. Toutes les fois que les officiers devront donner ou rec voir le mot, ils mettront la main sur la garde de leur épé sans ôter leur chapeau. (Art. 26, *idem.*)

47. Les officiers de ronde feront porter un falot devant eu par un tambour qu'ils prendront successivement dans chaq poste, et qu'ils renverront ensuite. (Art. 21, *idem.*) MM. l officiers d'état-major ne portant point de hausse-col et ne po vant se faire précéder d'un falot, puisqu'ils font leur ronde cheval, seront reconnus au brassard tricolore qu'ils doiven porter quand ils sont de service.

48. Lorsque les rondes se rencontreront, la première qui d couvrira l'autre criera *qui vive?* L'autre répondra *ronde,* e désignant de quelle espèce. La première s'annoncera ensuit et lorsqu'elles se joindront, l'officier du grade inférieur ou, le grade est égal, l'officier de la ronde qui aura été découver par l'autre, donnera le mot d'ordre et recevra celui de ralliemen (Art. 27, *idem.*)

Si les rondes rencontrent des patrouilles, elles les recon naîtront et s'en feront reconnaître de la même manière.

49. Les officiers de ronde et de visite de postes examinero si les sentinelles sont alertes et attentives, la nuit comme l jour, s'il n'y en a pas d'endormies et s'il n'en manque point ils avertiront le commandant du poste dont ils auront surpr les factionnaires en défaut ou en négligence, et ils en fero mention sur leur rapport.

Si les officiers de ronde découvraient quelque chose qui in téressât la sûreté générale, ils avertiraient sur-le-champ l postes voisins et, en cas d'urgence, ils se rendraient de leu personne ou enverraient à l'état-major général pour l'en info mer.

50. Les officiers d'état-major des légions, les adjudans-ma jors de ronde ou de visite de postes, ainsi que les capitaines q visitent les postes fournis par leur légion, seront tenus de si gner sur les feuilles déposées dans chaque poste et d'y fair mention de l'heure où ils s'y seront présentés, comme de c qu'ils auraient remarqué de contraire au service et à la disci pline.

3° *Dispositions communes aux rondes et visites de postes.*

51. Les commandans de postes rendront compte aux officie de rondes et visites de tout ce qui se sera passé dans les poste

epuis qu'ils les auront occupés, et ils leur présenteront les nprimés destinés aux rapports, afin qu'ils puissent y consiner le résultat de leurs observations. (Art. 32.)

Les commandans de postes seront tenus de déférer aux réuisitions des officiers de rondes et visites de postes, toutes les is que ceux-ci leur présenteront des individus arrêtés en conrmité de l'art. 54.

52. Dans les cas prévus par les art. 34, 35, 36, 39, 40 et 1, et sauf les changemens indiqués à l'art. 34, les gardes se angeront toujours dans l'ordre prescrit par l'art. 3.

4° *Patrouilles.* (Voir page lxvij.)

53. Lorsque la sentinelle apercevra une patrouille, elle criera: *ui vive?* et dès que cette patrouille se sera annoncée : *Halte-! caporal* ou *brigadier, hors la garde! patrouille!*

Le caporal ou brigadier sortira alors du corps-de-garde, claire par un tambour; s'avancera vers la sentinelle, criera : *i vive?* et lorsqu'il aura reconnu la patrouille : *avance* qui a *rdre.*

Le caporal ou brigadier présentera les armes pour se mettre défense contre celui qui s'avancera, recevra le mot d'ordre, ndra le mot de ralliement et laissera passer la patrouille, si mot est le même que celui qui a été donné à l'ordre. (Art. , tit. XI.)

54. Pendant la nuit, et durant le jour s'il y a lieu, les comandans de postes feront sortir des patrouilles commandées r un officier, s'il est nécessaire, ou par un sous-officier, un poral ou brigadier, auquel il donnera l'ordre de parcourir différentes rues et places du quartier, en changeant souvent direction et en observant le plus grand silence. (Art. 9, 10 11, tit. XIV.)

Les chefs de patrouilles instruiront les commandans de pos- du plus ou du moins de vigilance de leurs sentinelles. (Art. , tit. XIV.)

55. Les chefs de patrouilles arrêteront toutes les personnes i auraient des querelles, troubleraient la tranquillité publie, attenteraient à la sûreté des personnes et des propriétés, mmettraient des délits ou désordres qu'il importe de réprier ou qui, après minuit, seraient rencontrées avec des meus ou paquets. Ils les conduiront, savoir : les gardes natioux en uniforme, à l'état-major général de la garde nanale; les militaires, à l'état-major de la place, Place Venme; et les autres individus, au plus prochain poste de la de nationale, dont le commandant préviendra le commis-

saire de police qu'il les tient à sa disposition. (Art. 15 et 1 tit. XIV.)

Toutes les fois que des patrouilles arrêteront des individ pris en flagrant délit, ou poursuivis par la clameur publiq pour des crimes ou des actes de violence, le chef de la patrouil fera recueillir et déposer les armes et autres objets qui peuve servir à caractériser le délit et à reconnaître les auteurs. Il l déposera, avec le prévenu, au poste le plus voisin de la gar nationale, sous la garde du commandant de ce poste qui l remettra au commissaire de police sur récépissé, lequel se joint au rapport du poste.

Dans le cas où il importerait de constater sur-le-champ crime ou délit ou d'entendre les personnes présentes, le ch de la patrouille conduira directement les personnes au com missaire de police du quartier. (Art. 80.)

56. Les patrouilles ne souffriront pas qu'on allume dans rues des matières combustibles, ni qu'on tire des pièces d'a tifice.

57. Les chefs de poste et de patrouille s'assureront si les v tures de place, qu'ils trouveront après minuit stationnant d vant des maisons, attendent véritablement quelqu'un.

Cette précaution a pour but de déjouer les manœuvres d voleurs qui, d'intelligence avec les cochers, se servent qu quefois de leurs voitures, soit pour masquer les boutiques ils commettent des vols, soit pour s'introduire dans des cha bres non habitées à l'entresol ou au premier étage.

Les voitures qui se trouveraient dans ce cas seront, ainsi q les cochers et les individus qui les auraient employées, arrêt et conduits chez le commissaire de police.

58. Les individus transportant, après onze heures du so des objets qui paraîtraient suspects; les rôdeurs de nuit tr vés sur la voie publique à heure indue; et les voleurs de rév bères qui, pour se procurer une modique ressource, expos la sûreté publique en favorisant d'autres vols par l'obscuri seront pareillement arrêtés et conduits chez le commissaire police.

59. Les points les plus importans où doivent circuler les trouilles sont les faubourgs depuis les principales barriè les boulevards et les quais sur les deux rives, afin de proté l'arrivage des denrées destinées à l'approvisionnement des l les et marchés.

La surveillance des patrouilles sur les boulevards est en tre nécessaire pour empêcher que les malfaiteurs ne grimp derrière les voitures et diligences et n'enlèvent les mal ches et paquets qui sont derrière ou sur les impériales.

60. Les patrouilles doivent veiller à ce que les portes d'al-es et autres soient fermées pendant la nuit pour couper la re-aite aux malfaiteurs.

Elles feront fermer, aux heures prescrites par les ordonnan-s de police, les boutiques de marchands de vin, rogomistes et itres marchands de liqueurs.

61. Les patrouilles doivent stationner de temps à autre dans s carrefours qui se trouvent sur leur chemin, pour écouter si en ne trouble la tranquillité publique, afin de pouvoir se orter rapidement sur les lieux où elles entendraient du bruit, rétablir l'ordre et arrêter indistinctement tous ceux qui l'au-ient troublé.

Si elles découvrent un incendie, elles doivent aussitôt se nformer aux dispositions des articles 29 et 30 de la présente nsigne, en avertissant le commissaire de police et le poste de ompiers les plus voisins.

62. Toute fausse patrouille ou détachement qui n'aura pas mot d'ordre, sera arrêté, désarmé et conduit, sous bonne sûre garde, à l'état-major général.

63. Lorsque les patrouilles se rencontreront ou rencontre-nt des rondes, elles observeront ce qui est prescrit à l'arti-e 46 pour la rencontre des rondes. (Art. 19, tit. XIV.)

64. Les gardes nationaux ayant un intérêt direct et commun maintien de l'ordre et de la tranquillité, le commandant en ief croit pouvoir se dispenser de prescrire l'usage des boîtes et arrons qui sont employés dans les corps-de-garde de troupes glées, pour constater l'exactitude des patrouilles. (Art. 12, *em.*)

On se bornera à faire mentionner par le chef de patrouille, sortie des unes et la réception des autres, dans les colonnes ce destinées, sur les imprimés de rapports. Au surplus, le mmandant en chef recommande l'exécution de cette partie service, et il laisse aux commandans de postes le soin de rendre les précautions qui leur paraîtront convenables, à ison de l'intelligence et de la bonne volonté des personnes.

§ XIII.

Surveillance des commandans de postes.

65. Les commandans de postes feront sortir, aussi souvent 'ils le jugeront nécessaire, pendant les vingt-quatre heures ute la garde, avec armes ou sans armes, pour habituer les rdes nationaux à se former promptement. (Art. 37, tit. XI.)

A la chute du jour, ils donneront le mot d'ordre aux officiers, sous-officiers et caporaux, et ils redoubleront de vig lance pendant la nuit, afin que chacun fasse bien son devoi et que tout ce qui a rapport à la pose des sentinelles, aux fa tions et aux patrouilles, soit observé avec exactitude.

Ils sortiront souvent hors du poste, même pendant la nui pour mieux connaître ce qui s'y passera. (Art. 35, *idem.*)

§ XIV.

Mesures de police.

66. Les commandans de postes recevront et garderont, da les corps-de-garde, les individus consignés à la réquisition d commissaires de police, officiers de paix, inspecteurs de polic ou autres agens qui se feront reconnaître.

Les marques distinctives sont, savoir :

Pour les commissaires de police, une ceinture tricolore;

Pour les officiers de paix, un large ruban bleu moiré, ceinture, ayant au milieu trois vaisseaux brodés en argen placés sur la même ligne, celui du milieu double de la gro seur des deux autres;

Pour les sergens de ville, l'uniforme qui leur est affecté;

Pour les inspecteurs, une carte pareille au modèle dépo dans chaque corps-de-garde.

Pour ces individus, comme pour ceux qui leur seront am nés, en conformité des articles 51 et 54, les commandans postes exigeront toujours qu'on leur remette une note indic tive de l'heure, du lieu et des motifs de l'arrestation des uns des autres, de leurs noms, qualités et demeures, avec les p piers et effets saisis, afin qu'on puisse, au besoin, exercer poursuites ultérieures qui seraient jugées nécessaires.

Lorsque des individus, soit qu'ils se prétendent domicil ou non, viendront à un corps-de-garde demander asile po la nuit, sous prétexte qu'ils ne peuvent rentrer dans le domiciles, le chef du poste leur demandera leurs noms, qu lités, lieu de naissance, profession, demeure, etc. Il leur d mandera ensuite s'ils ont des papiers qui justifient de ces qu lités.

Il consignera sur son rapport leurs réponses, fera menti de leurs papiers et des motifs qui leur ont fait demander asil

Si les individus refusent de satisfaire à ses questions, ou leurs réponses, leurs papiers, leur conduite, leurs discour donnent lieu de les considérer comme des gens sans aveu qui ont des desseins répréhensibles, le chef de poste les fe sur-le-champ arrêter et conduire à la préfecture de police, chez le plus prochain commissaire de police.

MM. les officiers et sous-officiers de service et de ronde tiendront soigneusement la main à l'exécution de ces dispositions.

§ XV.

Déférence des commandans de postes aux réquisitions des autorités civiles et autres supérieures.

67. En conformité de l'ordonnance du Roi du 16 juillet 1814, et en exécution des ordres du jour des 18 du même mois et 26 octobre suivant, l'officier commandant la réserve de la mairie, déférera aux réquisitions du maire, sur tous les points où l'action de la garde nationale sera nécessaire pour assurer la tranquillité de l'arrondissement et le respect dû aux lois et à l'autorité.

L'officier commandant la réserve de l'Hôtel-de-Ville recevra les ordres de M. le préfet de la Seine sur les sentinelles à placer, sur les dispositions à faire et les consignes à donner pour le service de l'Hôtel-de-Ville.

Il déférera aux réquisitions de M. le préfet, dans tous les points où la garde nationale pourra contribuer au maintien de la tranquillité publique, ou assurer le respect dû aux lois et aux magistrats.

Le commandant du poste du Palais-Royal ne recevra d'ordre et de consigne que de M. l'aide-de-camp de service. Néanmoins, il adressera à l'état-major général et au chef de sa légion, le rapport dont il est parlé article 73, en y mentionnant *seulement* les fautes contre la discipline, ou les détails qui pourraient intéresser l'honneur de la garde nationale.

En général, les commandans des différens postes se conformeront aux consignes de l'état-major de la première division militaire et de la place, en ce qu'elles ont de rapport à la police militaire, ainsi qu'aux ordonnances des magistrats chargés de la police de Paris.

§ XVI.

Peines applicables aux fautes commises dans les postes.

68. Les chefs de postes condamneront à une ou plusieurs heures de faction hors de tour, les gardes nationaux qui n'arrivent au lieu de rassemblement qu'après l'heure fixée pour le départ, qui n'assistent pas à la parade, n'arrivent au poste qu'après le détachement, s'en absentent hors des heures de repas, ou restent absens au-delà du temps qui leur est fixé.

Le nombre d'heures de faction, hors de tour, doit être proportionné à la durée des absences, sans que ce nombre puisse excéder le double des heures ordinaires de faction d chaque garde national.

Quand la durée de l'absence excédera ce nombre d'heure le garde national sera d'abord appointé de faction, hors d tour, pour un nombre d'heures égal à celui des factions ord naires, et il sera, de plus, porté sur le rapport pour être con damné, par le conseil de discipline, à une peine proportionn au temps de l'absence.

Dans l'exécution de ces dispositions, les chefs de poste pre dront en considération les excuses légitimes et l'exactitude d gardes nationaux.

69. En cas de flagrant délit, et lorsque la faute exiger pour l'ordre et pour l'honneur de la garde nationale, ou da l'intérêt de la subordination et de la discipline, une réparati immédiate, le commandant du poste fera sur-le-champ arrê le délinquant. Si c'est un garde national, il le fera condui dans la salle de discipline de l'état-major général, avec un ra port qui mette le commandant en chef en mesure de statuer qu'il appartiendra; si c'est un tambour, il le fera conduire su le-champ, suivant la proximité, à la salle de discipline de l'ét major général ou à la maison d'arrêt.

Seront considérés comme délits flagrans, et qui doivent êt réprimés à l'instant même, les fautes telles que:

1° L'état d'ivresse, qui met le délinquant hors d'état de fai son service, ou le porte soit à quereller ses camarades, soit causer du trouble et du scandale;

2° Le manque de respect envers les chefs, et le refus d'ob au commandant du poste.

70. Hors le cas de flagrant délit, les fautes et contraventio seront constatées, soit dans le rapport du lendemain, soit da un rapport supplémentaire, de manière à servir de base a décisions des conseils de discipline, devant lesquels les prév nus seront traduits sur le simple vu du rapport, par ordre, s du colonel ou lieutenant-colonel de la légion, soit du chef bataillon ou d'escadron, soit de M. l'aide-major général i specteur des conseils de discipline.

Les conseils de discipline, chargés de faire l'application d peines, pourront les augmenter, s'il y a des circonstances aggr vantes, surtout à l'égard des sentinelles qui seront trouvé en contravention sur quelques uns des objets faisant partie leur consigne. (Art. 57, tit, XI de l'ord. de 1768.)

§ XVII.

Chauffage et lumières.

71. Les chauffage et lumières des corps-de-garde seront fournis, ainsi que l'indique la consigne particulière qui se trouve à cet effet dans chaque corps-de-garde. Dans le cas où les fournitures ne seraient point faites à l'heure de la retraite, le commandant du poste s'adressera, savoir :

Pour les postes des Tuileries, du Louvre et de la Légion-d'Honneur, à M. l'adjudant supérieur du Palais ; pour les postes du ministère des finances, de la direction générale des postes, de l'imprimerie royale, de la manufacture des tabacs, des Gobelins, des poudres et salpêtres et de la caisse d'amortissement, à l'administration à laquelle ils appartiennent ; et pour tous les autres non compris dans ceux portés ci-dessus, à M. l'inspecteur des corps-de-garde, bureau militaire, à l'Hôtel-de-Ville.

Les commandans des postes veilleront à ce qu'il ne soit point fait un emploi abusif du bois et des chandelles, et surtout à ce qu'il n'en soit rien détourné par les tambours ou autres individus.

§ XVIII.

Nettoiement des corps-de-garde.

72. Tous les matins, les tambours de la garde descendante balaieront les corps-de-garde, tant à l'intérieur qu'à l'extérieur ; ils nettoieront les chandeliers, etc., de manière que la garde montante trouve tout propre et en ordre à son arrivée.

Il sera commandé, dans chaque légion, un ou plusieurs tambours de corvée, pour nettoyer les corps-de-garde des postes commandés par des sous-officiers.

Un tambour-maître de semaine sera chargé de veiller à l'exécution de ces dispositions dans les postes d'arrondissement et autres occupés par la légion.

L'exécution de cet article sera constatée dans les rapports.

§ XIX.

Rapport sur l'exécution du service pendant les vingt-quatre heures.

73. Sur les deux imprimés qui lui auront été remis à cet effet, chaque commandant de poste établira avec le plus grand soin, et de la manière la plus détaillée, le rapport de tout ce qui se sera passé depuis qu'il aura occupé le poste ; il y notera *numériquement* et *nominativement* dans les colonnes à ce desti-

nées, les hommes qui se sont absentés pendant la totalité o une partie de la garde, et il consignera sur ce rapport toute les observations qu'il croira propres à éclairer sur l'exécutio du service en général, et sur celui du poste en particulier.

L'un de ces rapports sera envoyé, par un tambour, au che de légion ; l'autre sera remis à l'adjudant-major, et envoyé, pa les soins de celui-ci, à l'état-major général, à sept heures d matin, pour y être rendus à huit heures précises, avec tous le rapports de la légion. (Art. 102, titre XI.)

S'il survenait quelques évènemens extraordinaires depu l'envoi du rapport habituel, chaque commandant de poste e rendrait compte sur-le-champ dans un rapport particulier.

Il n'attendra pas le rapport ordinaire, et rendra compte éga lement, par un rapport immédiat et spécial, des évènemen survenus dans le cours de la garde, toutes les fois qu'il sera im portant ou utile d'en instruire l'état-major général et celui d la légion.

§ XX ET DERNIER.

Dispositions générales.

74. La présente Consigne générale sera imprimée et collé sur une planche qui sera déposée et consignée dans les corps-de garde.

Les Consignes particulières, que les évènemens ou les locali tés pourront nécessiter, seront collées, affichées et consigné de la même manière.

Le commandant en chef confie l'exécution des unes et de autres à l'honneur, au zèle et au bon esprit de la garde natio nale.

APPROUVÉ par le général commandant en chef,

Signé LAFAYETTE.

Pour ampliation :

Le maréchal-de-camp, chef d'état-major général,

CARBONEL.

RONDES OU PATROUILLES

A RECONNAITRE.

Lorsque la sentinelle aperçoit une ronde ou patrouille à 15 s, elle crie *qui vive!* la ronde ou la patrouille s'étant au-ncée, la sentinelle crie *halte-là!* caporal, hors la garde, ıez reconnaître patrouille! le caporal s'avance avec deux nmes à 6 pas en avant de la sentinelle, croise son arme, oit le mot d'ordre et donne le mot de ralliement.

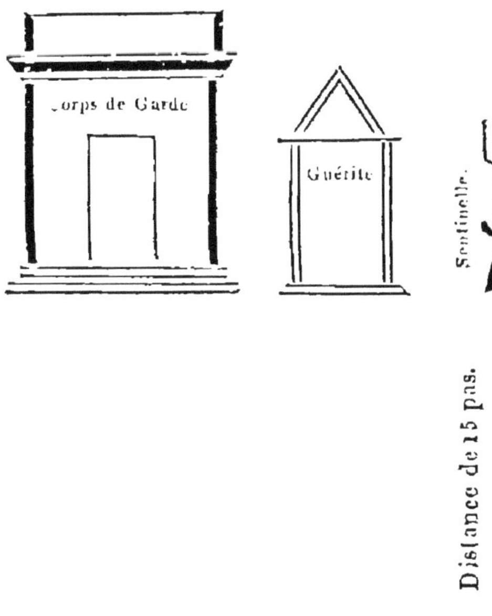

Patrouille.

Chef

ı patrouille s'arrête et le chef avance à l'ordre; après été reconnu, il entre au poste, signe sur une feuille des- à recevoir les noms et grades des chefs de patrouille ou onde, l'indication de l'heure à laquelle ils se présentent et postes d'où ils sortent.

PROCÈS-VERBAL D'ARRESTATION.

Il faut, lorsqu'un individu est arrêté par la garde, en dr ser sur-le-champ procès-verbal. On peut suivre le modèle après :

L'an , le heure de , p devant nous chef du poste de , est comparu le si , prévenu d'av commis lequel nous a été amené par

═ Témoins du délit, les sieurs

Le présent procès-verbal dressé pour servir de renseig mens à l'autorité civile, a été par nous et par les parties y nommées, signé après lecture.

Les sieurs.......... ont refusé de signer, *ou* déclaré qu'ils savaient signer.

Il faut, dans les vingt-quatre heures, faire conduire le p venu devant le commissaire de police, ou le maire s'il n'y a de commissaire de police dans la commune, et remettre magistrat le procès-verbal.

RÉQUISITION A LA GARDE NATIONA

OU A LA TROUPE DE LIGNE, PAR UN MAIRE.

De par le Roi, nous, maire de la commune de........ requérons le commandant de la garde nationale, ou des tr pes cantonnées en cette commune, de fournir à l'instant nombre de gardes nationaux ou de militaires nécessaires p dissiper l'attroupement réuni sur la place de......., auss que les sommations voulues par la loi auront été faites par r ou par le commissaire de police (1).

(1) D'après la loi de 1831 sur les émeutes et les attroupemens, ces somma doivent être au nombre de trois, et ce n'est qu'après qu'elles ont été faites tambour ou trompette, par un des fonctionnaires désignés par cette loi, d

MANIÈRE D'ASSISTER
AUX MESSES MILITAIRES.

Il est d'usage, pendant cette célébration, que l'autel soit gardé par deux factionnaires, qui se tiennent à droite et à gauche du chœur, faisant face au prêtre qui officie; ils y sont posés, avant que l'office ne commence, par un sous-officier, qui se tient lui-même derrière le prêtre, à cinq ou six pas des marches de l'autel. Ils ont l'arme portée à l'instant de l'arrivée du ministre du culte; ils la reposent au signal que leur en donne le sous-officier, et ils conservent l'immobilité. A l'instant de l'élévation, le sous-officier fait un signe de tête aux deux factionnaires, qu'il doit avoir à l'avance prévenus de le regarder; au même moment il donne un petit coup de crosse sur le pavé, les factionnaires portent l'arme; à un second coup, ils présentent l'arme; à un troisième coup, ils mettent le genou en terre de la manière prescrite au premier rang pour le premier mouvement d'*apprêtez vos armes*, portent la main droite à la coiffure et inclinent la tête. Le sous-officier, après avoir veillé à l'exécution de ces mouvemens, prend lui-même cette position; et lorsqu'il voit que l'élévation est achevée, il se relève et fait présenter, porter et reposer les armes à ses factionnaires par les signaux ci-dessus.

Le sous-officier fait exécuter le même mouvement lorsque le prêtre se retourne et prononce *ite missa est*. A ce même instant, un tambour commandé à cet effet exécute un roulement très court (1).

ÉTAT-MAJOR GÉNÉRAL.

Commandant supérieur des gardes de Paris et du département de la Seine. — Le lieutenant-général comte Lobau.

Chef d'état-major général. — Le général Jacqueminot.

d'une écharpe tricolore, que l'on peut recourir à la force. Toutefois il ne s'agit pas de cette force brutale qui semble se complaire à l'effusion du sang, mais de cette force calme, puissante, qui en impose aux factieux et désarme les hommes égarés. Ce n'est qu'après avoir été outragés ou frappés que les gardes nationaux ou les soldats doivent présenter la baïonnette, et faire feu, s'il le faut, pour que force reste à la loi.

(1) Cette manière est celle qui est usitée dans la chapelle de Sa Majesté. Un roulement annonce son arrivée.

Généraux de brigade. — MM. de Saint-Aignan, Durou de Laborde, Tourton, Gabriel Delessert, Friant, Hallez.

Intendant. — M. l'intendant militaire Jacqueminot.

Chirurgien-major. — M. Philippe Hutin.

Colonels. — MM. Cardon, Perregaux.

Lieutenans-colonels. — MM. le duc d'Otrante, Desma bœufs, Nodler, Joseph Perrier, Rampon.

Chefs d'escadron. — MM. Bailliot, Barrière, Bouche Bouchet, Brocard, Hourdequin, Chaulin, Gilbert des V sins, Dabrin, Mazères, Poissant, Vanlerberghé.

Capitaines. — MM. André, Paul Berthier, Bouteill Champ, Clausse, Cousinard, Dupont, Dutillet, Defermo de Favières, de Payand, de Loynes, Flory, Guyot de Vil neuve, Garreau, Gallois, Harouard d'Aulan, Joest, Joua Jousselin de Lasalle, Laffitte, Larnac, Lemarchand, Legor dec, Lubbert, Morisseau, Neveu, Odier, Oudot, Paulmi Philippe, Pillaut de Bit, Poupillier, Pritelly, Robillar Saisset, Schœffer, Sellière, Thierry Cousin, Tolly, Vigie

Colonels et lieutenans-colonels des légions de Paris.

Légions.	Colonels.	Lieutenans-colonels.
1re	De Marmier.	Rouxel.
2e	De Girardin.	Ganneron.
3e	Loubers.	Besson.
4e	Sédillot.	Chapuis.
5e	De la Riboissière.	Ferron.
6e	Bonjour.	Husson.
7e	Gilbert des Voisins.	Fessard.
8e	Delarue.	Rieussec.
9e	De Schonen.	Rossigneux.
10e	Lemercier.	Dequevauvillers.
11e	De Sussy.	Boulay de la Meurth
12e	Lafond.	Lavocat.
13e	(Cavalerie) prince de la Moscowa.	Sencier.
14e	(Artillerie) De Tracy.	Branville.

MODÈLE DU DRAPEAU,

ADOPTÉ PAR LE GÉNÉRAL LAFAYETTE,

ur la proposition de M. l'inspecteur général Mathieu Dumas, pour chaque bataillon des gardes nationales du royaume.

(Voir la gravure en regard du titre.)

LÉGENDE EXPLICATIVE.

La lance, de $0^m,297$ ou 11 pouces de hauteur, sur $0^m,189$ 7 pouces dans sa plus grande largeur, est en cuivre doré à r moulu; le modèle en a été gravé exprès pour le drapeau gardes nationales du royaume, dont il forme le caractère tinctif.

La couronne, de $0^m,162$ ou 6 pouces de diamètre extérieur, ant à la lance, est aussi en cuivre doré, et destinée à recer la cravate.

Le baton, de $2^m,435$ ou 7 pieds 6 pouces de longueur, sur ,036 ou 16 lignes de diamètre, est en bois peint en bleu; extrémité inférieure est garnie d'un bout en cuivre doré, $0^m,081$ ou 3 pouces de hauteur.

L'étoffe aux trois couleurs, de $1^m,624$ ou 5 pieds de larur, sur $1^m,190$ ou 44 pouces de hauteur, est composée de is bandes de soie (gros de Tours) d'égale largeur, réunies moyen d'une couture rabattue; la bande bleue doit toujours ir au bâton. Elle est entourée des trois côtés d'une frange argent de $0^m,045$ ou 20 lignes de hauteur.

Lettres de la face, de $0^m,108$ ou 4 pouces de hauteur, sur ,081 ou 3 pouces de largeur, sont peintes en or; cette inption est invariable pour tous les drapeaux.

Lettres du revers, de $0^m,094$ ou 3 pouces 6 lignes de haur, sur $0^m,081$ ou 3 pouces de largeur, aussi peintes en or. désignations de lieux sont susceptibles de changer ainsi que chiffre, suivant le chef-lieu de canton qui donne son nom à seul ou à plusieurs bataillons.

La cravate, de $1^m,461$ ou 4 pieds six pouces de longueur, $0^m,541$ ou 20 pouces de largeur, est en soie (gros de ples) tricolore; les deux extrémités sont garnies d'une frange argent, partie à torsades et partie à graine, de $0^m,081$ ou ouces de hauteur, montée sur un galon d'argent de $0^m,009$ 4 lignes de largeur.

Nota. D'après les évaluations les plus éclairées, il a été coné que le drapeau, établi conformément au modèle ci-dessus, pourrait être confectionné dans les principales villes de Fran au prix moyen de 100 francs; en observant toutefois que seule partie du drapeau, *la lance dorée et la couronne*, forme le caractère distinctif et essentiel de l'uniformité du d peau des gardes nationales du royaume, a exigé la gravure d moule officiel exécuté en acier par M. Ambroise Tardieu qui l'on peut s'adresser pour en avoir des épreuves en cui doré.

ORDRE DU JOUR SUR L'UNIFORME.

Le général en chef, après avoir pris les ordres du Roi arrêté ce qui suit pour l'habillement, équipement, coiffure armement de la garde nationale parisienne.

ÉTAT-MAJOR GÉNÉRAL.

Habit. Bleu, boutonné droit avec neuf boutons; collet ro ouvert par-devant, sans aucune broderie; paremens roug patte blanche à trois pointes, avec trois boutons: doublure retroussis bleus, avec grenades blanches brodées sur d rouge; liséré rouge; boutons en métal blanc, avec coq milieu, et autour la légende : *Liberté, ordre public.*

Pantalon d'été. Blanc, tombant sur le coude-pied, so pieds en cuir noir.

Pantalon d'hiver. Bleu, sans liséré; sous-pieds en c noir.

Coiffure. Chapeau à trois cornes, sans plumet, galons autres ornemens; ganse à torsades d'argent; cocarde nat nale.

Chaussure. Petites bottes avec éperons en métal blanc.

Armement. A cheval, épée ou sabre, *ad libitum*; à pi épée, ancien modèle de la garde nationale; coq entouré drapeaux sur la coquille.

Nota. Les aides-de-camp seuls porteront au bras gauche brassard tricolore sans frange.

OFFICIERS SUPÉRIEURS DES LÉGIONS.

Habit. Semblable à celui des gardes nationaux des légio mais avec boutons à coq. Le reste de l'habillement, de l'ar ment et coiffure, comme l'état-major général.

LEGIONS.

GRENADIERS.

HABIT. Bleu, revers bleus; collet rouge ouvert par-devant; remens rouges; patte blanche à trois pointes et à trois bou-ns; doublure et retroussis rouges, avec grenades blanches; ches en long à trois pointes figurées par un passe-poil rouge, ec un bouton sur chaque pointe; boutons en métal blanc ec grenade au milieu, et autour la légende : *Liberté, ordre blic.* Epaulettes rouges.

PANTALON { d'été. Blanc, tombant sur le coude-pied.
d'hiver. Bleu, sans liséré.

COIFFURE. Bonnet à poil sans cordons ni tresses; plaque à enade avec le numéro de la légion; plumet tricolore droit, de pouces de hauteur.

EQUIPEMENT. Buffleterie blanche sans grenade; giberne avec enade au milieu.

ARMEMENT. Fusil d'infanterie, avec bretelle de buffle blan-ie; sabre-briquet, sans dragonne ni manchette; épinglette anche de 11 pouces de long, attachée au troisième bouton l'habit; fourreau de la baïonnette en cuir noir, garni en ivre par le bout.

BONNET DE POLICE. Bleu, passe-poil rouge, gland de laine x trois couleurs, et une grenade blanche sur le devant du nnet.

CHAUSSURE. Souliers; guêtres blanches pour l'été, noires ur l'hiver.

OFFICIERS (comme la troupe).

Hausse-col avec un coq; sabre d'officier d'infanterie.

CHASSEURS.

Habillement, Equipement et Armement.

Comme les grenadiers, à l'exception des cors-de-chasse blancs our ornement des retroussis d'habit; et au lieu de grenades, r-de-chasse sur les boutons et sur le milieu de la giberne.

EPAULETTES. Rouges, avec le corps vert.

COIFFURE. Schakos en feutre noir, haut de 8 pouces 6 li-nes; dessus en cuir verni, du diamètre de 9 pouces 9 lignes. ord supérieur du schakos garni d'un velours noir uni, de 16 gnes de large; bord inférieur garni d'un cuir verni de 12 gnes. Visière en cuir verni, bordée d'un métal argenté de 3 gnes de large. Plaque : cor-de-chasse de métal blanc, découpé r le fond noir, avec le numéro de la légion au milieu. Largeur totale du cor-de-chasse, 4 pouces et demi; hauteu pouces 9 lignes, et hauteur du numéro, 9 lignes. Jugul en métal argenté, d'une seule pièce, et frappées de maniè représenter des écailles, avec un cor-de-chasse sur les attac Cocarde nationale au-dessus de la plaque.

Le schakos n'aura d'autre ornement qu'un plumet form plumes de coq tricolores et tombantes.

Nota. En petite tenue, au lieu du plumet, pompon en b de laine rouge, avec flamme de quatre pouces de longueur laine bleue et blanche. Pour les grenadiers, bonnet à poil plumet.

TAMBOURS.

Habit. Comme les chasseurs, mais boutonné droit par vant, avec neuf boutons; un galon blanc de huit lignes de l au collet, au parement, et en écusson sur la taille de l'h Le reste de la tenue comme les compagnies auxquelles il partiennent.

TAMBOURS-MAÎTRES.

Comme les tambours: galon d'argent, au lieu de lain insignes du grade.

Coiffure. Kolback, avec flamme tricolore et plumet o naire.

Epaulettes de laine rouge; une rangée de franges et une sade d'argent.

Le tambour-major comme le tambour-maître, à l'excep d'un panache à trois grandes plumes tricolores; nids d'hi delles blancs; sabre, et baudrier rouge de fantaisie; pant comme la troupe, à l'exception du bleu, qui aura deux ga de huit lignes chaque. — Petites bottes.

MUSIQUE.

Frac bleu comme l'état-major, avec boutons à coq; p mens et collet rouges, avec un galon d'argent de huit lig trèfle en argent; pantalon comme la troupe, à l'exception galon d'argent de huit lignes sur le pantalon bleu.

Coiffure. Schakos et plumet comme les chasseurs, ave lon d'argent en haut.

CHEFS DE MUSIQUE.

Epaulettes d'adjudant.

OBSERVATION GÉNÉRALE.

Col noir avec liséré blanc, sans col de chemise; poin cordon de montre.

MM. les chefs de légion s'adresseront à l'état-major pour les [d]étails qui auraient pu être oubliés.

Signé Lafayette.

Pour copie conforme, le colonel Carbonel.

MODÈLE DE L'UNIFORME

DES GARDES NATIONALES DES COMMUNES RURALES,

Adopté par M. le général Lafayette, *commandant général des gardes nationales du royaume.*

SCHAKOS.

	mèt.	p.	l.
Forme en tissu de coton teint en noir.			
Hauteur, par-devant	0,162	6	»
Idem, sur le côté	0,146	5	5
Idem, par derrière	0,141	5	3
Calot en carton, recouvert d'une perkale cirée			
Diamètre	0,213	7	»
Enfoncement au milieu	0,020	»	9
[Ga]lon du haut, en laine rouge, largeur	0,024	»	11
[Ga]lon du bas, en velours de coton, largeur	0,018	»	8
[Co]carde tricolore, en fer-blanc peint, diamètre	0,067	2	6
Chaque couleur forme une auréole, de la largeur de	0,011	»	5
[L]e bleu étant dans le milieu, forme un cercle de	0,022	»	10
[Pl]aques en fer-blanc frappé, portant en relief le coq gaulois.			
Grenades pour les grenadiers, diamètre	0,049	1	10
Flamme de la grenade, hauteur	0,029	1	1
Cor-de-chasse pour les chasseurs, grande largeur	0,101	3	9
Hauteur	0,067	2	6
[Vis]ière en cuir verni, dessus noir, dessous vert.			
Largeur, au milieu	0,063	2	4
[I]dem, au quart	0,054	2	»
[I]dem, au sixième (près la rosace)	0,020	»	9
Bordure en fer-blanc, de la largeur de	0,006	»	3
[Ép]aulaires en fer-blanc, à écailles mobiles montées sur un carton recouvert de basane noire.			

	mèt.	p.
Rosace avec grenade ou cor, largeur........	0,040	1
Largeur du cuir, près la rosace............	0,038	1
Largeur de l'écaille près la rosace..........	0,033	1
Largeur de la dernière écaille inférieure.....	0,018	»
La longueur, y compris la rosace..........	0,216	8
Elles sont terminées par un ruban de fil noir de la longueur de..................	0,135	5

Pompon en boule de laine rouge avec flamme en laine bleue et blanche, serrée par un anneau en laine rouge.

La boule a de diamètre..................	0,067	2
La flamme a de longueur.................	0,108	4
L'anneau qui la serre a de diamètre........	0,033	1
Fil de fer qui supporte la boule, longueur...	0,081	3

Coiffe du schakos en basane noire dentelée, et se serrant à volonté.

CEINTURE.

En tissu de laine tricolore avec boucles en métal blanc, doublée en forte toile écrue.

Les deux extrémités garnies de bandes en cuir noir, pour supporter les boucles et les lanières, ayant de largeur.................	0,074	2
Longueur..............................	0,893	33
Largeur...............................	0,090	3

Le bleu en bas 13 lignes, le blanc au milieu 14 lignes.

Le rouge en haut 13 lignes.

Boucles, largeur......................	0,038	1
Hauteur...............................	0,033	1

BLOUSE.

En toile de chanvre ou de lin, bleue, employant pour les grandes tailles 2 mètres 40 centimètres, pour les tailles moyennes 2 mètres 20 centimètres, pour les petites tailles 2 mètres.

Hauteur de la blouse (pour la plus haute taille).	0,956	35
Circonférence à la base................	2,110	78
Le collet, en serge rouge, a de hauteur......	0,074	2
Il est doublé en serge rouge à ses deux extrémités sur une largeur de...............	0,121	4

Le milieu est doublé en toile bleue; il se ferme au moyen d'une agrafe en métal bronzé.

	mét.	p.	l.
La fente du devant descend jusqu'à la ceinture; elle se ferme au moyen de 3 boutons en corne noire fondue, ayant de diamètre.........	0,011	»	5
La blouse se serre au-dessus des hanches, au moyen d'une coulisse dans laquelle est passé un ruban de fil noir portant en largeur...	0,027	1	»
De manière à former au-dessus et au-dessous des plis gracieux; à 16 lignes de la base est cousu un galon en laine rouge, de la largeur de	0,033	1	3

es attaches en galon rouge, de 8 lignes de largeur, sont placées sur les épaules, ainsi qu'un bouton pareil à ceux du devant pour retenir l'épaulette.

es manches, larges par le haut, sont terminées par un parement rond doublé en toile bleue, garni au bord supérieur d'un liséré en galon rouge de 3 lignes de largeur; ce parement est fendu sur le côté en dehors, et fermé par 2 boutons en corne noire fondue.

ÉPAULETTES.

lles sont en laine rouge, pour les grenadiers. Pour les chasseurs, la patte est en laine verte, les torsades et la frange sont en rouge.

our les officiers elles sont en argent et confores à celles des divers grades de l'armée (1).

a patte est doublée en drap bleu formant, jusqu'à la première torsade, un liséré d'une demi-ligne de large; elle a dans toute sa largeur 30 lignes; sa longueur est de 5 pouces 5 lignes; la première torsade a 2 lignes et demie de diamètre; la 2ᵉ a 3 lignes et demie; la frange a 27 lignes de hauteur.

GIBERNE ET BAUDRIER DE SABRE.

	mét.	p.	l.
a giberne, en cuir noir ciré, a la largeur de...	0,249	9	3
La hauteur de..........................	0,175	6	6

e porte-giberne et le baudrier de sabre sont en buffle uni, de 30 lignes de largeur; le fourreau de baïonnette en cuir noir, avec bout en cuivre; sa longueur varie suivant que la baïonnette dépend d'un fusil de grenadier ou de chasseur.

(1) Les officiers porteront au schakos, le galon du haut en argent, la plaque les jugulaires en doublé d'argent.

Nota. M. AMBROISE TARDIEU, rue du Battoir-Saint-André, n° 7, ayant été chargé par le lieutenant-général Mathieu-Dumas, inspecteur général des gardes nationales du royaume, de dessiner et graver les modèles des divers uniformes de la garde nationale, adoptés par le général Lafayette, commandant en chef, a pensé qu'il serait dans l'intérêt de MM. les gardes nationaux des départemens, de savoir quelle dépense entraînera l'achat des divers objets composant l'uniforme complet, il s'est donc informé des prix les plus modérés auxquels il est possible de les établir, suivant les dimensions et avec les matières et étoffes employées pour la confection des modèles adoptés.

M. Tardieu se chargera, *sans aucune rétribution,* des commissions que MM. les commandans voudraient lui adresser; il les fera profiter des fruits de son expérience, en soignant la bonne exécution et la prompte expédition de leurs demandes.

NETTOIEMENT DES ARMES.

Les armes confiées aux gardes nationales sont une propriété de l'État. Le nombre qui en a déjà été délivré aux citoyens, et le nombre bien plus grand encore qu'ils pourront successivement recevoir, commandent les plus grands soins pour la conservation et l'entretien de cet important matériel.

C'est une richesse de l'État confiée à la loyauté des gardes nationales.

On ne peut douter de la part d'empressement et de bonne volonté que chaque citoyen est disposé à apporter à la conservation et à l'entretien de son arme; mais cet empressement et cette bonne volonté ont besoin d'être guidés par des règles certaines et éprouvées par une longue expérience.

La conservation des armes, les effets qu'elles produisent, dépendent, en grande partie, des connaissances pratiques que les soldats ont acquises sur la manière de les soigner et de s'en servir. Cette partie de l'instruction des troupes doit donc attirer la plus sérieuse attention.

Pour mettre les officiers en état de la diriger convenablement, plusieurs ouvrages ont été composés, et sont déjà entre leurs mains.

Ils contiennent beaucoup de notions utiles sur l'entretien des armes et sur le tir du fusil; mais, d'une part, quelques xactitudes reconnues dans certaines assertions, et, de tre, les changemens introduits dans les modèles, ont du nécessaire un nouveau travail sur cette matière.

n a réuni ici, dans un article réduit autant que possible:

a nomenclature des armes employées par les troupes à pied,

s dessins qui en indiquent les formes;

es moyens de les entretenir;

es précautions à prendre pour ne pas les dégrader;

es principes du tir;

a manière de faire les munitions pour armes à feu.

es objets sont traités, suivant l'ordre dans lequel on vient es indiquer, dans cinq articles différens.

es trois premiers articles et le cinquième doivent être particulièrement enseignés aux soldats et aux sous-offi- s; il est essentiel que ces derniers surtout aient une con- sance complète de tous les détails qui y sont contenus.

es officiers doivent s'attacher principalement à l'étude des cipes du tir exposés dans le quatrième article, et se tre en état d'en faire faire l'application par les soldats, s les exercices.

es résultats pratiques présentés dans cet article diffèrent ucoup de ceux que l'habitude a admis jusqu'à ce jour, mais l'observation des faits était loin de confirmer; ils sont dé- s d'une série d'expériences exécutées récemment, d'après rdres du Ministre de la guerre.

n a consacré le cinquième article à la manière de faire les ouches à fusil; la connaissance de ces détails pouvant très utile dans plusieurs circonstances.

NOMENCLATURE.

FUSIL D'INFANTERIE.

Canon.—*Planche* 15.

1. Canon.
. Bouche du canon.
. Tenon, destiné à fixer la baïonnette sur le canon.
. Devant du canon.
. Tonnerre, partie renforcée contenant la charge.
. Lumière.

Fig. 2. Culasse, destinée à fermer l'orifice inférieur du non, en se vissant dedans.

1. Queue de culasse.
2. Bouton taraudé.
   Dans le modèle de 1777, il y a une encoche po communication du feu de l'amorce avec la charge
3. Talon.
4. Échancrure pour le passage de la grande vis du m de la platine.
5. Trou pour le passage de la vis de culasse, assujetti le canon par le bas.
6. Vis de culasse : la tête est fraisée en dessous, suiva trou de la queue de culasse.

PLATINE. — *Planche* 15.

Fig. 3. Platine, garnie de ses pièces, vue par dehors.

Fig. 4. Platine, garnie de ses pièces, vue par dedans.

Fig. 5. Corps de platine, vu par dedans. Il sert à assem les 20 pièces qui composent la platine.

1. Devant du corps.
2. Milieu.
3. Queue.
4. Trou de la vis du ressort de batterie.
5. Trou du pivot du ressort de batterie.
6. Trou de la vis de batterie.
7. Trou de l'arbre de la noix.
8. Trou de la vis de la bride de la noix.
9. Trou du pivot de la bride.
10. Trou de la vis de gâchette.
11. Trou du ressort de la vis de gâchette.
12. Echancrure ou encastrement du bassinet.
13. Trou de la vis du bassinet.
14. Trou de la vis du grand ressort.
15. Trou pour le pivot du grand ressort.
16. Trou de la grande vis du milieu.
17. Trou de la grande vis du devant.
18. Bouterolle servant d'écrou pour la grande vis du lieu.
    Elle est destinée à ajuster la platine contre le car
19. Rempart servant d'écrou pour la vis de batterie. Il destiné à ajuster la platine contre le canon.
20. Mortaise pour le tenon du ressort de gâchette.

Fig. 6. Bassinet.

1. Fraisure.
2. Queue de bassinet.
3. Trou de la vis qui fixe le bassinet au corps de platine.
4. Entablement, plan supérieur sur lequel s'applique la batterie.
5. Bride du bassinet, percée pour donner le passage à la vis de batterie.
6. Rempart du bassinet. Il sert à ajuster le bassinet au corps de platine.
7. Garde-feu.

   Dans la platine, modèle de 1777 corrigé, il n'y a pas de garde-feu.
8. Vis du bassinet. Elle sert à fixer cette pièce au corps de platine.

Fig. 7. Batterie. Elle ferme le bassinet et elle produit, par le choc de la pierre, les étincelles qui doivent communiquer le feu à la poudre.

1. Face.
2. Dos.
3. Table.
4. Trousse ou talon pour arrêter le mouvement de la batterie.
5. Pied qui roule sur le ressort quand la batterie est mise en mouvement.
6. Trou de la vis de batterie.
7. Vis de batterie.

Fig. 8. Ressort de batterie. Il sert à fermer le bassinet, en appuyant sur le pied 5 de la batterie; il sert aussi à tenir la batterie renversée, lorsque le bassinet doit rester ouvert.

1. Trou dans lequel passe la tige de la vis du ressort.
2. Pivot du ressort de batterie.
3. Grande branche ou branche mobile.
4. Petite branche.
5. Vis du ressort de batterie.

Fig. 9. Chien.

1. Trou pour recevoir le carré de la noix.
2. Arrière ou cul du chien.
3. Le ventre.
4. La sous-gorge.

5. Le cœur ou l'anneau.
6. Le dos.
7. La mâchoire inférieure.
8. La crête, destinée à empêcher la mâchoire supérieure de tourner, quand elle est serrée sur la pierre par la vis.
9. Espalet ou support. Il sert à arrêter le chien, quand la pierre a cessé de frapper.
10. Mâchoire supérieure du chien.
11. Vis du chien. Sa tête est arrondie, fendue et percée.
12. Vis de noix, appelée improprement clou du chien.

Fig. 10. Noix, vue de deux manières : la première de côté, et la seconde en dessus. La noix est une des principales pièces de la platine; elle communique son mouvement au chien, auquel on la fixe par son carré et sa vis.

1. Pivot qui entre dans la bride de noix.
2. Griffe sur laquelle s'appuie celle du grand ressort.
3. Cran du repos.
4. Cran du bandé pour armer la platine.
5. Arbre. Il tourne dans le trou 7 du corps de platine.
6. Carré qui est au bout de l'arbre pour entrer dans celui du chien. Ce carré est taraudé pour la vis de noix, qui empêche le chien de se détacher de la noix.

Fig. 11. Bride de noix. Elle maintient la noix parallèlement au corps de platine.

1. Trou du pivot de la noix.
2. Trou de la vis de bride.
3. Trou de la vis de gâchette.
4. Pivot de la bride qui entre dans le trou 9. *Fig*. 5.
5. Vis de la bride de la noix.

Fig. 12. Gâchette. Elle sert à maintenir le chien au repos et au bandé.

1. Bec : la pression du ressort de gâchette le fait entrer dans les crans de la noix, quand on porte le chien en arrière.
2. Queue : elle sert à faire partir le chien, quand on appuie dessus par le moyen de la détente.
3. Trou de la gâchette.
4. Vis de gâchette : elle passe dans les trous 3 de la bride de noix et de la gâchette, et est arrêtée dans le trou 10 du corps de platine.

Fig. 13. Ressort de gâchette, qui presse sur la gâchette, et la fait appuyer contre la noix.

1. Petite branche.
2. Trou de la vis.
3. Tenon.
4. Grande branche.
5. Vis du ressort de gâchette.

Fig. 14. Grand ressort. Il sert à abattre le chien.

1. Grande branche.
2. Griffe qui presse sur la noix pour abattre le chien.
3. Petite branche.
4. Trou de la vis dans la patte du grand ressort.
5. Pivot du grand ressort.
6. Vis du grand ressort.

Fig. 15. Pierre. On la fixe entre les mâchoires du chien, pour obtenir le feu en la faisant frapper sur la batterie. Cette pierre doit être enveloppée d'une feuille de plomb laminé, *fig.* 16, pour l'empêcher de glisser, ou de se casser par la pression des mâchoires.

1. Mèche ou tranchant.
2. Flancs ou bords latéraux.
3. Talon.
4. Dessous.
5. Dessus ou assise.

Nota. Les platines des autres armes à feu portatives ne diffèrent de celle du fusil que parce qu'elles sont plus faibles en dimensions.

GARNITURES. — *Planche* 16.

Fig. 1re. Embouchoir.

1. Entonnoir pour le passage de la baguette.
2. Bande ou barre supérieure.
3. Bande ou barre inférieure sur le milieu de laquelle est brasé le guidon.
4. Guidon en cuivre sur les embouchoirs en fer, et en fer sur les embouchoirs en cuivre. Il a la forme d'un grain d'orge, et sert pour viser.

Fig. 2. Grenadière, ou boucle du milieu.

1. Pivot.

2. Battant ajusté sur le pivot derrière la boucle.
3. Clou rivé fixant le battant sur le pivot.

Fig. 3. Capucine.

1. Bec coupé carrément.

Fig. 4. Ressorts de garniture en acier.

1. Crochet pour arrêter la capucine et la grenadière.
2. Goupille qui traverse le bois sans le déborder.
3. Pivot pour retenir l'embouchoir.

Fig. 5. Porte-vis, contre-platine ou *S*. Il a la forme d'une et ses deux bouts sont percés pour recevoir les gr des vis de platine.

Sous-garde. C'est l'assemblage de la pièce de déte ou écusson, du pontet et de la détente.

Fig. 6. Pièce de détente.

1. Taquet pour recevoir le bout de la baguette.
2. Fente pour le passage de la queue du battant.
3. Bouterolle dans laquelle se fixe la vis de culasse.
4. Fente pour le passage de la détente.
5. Ailettes.
6. Vis qui fixe la détente.
7. Fente pour le passage du crochet à bascule du pontet.
8. Embase pour le nœud postérieur du pontet.
9. Élévations qui, avec le nœud postérieur du pontet, s vent à tenir solidement l'arme dans la main droite.
10. Trou pour la vis à bois de sous-garde.

Dans le fusil-modèle de 1777 corrigé, les ailettes la vis qui fixe la détente n'existent pas; cette pièce soutenue par une goupille qui traverse le bois.

Fig. 7. Pontet de la sous-garde; pièce destinée à garantir détente.

1. Partie supérieure, dont la largeur va en diminu jusqu'aux nœuds.
2. Nœud antérieur.
3. Fente pour recevoir la queue du battant.
4. Nœud postérieur, qui porte au-dessous de son emb un crochet de mêmes longueur et largeur que la fe pratiquée à la pièce de détente pour le recevoir.
5. Crochet à bascule.

Fig. 8. Détente. Sert à faire partir la gâchette.

1. Trou de la vis qui sert à la fixer entre les ailettes.

Dans le modèle de 1777 corrigé, ce trou sert au passage de la goupille qui traverse le bois.

2. Partie sur laquelle on appuie le doigt pour tirer.

Fig. 9. Battant de sous-garde ou d'en-bas. Il est conforme à celui de la grenadière; ils servent à porter le fusil en bandoulière.

1. Queue qui traverse le devant du pontet et de l'écusson.
2. Trou de la goupille qui le fixe sur le bois.
3. Goupille, petite cheville en acier, servant à fixer le battant de sous-garde. Elle est conique, et a une tête qui la retient du côté de l'encastrement de la platine.

Dans le modèle de 1777 corrigé, cette goupille est cylindrique. Il y en a une autre, aussi cylindrique, pour la détente.

Fig. 10. Plaque de couche. Elle est assujettie par deux vis à bois.

Fig. 11. Grandes vis. Traversent le porte-vis, le bois, et affleurent la partie extérieure du corps de platine. Dans toute vis on distingue :

1. La tige.
2. La tête.
3. La fente.
4. Les filets ou la partie taraudée.

Fig. 12. Vis à bois. La tête est arrondie en goutte de suif, et fraisée en dessous; la tige est taraudée dans toute sa longueur.

BAGUETTE. — *Planche* 16.

Fig. 13. Baguette.

1. Tête en forme de poire.
2. Bout taraudé pour fixer le tire-bourre.

Fig. 14. Ressort de baguette, à feuille de sauge, servant à retenir la baguette dans son canal, et fixé par une goupille.

MONTURE. — *Planche* 16.

Fig. 15. Monture. Bois dégarni de toutes les autres parties du fusil.

1. Fût ou devant.
2. Busc.

3. Crosse pour appuyer contre l'épaulement.
4. Poignée.
5. Joue, évidement dans la crosse, pour placer la joue.
6. Embase de la capucine.
7. Logement du canon.
8. Canal de la baguette.
9. Encastrement de la platine.

TIRE-BALLE. — *Planche* 16.

Fig. 16. Tire-balle ou tire-bourre.

1. Tête taraudée pour recevoir le bout de la baguette.
2. Branches spirales.
3. Branches droites à filets alongés.

BAÏONNETTE. — *Planche* 15, *fig.* 17.

1. Douille.
2. Fente pour le passage du tenon.
3. Virole pour assujettir la baguette au tenon.
4. Rosette de la virole : celle du côté du coude (la vi ayant le pontet en dessus de la fente) est taraudée
5. Vis qui serre les rosettes.
6. Etouteau qui borne le mouvement de la virole.
7. Coude : il est en fer ainsi que la douille.
8. Lame triangulaire en acier.

Fig. 18. Fourreau de baïonnette, en peau de vache.

1. Entrée du fourreau.
2. Patte ou tirant en buffle.
3. Bout en cuivre.
   Dans le modèle de 1777 corrigé, le bout est en fer

FUSIL DE VOLTIGEUR.

Le fusil de voltigeur ne diffère du fusil d'infanterie que le canon, qui est plus court de 0m,036 (2 pouces).

Le fusil de voltigeur ou fusil de dragon, modèle de l'an ne diffère du fusil d'infanterie, modèle de 1777 corrigé, par sa longueur et la grenadière, *fig.* 17, planche 16.

1. Deux anneaux qui ont la forme du canon avec le fût.
2. Bande qui réunit les anneaux, et dont l'extrémité périeure est recourbée pour faciliter le passage d baguette.
3. Pivot.

Le battant est conforme à celui du fusil d'infanterie.

FUSIL D'ARTILLERIE.

Le fusil d'artillerie ne diffère du fusil d'infanterie que par dimensions qui sont plus faibles, et par les garnitures qui nt en cuivre : son canon a 0,m 92 (34 pouces).

SABRE D'INFANTERIE.

PLANCHE 17, *fig.* 1re.

1. Lame à un tranchant : elle est légèrement cambrée, et sans gouttières ni sans creux.
2. Talon, partie renforcée qui s'appuie contre la monture.
3. Pointe.
4. Biseau ou faux-tranchant, partie qui est affilée comme le tranchant.
5. Plat de la lame.
6. Dos.
7. Tranchant.
8. Soie destinée à fixer la lame sur la monture qu'elle traverse.
9. Fourreau en cuir de vache.
10. Bout en cuivre laminé, collé et épinglé, terminé par un bouton demi-olive.
11. Chape, en cuivre laminé, repliée intérieurement pour couvrir les extrémités du cuir.
12. Pontet portant un tirant en buffle, qui sert à fixer le sabre sur le baudrier.
13. Monture, coulée d'une seule pièce, en cuivre.
14. Poignée en hélices, pour affermir le sabre dans la main.
15. Calotte sur laquelle est rivée la soie.
16. Garde, destinée à garantir des coups de l'ennemi.
17. Quillon, prolongement de la garde, et destiné au même usage.
18. Tirant.

SABRE D'ARTILLERIE.

PLANCHE 17, *fig.* 2.

1. Lame à deux tranchans.
2. Talon.
3. Pointe.
4. Soie destinée à fixer la lame dans la poignée, au moyen de trois rivets.
5. Gouttières.

6. Pan creux.
7. Fourreau, en peau de vache : à son entrée sont cousu deux morceaux de cuir destinés à empêcher la lame d sortir trop facilement.
8. Bout en cuivre, collé et épinglé, terminé par un bouto demi-olive.
9. Chape en cuivre.
10. Pontet soudé à la chape, et portant un tirant en buffl pour fixer le sabre sur le baudrier.
11. Monture d'une seule pièce en cuivre.
12. Pommeau traversé par la sôie, qui est rivée par l sommet.
13. Poignée ciselée en écailles, pour fixer l'arme solidemen dans la main.
14. Croisière pour défendre la main des coups de l'ennemi
15. Tirant.

ENTRETIEN DES ARMES

ENTRE LES MAINS DES SOLDATS.

Ordre suivant lequel on doit démonter un fusil pour le nettoyer à fond.

1. La baïonnette.
2. La baguette.
3. Les deux grandes vis.
4. Le porte-vis.
5. La platine.
6. La goupille du battant de sous-garde.
7. Le battant de sous-garde.
8. Le pontet.
9. L'embouchoir.
10. Le ressort de l'embouchoir (1).
11. La grenadière.
12. Le ressort de la grenadière (1).
13. La vis de culasse.
14. La capucine.
15. Le ressort de la capucine.
16. Le canon.
17. La culasse (2).

(1) On ne doit déplacer cette pièce que lorsque la rouille ne permet pas d la nettoyer en place.

(2) Cette pièce ne peut être démontée que par un armurier.

18. La vis de l'écusson.
19. L'écusson.
20. La vis de la détente.
21. La détente.
22. La goupille du ressort de baguette (1).
23. Le ressort de baguette (1).
24. Les vis de la plaque de couche (1).
25. La plaque de couche.

On doit remonter le fusil dans un ordre inverse, c'est-à-dire en commençant par les nos 25, 24, 23, etc.

Pour démonter le fusil modèle de 1777 corrigé, on suit le même ordre, excepté qu'après avoir ôté le pontet n° 8, on doit ôter la goupille de la détente et la détente, avant d'ôter l'embouchoir n° 9; qu'après avoir ôté l'écusson n° 19, on ôte de suite la goupille du ressort de baguette n° 22.

On observe les mêmes différences en remontant le fusil, c'est-à-dire qu'après avoir remis le ressort de la baguette on remet de suite l'écusson, et qu'après avoir remis l'embouchoir on remet la détente et la goupille de détente avant de remettre le pontet.

Ordre suivant lequel on doit démonter la platine avec le nouveau monte-ressort.

Il faut commencer par abattre le chien.

1. La vis du grand ressort.
2. Le grand ressort. (On l'ôte à l'aide d'une pression qu'on fait avec le monte-ressort : on le remet par une opération inverse, quand il s'agit de remonter la platine.)
3. La vis du ressort de gâchette. (Avant de la retirer entièrement, on frappe sur le cul du ressort, de manière à faire sortir le pivot de son encastrement.)
4. Le ressort de gâchette.
5. La vis de gâchette.
6. La gâchette.
7. La vis de bride.
8. La bride.
9. La vis de noix.
10. La noix. (Il faut la repousser avec un poinçon qui entre facilement dans le trou destiné à recevoir sa vis.)
11. Le chien.
12. La vis de batterie. (On fait auparavant une pression sur le ressort de batterie avec le monte-ressort.)

(1) Voir la note 1, page précédente.

13. La batterie.
14. La vis du ressort de batterie.
15. Le ressort de batterie.
16. La vis du bassinet.
17. Le bassinet.
18. La vis du chien.
19. La mâchoire.

On doit remonter la platine dans un ordre inverse, c'est-à-dire en commençant par les nos 19, 18, 17, etc.

Pour reconnaître les vis de la platine, on observera que la vis du chien a la tête percée, celle du bassinet a la tête fraisée, celle de la noix a la tête d'un plus grand diamètre que les autres. Les six autres vis suivent cet ordre de longueur, en commençant par la plus courte :

1. Vis du grand ressort.
2. — du ressort de gâchette.
3. — de bride.
4. — du ressort de batterie, à peu près égale en longueur à la précédente.
5. — de gâchette.
6. — de batterie.

Les deux grandes vis doivent être égales en longueur comme en grosseur.

Il n'y a que trois grosseurs différentes pour toutes ces vis.

La première est la plus forte, pour la vis du chien ;

La deuxième, pour les deux grandes vis et la vis de batterie;

La troisième, pour toutes les autres vis.

Dans la platine modèle de 1777 corrigé, les grosseurs des vis présentent un plus grand nombre de différences.

Les deux grandes vis ne sont pas égales en longueur; celle du milieu est un peu plus longue que l'autre.

L'ordre de grandeur qui vient d'être indiqué est le même pour toutes les autres vis, et il peut servir également pour les faire reconnaître.

Avant de replacer les vis, il faut mettre une petite goutte d'huile à chaque trou ou sur l'extrémité de chaque tige ; il faut avoir la même précaution pour les trous qui reçoivent l'axe et le pivot de la noix. Quand la platine est remontée, il faut également mettre un peu d'huile entre les branches mobiles des ressorts et le corps de platine, ainsi que sur la griffe et les crans de la noix. Il faut s'assurer si les vis ne sont pas trop serrées, et si les pièces rodent bien, c'est-à-dire, si elles tournent ou se meuvent d'une manière uniforme.

Nettoiement des armes à feu.

Lorsque les pièces d'armes seront fortement rouillées, on nploiera, pour les nettoyer, de l'émeri bien pulvérisé et de huile d'olive. On se servira, pour les frotter, de curettes de ois tendre et de brosses rudes. A défaut d'émeri pour enlever s grosses taches, on se servira de grès pulvérisé, tamisé et umecté d'huile. Quand les armes seront légèrement rouillées, n se servira seulement de brique brûlée, pulvérisée, tamisée égalemeut humectée d'huile.

Lorsqu'on opèrera sur le canon, il faudra, pour l'empêcher e se courber sous l'effort que l'on fera, le poser à plat sur un anc ou sur une table.

Les soldats feront usage d'un linge pour essuyer toutes les èces; mais celles de l'intérieur de la platine devront conser- r un peu d'onctuosité. On essuiera le bois avec un linge pro- e, pour qu'il ne graisse pas les vêtemens. Avant de remonter s différentes pièces des armes, on aura l'attention de ne pas isser dans les trous des vis de l'émeri, de la brique ni d'au- es substances.

Les pièces en cuivre se nettoient avec du tripoli ou de la ique bien pilée et du vinaigre. Si on les graissait ensuite, les seraient promptement couvertes d'oxide, toutes les sub- ances grasses agissant sur le cuivre, comme l'eau, les aci- s, etc.

Entretien des sabres.

Tout ce qui a été dit relativement au nettoiement des parties n fer et en cuivre des armes à feu s'applique également aux rties du même métal des armes blanches. On ajoutera toute- is les observations suivantes.

Lorsque l'huile ou la graisse qu'on a mise sur une lame s'est esséchée dans le fourreau, il ne faut employer pour l'enlever ue de l'huile nouvelle, qu'on laisse sur la tache pendant quel- ue temps; après quoi on enlève le tout en frottant avec un nge.

Lorsqu'un fourreau en cuir a été mouillé, il faut en retirer lame et le faire sécher sans le chauffer; après quoi on frotte lame avec un linge légèrement imprégné d'huile, avant de remettre dans son fourreau.

On aura soin pareillement de graisser les lames avant de ettre les armes en magasin; car, si on les laissait rouiller ortement, elles deviendraient trop minces, et par conséquent ors de service, après quelques nettoyages. Enfin, il serait bon de graisser légèrement les fourreaux en cuir, particulièrement sur la couture.

PRÉCAUTIONS A PRENDRE

POUR NE PAS DÉGRADER LES ARMES A FEU PORTATIVES

L'ordre qu'on vient d'indiquer pour démonter et remonter un fusil est essentiel à suivre, principalement en ce qui concerne les pièces de la platine, plus susceptibles que les autres parties de l'arme de se détériorer ; mais indépendamment de l'observation de cet ordre, il convient de prendre les précautions suivantes, sans lesquelles l'arme entre les mains du soldat se dégraderait bientôt.

Pour repousser les goupilles il faut se servir du chasse-goupille ou d'un poinçon cylindrique dont le diamètre soit un peu moindre que celui des goupilles. Les clous et les autres instrumens dont on fait quelquefois usage agrandissent les trous, ce qui est très nuisible.

Lorsqu'on fait sortir la grenadière et la capucine, il faut autant que possible, n'avoir recours à aucun outil pour les frapper ; elles ne devraient être retenues que par leur ressort, et elles devraient céder à l'effort des deux mains lorsqu'on exerce avec le pouce une pression sur ces ressorts.

Il faut éviter avec soin de trop serrer les vis, surtout celle de la batterie, parce qu'il en résulte des frottemens qui diminuent l'action des ressorts, et par conséquent l'effet de la platine.

On ne doit jamais remettre le grand ressort de platine au feu, comme on le fait quelquefois dans l'intention de le rendre moins dur. Cette pratique est très nuisible : elle détruit l'effet de la trempe, et fait perdre au grand ressort l'activité dont il a besoin pour communiquer le mouvement aux autres pièces de la platine. Le chien s'abat lentement, la pierre ne frappe plus la batterie avec assez de force ; celle-ci ne découvre plus le bassinet, et ne donne pas de feu.

La batterie ne doit s'enlever qu'avec l'aide d'un monte-ressort. Lorsqu'on fait usage, pour cette opération, de la pointe de la baïonnette, on dégrade le bassinet ; lorsqu'on se sert de la baguette, on s'expose à la casser.

La baguette se rompt aussi très facilement lorsqu'on cherche à la faire plier, parce que la trempe, qui lui donne de l'élasticité, la rend en même temps cassante.

Il est extrêmement nuisible de limer le canon vers la bouche, dans l'intention de faire résonner l'arme ou de placer plus facilement la baïonnette. Cette altération de l'épaisseur du canon, qui s'augmente encore par le ballottement de la douille de la baïonnette, peut mettre bientôt l'arme dans le cas d'être réformée.

Il est très important que les crans de la noix, la griffe du grand ressort, le pied de la batterie, et généralement toutes les articulations de la platine, soient fréquemment humectés avec de l'huile fraiche. Sans cette précaution, une arme dont on se sert journellement est promptement dégradée.

On doit faire beaucoup d'attention à la manière de placer la pierre entre les mâchoires du chien. Le biseau doit être en dessus, et le tranchant parallèle à la face de la batterie; car s'il était incliné par rapport à cette face, on sent que la pierre ne frapperait que sur une très petite étendue, et qu'il n'en résulterait que très peu de feu, qui pourrait en outre n'être pas porté au milieu du bassinet.

Quand la pierre est émoussée, elle ne peut que très faiblement détacher de la batterie les particules d'acier que le frottement doit enflammer pour mettre le feu à la poudre; il faut dans ce cas rétablir le tranchant en frappant sur le bord du biseau supérieur. Il ne faut pas frapper trop fort, afin de ne point détacher de gros éclats, ce qui contribuerait à détruire la pierre en peu de temps.

Lorsqu'une pierre est assez usée pour ne dépasser que d'environ om,007 (3 lignes), les mâchoires du chien, il faut l'avancer s'il est possible, ou bien la remplacer.

Le plomb qui enveloppe la pierre ne doit jamais déborder les mâchoires du chien, car si la pierre était usée, ce plomb pourrait frapper la face de la batterie, ce qui occasionerait des ratés.

Il faut éviter, autant que possible, de démonter les culasses, et il ne faut jamais essayer de le faire en frappant dessus avec un marteau, car les queues de culasse restent marquées par les coups de marteau; elles perdent leur pente, et font ensuite éclater le bois. On ne doit démonter la culasse que pour en retirer une balle qui se trouverait forcée dans le canon; et dans ce cas cette opération ne doit être exécutée que par le maître armurier, qui se sert d'un étau et d'un tourne-à-gauche.

On évitera également, autant que possible, de démonter l'écusson, la goupille du battant, le bassinet et la goupille de la détente, dans le modèle de 1777.

Toutes les fois que l'on cesse de tirer avec un fusil, il est nécessaire que le canon soit lavé. Pour laver le canon, on prend une baguette en fer, à laquelle on attache un morceau de chiffon; on le fait entrer dans le tube après l'avoir rempli d'eau, et l'on frotte jusqu'à ce que l'eau, qu'on renouvelle plusieurs fois, sorte claire. Alors on passe un linge sec dans le canon, et ensuite un autre humecté d'huile.

Pour ne pas dégrader le bois lorsqu'on en sépare le canon, il faut opérer de la manière suivante :

Toutes les garnitures et la vis de culasse étant ôtées, saisir le bois et le canon, sans serrer avec la main gauche, à six pouces au-dessus de la tranche du derrière; le canon étant renversé, la bouche vers la terre à environ un pouce du sol, frapper avec la main droite sur la poignée jusqu'à ce que le canon soit dégagé de son canal; au moment où il se dégage, les doigts de la main gauche le maintiennent, jusqu'à ce que la main droite vienne l'enlever tout-à-fait.

Le poli brillant que l'on exige ordinairement des armes, demande de fréquens nettoyages. Cette opération, qui n'est pas toujours faite avec les attentions convenables, fausse souvent et use presque toujours le canon au point de le mettre hors de service avant le terme de sa durée. Pour éviter, au moins en partie, cet inconvénient grave, il ne faut jamais, après avoir nettoyé un fusil et l'avoir essuyé avec un linge, frotter les pièces en fer, et surtout le canon, avec de la cendre, de la craie, ou d'autres matières mordantes.

TIR DU FUSIL.

Les feux de l'infanterie produisent de très grands effets lorsqu'ils sont exécutés avec précision, avec justesse et à une bonne portée; mais ils sont peu redoutables lorsqu'ils sont multipliés avec précipitation, avec incertitude et à de trop grandes distances.

Les instructions théoriques et pratiques sur le tir doivent avoir pour objet de former les soldats à exécuter les feux aux différentes distances de la manière la plus avantageuse, et de mettre les officiers en état de les ordonner à propos.

Dans cette vue, il peut être utile de rappeler ici quelques uns des principes de la théorie du tir des armes à feu et les conséquences pratiques qui s'en déduisent.

On considère dans le tir des armes à feu trois espèces de lignes.

Pl. 16, *fig.* 18. 1° La ligne de mire AB, c'est le rayon visuel passant par les points les plus élevés du tonnerre et du devant du canon, et dirigé vers l'objet qu'on veut atteindre;

2° La ligne du tir CD, c'est l'axe ou le milieu du canon. Cette ligne représente la direction que la balle tend à suivre à l'instant où, chassée par la poudre, elle sort du canon;

3° La courbe que la balle suit réellement, parce que la pesanteur l'oblige à s'abaisser continuellement par rapport à la ligne de tir, et à s'éloigner de plus en plus de cette ligne, qui est sa direction primitive. La courbe CEFG est ce qu'on nomme *la trajectoire*.

Par la construction des canons, en général, la ligne de mire et la ligne de tir forment entre elles, au-delà de la bouche du canon, un angle AOC plus ou moins ouvert, suivant l'épaisseur à la culasse et celle à l'extrémité opposée.

La balle, à la sortie du canon, coupe d'abord en E la ligne de mire à peu de distance de la bouche, passe au-dessus de cette ligne, s'en approche ensuite, la coupe une seconde fois en G, et achève de décrire sa trajectoire jusqu'à sa chute.

Ce second point d'intersection est ce qu'on appelle *le but en blanc*. On entend ordinairement, par *portée du but en blanc* d'une arme, la distance de ce point à la bouche du canon, lorsque la ligne de mire est horizontale.

Plusieurs causes peuvent faire varier cette distance, considérée d'une manière générale. Les principales sont : la grosseur de la balle, la charge de poudre, l'inclinaison de la ligne de tir. A la guerre on emploie constamment les mêmes balles et les mêmes charges; de ces trois causes de variation, la dernière est donc la seule qui se rencontre. Le calcul et l'expérience démontrent que les effets en sont peu sensibles entre les limites des angles sous lesquels on tire ordinairement. Ainsi, dans le service, la distance du but en blanc peut être regardée comme à peu près fixe, et toujours égale à celle que l'on a appelée *portée de but en blanc*.

On peut tirer de ces observations les conséquences suivantes :

1° Si le but est entre la première intersection et la bouche du canon, il faut viser, c'est-à-dire diriger la ligne de mire, au dessus. (Cette circonstance ne se rencontre jamais dans la pratique, parce que cette première intersection est très rapprochée de la bouche du canon et que, jusqu'à ce point, la ligne de mire et la ligne de tir sont presque confondues).

2° Si le but est entre les deux intersections, il faut viser au dessous.

3º Si le but est à l'une des deux intersections, il faut y viser directement.

4º Enfin, s'il est au-delà de la seconde intersection, il faut viser au-dessus.

Pour appliquer ces résultats au tir du fusil français, il convient de distinguer le cas où l'on tire sans la baïonnette, et celui où l'on tire avec la baïonnette.

Fig. 19. Lorsque le fusil est sans baïonnette, l'épaisseur du canon au tonnerre étant plus considérable que les épaisseurs du canon près de la bouche et de l'embouchoir réunies, il en résulte que la ligne de mire AB dirigée par le point supérieur du tonnerre et par le pied du guidon, rencontre la ligne de tir CD en avant de la bouche. Par conséquent le fusil sans baïonnette a un but en blanc. Ce but en blanc est situé à 116 mètres (60 toises) environ de la bouche du canon, lorsque l'on tire avec la balle et la charge ordinaire. Ainsi, le but étant à cette distance, il faudra y viser directement; s'il est plus rapproché il faudra viser au-dessous; s'il est plus éloigné, il faudra viser au-dessus.

Fig. 20. Lorsque le fusil est garni de sa baïonnette, il n'a pas de but en blanc, parce que l'épaisseur du canon au tonnerre ne surpasse que d'une quantité très faible les épaisseurs réunies de la bouche, de la douille et de la virole, de sorte que la ligne de mire est sensiblement parallèle à la ligne de tir, et que la courbe décrite par la balle est dans toute son étendue au-dessous de la ligne de mire; par conséquent à toutes les distances où le but se présente ordinairement, dans les circonstances du service, il faut tirer au-dessus pour l'atteindre.

L'expérience a fourni les données suivantes, qui peuvent diriger dans le tir du fusil armé de sa baïonnette:

Pour frapper l'ennemi au milieu du corps, lorsque l'on est sur un terrain horizontal, on doit viser:

Depuis la plus petite distance jusqu'à 98 mètres (50 toises) à hauteur de la poitrine;

Depuis 98 mètres (50 toises), jusqu'à 136 mètres (70 toises) à hauteur des épaules;

Depuis 136 mètres (70 toises), jusqu'à 175 mètres (90 toises), à hauteur de la tête;

Depuis 175 mètres (90 toises), jusqu'à 195 mètres (100 toises), à la partie supérieure de la coiffure.

La portée d'un fusil peut s'étendre jusqu'à 975 mètres (500 toises environ), lorsque l'on tire sous un angle de 25 à 30 degrés; mais, au-delà de 195 mètres (100 toises), tous les coups nt très incertains; et c'est jusqu'à cette distance que le feu de nfanterie est réellement formidable.

Pour que les règles que l'on vient de donner puissent être pliquées utilement, il faut que les tireurs fassent passer le yon visuel qu'ils dirigent vers le but par les points les plus evés du tonnerre et de la virole. Si quelques tireurs, par suite une habitude particulière ou par toute autre cause, font pas- le rayon visuel au-dessus du tonnerre, alors la ligne de mire cidentelle dont ils se servent fait un angle plus ouvert avec ligne de tir; et il est évident qu'ils doivent viser, à chaque stance, plus bas que le point qui est indiqué.

Ces règles s'appliquent également aux feux directs et aux ux obliques sur un terrain horizontal.

Quand on est sur un terrain inégal, on doit, pour les mêmes stances, si l'on tire de bas en haut, viser plus au-dessus du t; et, si l'on tire du haut en bas, moins au-dessus que sur terrain horizontal. Toutefois, ces différences sont peu sen- les, à moins que la pente ne soit très considérable.

Pour mettre les soldats en état de tirer avec justesse, on les ercera à la cible, en les plaçant à différentes distances, et en faisant tirer, suivant ces distances, à la hauteur de la poi- ne, des épaules, de la tête ou au-dessus.

Chaque cible sera un carré long en planche, de 2 mètres pieds 2 pouces) de hauteur au-dessus du sol, et de 0m,57 pied 9 pouces) de largeur. Pour la première partie de l'in- uction, l'extrémité supérieure sera marquée par une bande ire de 0m,08 (3 pouces) de largeur. Au-dessous, seront acées trois autres bandes de même largeur. Ces quatre ban- e seront séparées par des intervalles de 0m,16 (6 pouces), esurés de milieu en milieu; enfin une bande semblable et rallèle aux précédentes sera marquée à 0m,89 (33 pouces) -dessus du pied. C'est cette dernière que les coups bien ajustés vront atteindre, ou dont ils devront approcher. A 98 mètres o toises), les soldats viseront à la quatrième bande; à 136 ètres (70 toises), ils viseront à la troisième bande; à 175 ètres (90 toises), ils viseront à la seconde bande; au-delà, squ'à 195 mètres (100 toises), ils viseront en élevant l'arme ccessivement jusqu'au haut de la cible.

Les indications données ci-dessus pourront servir également x soldats armés de fusils d'infanterie des modèles de 1777 rrigé, 1816 et 1822.

Les soldats armés de fusils de voltigeurs devront avoir l'at- ntion de viser toujours, pour les mêmes distances, un peu au-dessus des points qui sont indiqués pour le tir des fus d'infanterie.

Lorsque les soldats connaîtront bien les quantités dont balles s'abaissent aux différentes distances, ils seront exerc à tirer sur une autre cible de même dimension, mais n'aya qu'une bande noire à 0m,89 (33 pouces) du pied.

Dans cette seconde partie de l'instruction, ils évaluero eux-mêmes, suivant les distances au but, les quantités do ils devront viser plus haut que cette bande du milieu, po l'atteindre.

Ils seront exercés, s'il est possible, à ce tir dans différe terrains, en variant les inclinaisons.

Il faut que les tireurs aient bien soin d'appuyer la cro contre l'épaule droite dans la position de *joue*, et de bien so tenir l'arme de la main gauche.

Ils doivent s'accoutumer à aligner promptement le tonne et la partie la plus élevée de la virole de la baïonnette sur bande à laquelle ils visent, ne se servant du guidon que po déterminer la direction de la ligne de mire. On leur fera qu quefois le commandement de *redressez vos armes*, afin qu acquièrent de la facilité à mettre en joue, et à ajuster pron tement. On leur recommandera aussi de bien appuyer le p mier doigt sur la détente pour faire feu, sans remuer la tê ni déranger la direction de l'arme.

Tous les officiers et soldats passeront chaque année à ce école. On notera, dans chaque compagnie, les meilleurs reurs.

Les recrues de chaque année seront aussi instruits à tirer cible, après avoir été exercés à tirer en blanc et à poudre.

La plus grande partie des munitions fournies pour les ex cices sera employée au tir à la cible.

On aura soin de faire ramasser les balles que l'on pourra trouver, afin de les refondre.

Les officiers devront mettre à profit toutes les occasions pourront se présenter, soit pendant le temps consacré devoirs du service, soit pendant leurs loisirs, pour s'exe à estimer les distances, et se mettre en état de diriger le feu troupes sous leurs ordres de la manière la plus avantageuse

Les chefs de corps s'assureront, dans les manœuvres, du gré d'habileté que les officiers auront acquis dans ce genre ils en rendront un compte particulier aux inspecteurs gé raux.

CONFECTION DE MUNITIONS

POUR ARMES A FEU PORTATIVES.

Cartouches pour armes à feu portatives.

Un cartouche de papier, renfermant de la poudre en grains une balle de plomb, compose la cartouche à fusil et à pislet.

Balles de plomb : fonte. On peut se servir, pour la fonte des lles, d'une chaudière ou d'un creuset; la chaudière en fer a dinairement 11 à 13 millimètres (5 à 6 lignes) d'épaisseur, 2 à 3 décimètres (10 à 12 pouces) de profondeur; le fond est arrondi, et le diamètre supérieur a 40 à 45 centimètres 4 à 16 pouces). Le creuset peut avoir 4 à 5 décimètres (14 18 pouces) de profondeur.

Afin d'empêcher autant que possible la formation des cras-s, on doit observer les précautions suivantes pendant la coue des balles.

1° La surface du bain doit être constamment recouverte une couche de charbon pilé de 27 millimètres (1 pouce) épaisseur.

2° Le couleur doit avoir soin que le plomb contenu dans la illère soit également recouvert d'une couche de charbon.

3° Toutes les fois qu'il en puise de nouveau, il doit enfonr la cuillère dans le bain avant de la renverser, afin que le omb et les crasses qu'elle contient se mêlent à la masse du omb fondu, et se trouvent au-dessous de la couche de charbon.

En opérant de cette manière on parvient à n'avoir qu'un échet de un pour cent avec du plomb neuf, et de deux à trois our cent avec du plomb vieux.

Coulée des balles. Avant de couler les balles, il est indisensable de s'assurer de l'exactitude des moules. A cet effet, n échauffera les moules en les plaçant d'abord près du feu, et n faisant de suite quelques coulées que l'on rejettera. Lorsu'ils seront convenablement échauffés, ce que l'on reconnaîa à la netteté et au poli de la surface des balles, on en vériera quelques unes en les passant dans une lunette exacte du libre de la balle; on répètera cette dernière opération plueurs fois, pendant la durée des coulées, pour s'assurer que s moules n'éprouvent pas de détérioration.

S'il arrive que les moules s'étament en certains endroits, ce ui est nuisible à la fabrication, il faudra les nettoyer avec récaution, en évitant de se servir d'instrumens qui pourient les altérer.

Coupe des jets. Les jets doivent être coupés avec le plu grand soin, et de manière à conserver aux balles leur form sphérique autant que possible ; on les roule ensuite dans baril à ébarber.

Réception des balles. Il est indispensable de calibrer le balles avant de les employer. Sans cette précaution, quelqu jets mal coupés ou quelques bavures pourraient occasione dans le service, de graves inconvéniens. On calibre les ball en les faisant passer à travers un crible dont les ouvertures d vront être du calibre exact de la balle, sans aucune toléran en dessus.

Traitement des crasses. Les crasses qui résultent de la fon du plomb sont presque entièrement composées d'oxide plomb ; elles contiennent en outre un peu de cendre et terre qui, dans aucun cas, ne s'opposent à leur réductio cette réduction s'opère à l'aide du charbon de bois, et quel q soit le fourneau dont on fasse usage, il faut en exciter le tira par un tuyau : on y met des couches alternatives de charbon de crasses, en commençant par une couche de charbon finissant par une couche de charbon.

On peut d'ailleurs réduire les crasses dans la chaudiè même où l'on a coulé le plomb ; il suffit alors de les mêler av la dixième partie de leur poids de poussier de charbon ; on m 20 kilogrammes de ce mélange dans la chaudière, et on la ferr avec un couvercle que l'on ôte dès que la chaudière est roug on remue alors le mélange avec un bâton, et quand les cras deviennent jaunes, on ajoute du charbon et on continue à muer jusqu'à ce qu'il y ait assez de plomb revivifié pour puiser avec la cuillère.

Les graisses et les résines s'emploient aussi pour la réducti des crasses de plomb.

Papier. Le papier aluné et satiné nous semble, sous t les rapports, le papier le plus convenable à la confection cartouches.

Quel que soit d'ailleurs le papier que l'on emploie, il d avoir du corps, être bien collé, d'un grain égal et doux toucher. La rame de cinq cents feuilles ne doit avoir que 5 68 millimètres (26 à 30 lig.) d'épaisseur.

Le papier de dimension convenable pour les cartouche fusil, est celui qui a 0m,284 de hauteur (10 po 6 lig.) sur 0m, (7 po 6 lig.) de largeur, feuille fermée. On commence couper la feuille dans son pli ; on replie chaque moitié, l'on coupe dans ce nouveau pli ; on obtient ainsi quatre r tangles que l'on plie diagonalement depuis 0m,058 (2 po 2 li lé l'angle intérieur de droite jusqu'à 0m,058 (2 p° 2 lig.) de 'angle supérieur de gauche; on coupe suivant ce pli diagonal, t la feuille entière est ainsi divisée en huit trapèzes, ayant m,142 (5 p° 3 lig.) de hauteur, 0m,142 (5 p° 3 lig.) de lareur à la base, et 0,m058 (2 p° 2 lig.) au sommet.

On emploie encore souvent du papier de 0m,433 (16 p°) de rgeur, feuille ouverte, sur 0m,351 à 0m,379 (13 à 14 p°) e hauteur. On coupe cette feuille en trois bandes sur sa lareur, et dans le sens de sa hauteur; chaque bande fournit deux ectangles; chaque rectangle deux trapèzes, et l'on a ainsi ouze cartouches dans une feuille de papier; car chaque traèze, ayant 14 centimètres (5 p° 2 lig.) de hauteur, 6 centiiètres (2 p° 2 lig.) à son petit côté, et 11 centimètres (5 p° lig.) à son grand côté, suffit pour une cartouche. Ce apèze étant plus petit que celui fait avec le papier préédent, il faut beaucoup plus d'attention pour couper le paier. Quelles que soient d'ailleurs les dimensions du papier, peut servir pour cartouches de fusil, en le découpant à l'aide un trapèze en fer de 0m,014 (6 lig.) d'épaisseur, 0m,129 4 p° 9 lig.) de hauteur, 0m,129 (4 p° 9 lig.) de largeur à sa artie inférieure, et 0m,054 (2 p°) à sa partie supérieure. On eut ainsi découper à la fois, soit sur un madrier avec un anif, soit avec une presse et un couteau de relieur, un grand ombre de trapèzes à la fois, et d'une parfaite égalité entre ux.

Rouler les cartouches. On place le mandrin sur le papier, manière que son extrémité arrondie soit du côté de la plus rande base du trapèze; on roule alors fortement le papier sur mandrin, dont l'extrémité creusée reçoit la balle, et la loge ans le cartouche pendant qu'il se forme, en commençant par côté qui fait angle droit avec les bases; on la laisse passer, côté de la plus grande base, d'environ 0m,015 (6 lig.), u'on plie et qu'on arrondit sur l'extrémité du mandrin, au oyen d'une petite concavité pratiquée dans un sabot placé r la table sur laquelle on travaille; ou, ce qui vaut mieux, se sert de *dés*, et alors on retourne le mandrin, de manière e la balle soit en l'air et que l'extrémité arrondie du mandrin, baguette à rouler, porte sur la table; on coiffe le cartouche ec un dé, et l'on frappe deux fois sur la table en appuyant r le dé; on retire alors le mandrin, et, pour que le cartoue achevé soit bien solide, il faut qu'en le saisissant par l'exémité opposée à la balle, lorsque le mandrin est retiré, on isse le frapper sur la table, sans que la balle puisse s'échapper.

Remplir les cartouches et les mettre en paquets. On range les cartouches dans une caisse ; on place l'entonnoir en avant soin de ne l'enfoncer dans le cartouche que de 5 à 7 millimètres (2 à 3 lig.) ; on remplit de poudre la mesure qui contient 0k,014 ($\frac{1}{36}$ de livre), et on verse ainsi, à l'aide de l'entonnoir, la poudre sur la balle ; on l'y tasse doucement ; et pour fermer le cartouche, on le plie immédiatement au-dessus de la poudre, de manière que ce pli ramène le papier parallèlement au niveau de la poudre, ce qui donne au papier excedant la forme d'un triangle ; et on replie de nouveau le papier, de manière que le plus grand côté de ce triangle devienne parallèle au corps du cartouche. On s'assure de la justesse des cartouches en les faisant passer dans un bout de canon de fusil du calibre auquel elles sont destinées ; puis on en fait des paquets de quinze ou de dix, en opposant alternativement le côté des balles, et en les enveloppant d'une feuille de papier qu'on replie des deux bouts, et qu'on lie avec de la ficelle passée en croix sur le milieu de la hauteur et de la largeur.

Ateliers : notes sur les cartouches. Il est avantageux de diviser les ateliers par tables de treize travailleurs. Cette table 3m,898 (12 p.) de longueur, 1m,137 (3 p. 6 po) de largeur et 0m,650 (2 p.) de hauteur ; on fera au milieu quatre liteaux de 0m,027 (1 po), deux en travers et deux sur les bords, de manière à former un carré de la largeur de la table, qui est destiné à contenir les balles, afin qu'elles n'embarrassent pas les rouleurs. Il faut une table à rebord pour deux tables à rouler ; la table à rebord a ordinairement 1m,137 (3 p. 6 po) de largeur et de hauteur, sur 0m,832 (2 p. 6 po) de longueur, avec un rebord de 0m,081 (3 po) : une coupure fermée à coulisse, au milieu de cette table, donne la facilité de la nettoyer. Il faut par table à rouler, 12 mandrins, 12 sabots ou 12 dés, 4 mesures et 4 caisses à charger ; ces caisses ont 0m,832 (2 p. 6 po) de longueur, 0m,244 (9 po) de largeur, et 0m,17 (6 po 6 lig.) de profondeur ; le fer est banni de leur construction, et on colle du papier sur le fond et sur les joints pour qu'il ne passe pas de pulvérin.

Il y a par chaque table, un chef qui surveille, et qui répond des cartouches et des objets qu'on lui fournit.

Le produit du travail est variable, suivant l'habileté des travailleurs, qui peuvent cependant, en général, en dix heures confectionner, par atelier de 13, de huit à douze mille cartouches, le papier étant coupé à l'avance.

Le paquet de 10 cartouches pèse environ 0k,382 (12 onc. 4 gr.) ; mille cartouches, compris 5 kil. pour le baril ou caisse, pèsent 43 kil. (88 liv.)

5 rames de papier de 0m,43 (16 po) sur 0m,38 (14 po) luisent 144,000 cartouches; il en faut 15 rames pour les .re en paquets, ce qui fait en tout 40 rames pour 144,000 ouches.

insi :

kil.	liv.	
3524.443	(7200)	plomb en balles.
1762,222	(3600)	poudre.
14,6 5	(30)	ficelle.

uisent 100,000 cartouches, pour lesquelles il faut 36 s et demie de papier, de 0m,284 (10 po 6 lig.) de hauteur, 0m,379 à 0m,406 (14 à 15 po) de largeur, feuille ou- .

différence entre le calibre des cartouches et celui des fu- le poids de la poudre et celui de la balle, varient chez les rentes puissances de l'Europe; mais le plus ordinairement différence, que l'on nomme le *vent*, est le douzième ou zième du calibre de l'arme à feu, et le poids de la poudre e cartouche qui contient à la fois et la charge et l'amorce, double de la balle.

tuellement, en France,

poudre de 80 cartouches pèse........	1	kil.
balles de plomb de *idem*.............	2	kil.
calibre du fusil est de................	174	dix mil.
calibre de la cartouche est de..........	159	dix mil.
différence ou le vent, le $\frac{1}{11}$ du calibre du fusil............................	15	dix mil.

lorsque les armes à chien percutant seront adoptées, ce e peut manquer d'arriver tôt ou tard, en raison de leur ense supériorité sur les armes à silex, 1 kilogramme de re suffira pour 110 cartouches, dont les balles pèseront : le vent pourra se réduire à 1 millimètre, et l'on obtien- plus de portée et de justesse dans le tir du fusil du même re.

rtouches de fusil de chasse. Les cartouches de fusil de se se font d'une manière analogue à celles dont nous venons onner les détails pour les fusils de guerre; seulement le ouche, fait avec un plus petit trapèze de papier, est fermé bout par un disque de carton; on y verse le plomb de se, on place un second disque de carton, on verse la pou- de chasse et l'on ferme en cassant le cou à la cartouche.

lomb de chasse. On fixe le fourneau, pour fondre le plomb, ommet d'une tour de 30 à 35 mètres d'élévation, afin de se procurer un plus grand nombre de grains ronds, en laissa tomber le plomb fondu de cette hauteur dans l'eau, et le gra est refroidi par degrés avant d'arriver à l'eau.

On ajoute au plomb en fusion une petite quantité d'arsen qui dispose le plomb à couler en gouttes de forme sphériqu Lorsque la fonte est complètement opérée, on l'introduit da un cylindre dont la circonférence est percée de trous; le plon s'écoulant en filets à travers ces trous, se divise aussitôt en gout qu'on fait tomber dans l'eau, où elles se solidifient. Ces gouttes sont pas toutes de forme ronde, et pour en faire le triage pose la totalité des grains obtenus sur l'extrémité supérieu d'un long plan incliné, à surface unie, et on les laisse coul sur cette surface vers l'autre extrémité du plan; les grains ron y coulent en ligne droite, tandis que la forme en poire d mauvais grains les faisant mouvoir irrégulièrement, ils se d tournent comme s'ils devaient couler à part. On calibre et assortit les grains ronds en les faisant passer par des crib de dimensions déterminées. On les lustre ensuite, en les fa sant rouler pendant quelques minutes dans un baril de trit ration avec du poussier de mine de plomb.

CHARGEMENT DES CAISSONS

DES CARTOUCHES D'INFANTERIE.

Si l'on charge les cartouches dans les caissons, on met 15 paquets de 10 cartouches debout dans le travers du co partiment de devant, et 7 paquets dans le sens de la longue ce qui fait 105 paquets pour le premier lit, et ensuite 35 p quets couchés à plat, 5 dans la largeur et 7 de longueur; placera ensuite 2 autres lits debout comme le premier, et 105 paquets chacun, ce qui fera 350 paquets dans le prem compartiment ou 3500 cartouches; on met ensuite dans ch cun des 3 compartimens de derrière un rang de 15 paqu dans le travers du caisson et dix dans le sens de la longueur, qui fait 150 paquets; ensuite un lit de 50 paquets placés plat, 5 dans le travers du caisson, et 10 de longueur da chacun des compartimens, et ensuite deux rangs debout comm le premier, ce qui fait pour chaque compartiment 500 paque et pour le chargement complet du caisson 1850 paquets 18500 cartouches.

On pourrait mettre quelques centaines de cartouches plus, si l'on rencontre des paquets parfaitement faits; mai aut mieux avoir un chargement régulier que de gâter les cartouches en les frappant pour en faire entrer quelques unes de lus. S'il se trouve par hasard qu'il reste du vide, on le remplit avec des étoupes, ce qui arrive rarement. Si la caisse destinée à mettre les pierres à feu est placée sur le devant du aisson, le compartiment de devant sera chargé comme les trois utres, et le caisson contiendra 20000 cartouches : on a soin e mettre trois à quatre lignes d'étoupes sous la caisse de ierres à feu, si elle est dans l'intérieur.

On met ordinairement en pierres à feu un dixième du nomre des cartouches.

On place une étiquette dans le caisson, clouée ou collée ontre son couvert, et une en dehors près du moraillon de evant, représentant le nombre de cartouches contenues dans caisson.

On fera bien de supprimer les volées que l'on place sur aque compartiment; elles ne servent qu'à user le papier des veloppes et des cartouches des paquets supérieurs.

POUR BLANCHIR LA BUFFLETERIE.

On fait bouillir du son dans de l'eau, de manière à la rendre anche; après l'avoir passée, on délaie la terre de pipe râpée. n ne doit faire ce mélange ni trop clair ni trop épais; on l'énd à froid sur la buffleterie que l'on veut blanchir. Si le bufe est neuf, il faut gratter les parties qui ne prennent pas le anc, et l'on y met une dissolution de terre de pipe et de blanc Espagne; on en met autant de couches qu'il est nécessaire our le blanchir également.

On peut de même faire dissoudre une once de blanc de cése, deux onces de colle de peau, avec une once de savon lanc râpé dans deux verres d'eau; faire bouillir ce mélange, n ayant soin de le remuer, afin d'éviter que les parties les plus gères ne surnagent, ce qui empêcherait le mélange égal; on mêle ensuite une légère quantité de bleu en poudre, et on étend avec la paume de la main : tout autre moyen formerait es raies sur les buffleteries.

Le moyen suivant s'emploie aussi avec avantage : c'est de ire bouillir une pincée d'amidon, après l'avoir délayé dans e quantité d'eau suffisante pour blanchir une buffleterie, y indre six fois autant de terre de pipe en poudre, et remuer mélange sur le feu jusqu'à parfaite ébullition; on y ajoute ors quelques gouttes de bleu, afin d'azurer le blanc, que l'on étend ensuite par couches sur la buffleterie ; il faut avoir soin lorsque vous voulez la blanchir, de la faire tremper dans l'ea claire afin d'en enlever tout ce qui reste de blanc, qui s'écaille rait sous les nouvelles couches, et nuirait à leur effet. Quan la buffleterie est piquée, on marque la raie avec un crayon d plomb.

POUR CIRER LA GIBERNE.

Si la giberne est neuve, il est nécessaire de la ratisser enti rement, et l'unir ensuite à la pierre ponce, afin d'en faire sort le noir durci, qui empêcherait le cuir de recevoir la cire ; o frotte ensuite la giberne avec la cire en l'exposant au-dessu d'un feu de paille, afin de chauffer la cire sans cependant gri ler le cuir ; on doit surtout prendre garde à ce que la cire so étendue d'une manière égale, afin que toutes les couches fasse corps entre elles ; on se sert ordinairement d'un polissoir de bo dur, ou d'une pierre unie pour étendre la cire, que l'on fa briller ensuite avec un bouchon.

Lorsque la cire est froide, on l'essuie légèrement avec du dra fin ou même du linge mis en tampon, afin de faire disparaît toutes les taches ; on frotte ensuite la giberne avec la paum de la main.

Si la giberne a déjà servi, et que la cire soit ternie et r puisse plus redevenir brillante, il faut la faire chauffer, av la précaution de ne pas endommager le cuir ; ensuite vous grattez et la cirez comme si elle était neuve.

Dans le cas où la patelette prendrait un mauvais pli, il fa drait la frotter avec l'astic, ensuite assouplir le cuir en le chau fant légèrement, et dans cet état on peut avec les mains lui do ner telle forme que l'on désire ; il la conserve en perdant chaleur.

POUR FAIRE LA CIRE A GIBERNE.

Il faut faire fondre une demi-livre de cire blanche ; on ajoute une petite quantité de gomme arabique, afin de lui do ner du brillant. On mêle une partie de la cire fondue à u demi-once de noir d'ivoire. Lorsqu'il est bien incorporé av la cire, on le réunit avec le reste de cette même cire, et l' met le tout sur le feu, ayant soin de remuer jusqu'à ce que mélange soit dans un état complet d'ebullition ; on le met e suite dans des moules après l'avoir passé au tamis.

MANIÈRE DE NETTOYER
LES GALONS D'ARGENT.

Lorsque les galons d'argent sont ternis, on emploie de la udre de talc très fine, que l'on mêle avec de la mie de pain plus menu possible. Après avoir mis une partie de ce mé- ıge sur le galon, on le frotte avec une brosse douce; mais ur ne pas plomber le galon, il faut éviter de frotter trop ıg-temps.

INSTRUCTION

ur l'usage du poinçon destiné à estampiller, comme pro- oriété de l'état, les fusils délivrés aux gardes nationales du royaume (1).

La crosse du fusil devra être posée bien à-plomb sur un bil- en bois. Le poinçon, après avoir été passé sur une chan- lle allumée, pour le garnir de noir de fumée, sera appliqué en perpendiculairement sur le bois et tenu fortement; puis un seul coup d'un marteau du poids de trois à quatre livres, le frappera en évitant de le doubler.

TABLEAU DU PRIX

s drapeaux, étendards, fanions, guidons, écharpes de maires, lances et couronnes pour drapeaux, coqs gaulois, gravures, etc., qui se trouvent chez ***AMBROISE TARDIEU,*** *graveur des gardes nationales de France, à Paris, rue du Battoir, n° 7.*

	fr.	c.
apeau suivant le modèle adopté par le général Lafayette.	160	
même avec tous les ornemens en argent fin.	300	
apeau semblable à ceux distribués par le roi aux chefs-lieux de département et d'arrondissement.	200	
même avec tous les ornemens en argent fin.	340	
odèle du drapeau adopté par M. le général La-		

1) Ce poinçon, dont l'usage a été ordonné par la circulaire du 1er décem- 1830 et prescrit par l'art. 69 de la loi du 22 mars 1831, est fondu sur des ules gravés par M. Ambroise Tardieu, auquel on peut s'adresser pour se le curer au prix de 5 francs, ainsi que des collections de poinçons pour le mérotage, au prix de 12 francs.

fayette et adopté par M. le ministre de l'intérieur pour chaque bataillon des gardes nationales du royaume, gravure coloriée. 1 2

Modèle de l'uniforme des gardes nationales des communes rurales, adopté par le général Lafayette et approuvé par M. le ministre de l'intérieur. 1

Etendards pour les escadrons de garde nationale à cheval, avec les ornemens en argent demi-fin. 120

Avec les ornemens en argent fin. 200

Fanions tricolores, pour les communes et les compagn le prix en varie depuis 20 fr. jusqu'à 160 fr., suivant q sont faits en serge, mérinos, drap ou soie, et garnis de fra en argent fin ou demi-fin.

Guidons en serge rouge ou verte, ornés d'une grenad d'un cor-de-chasse peints, avec lance en cuivre et s'ajus dans le canon du fusil, 6 à 10 fr.

Echarpes de Maire, en soie tricolore, garnies d'une frange en or demi-fin, ou en soie. . . . 24 fr.

Garnies d'une frange en or fin. 50

La lance et la couronne qui surmonte le drapeau, estampées sur les moules officiels, gravés par M. Tardieu pour les gardes nationales de France, dorées à l'or moulu. 45

Dorées au vernis. 35

Le culot du bâton, en cuivre doré à l'or moulu. . 5

Le même, doré au vernis anglais. 4

Coq gaulois avec couronne, doré à l'or moulu. 150

Le même, doré au vernis anglais. 70

Le même, sans couronne, doré. 90

Le même, verni. 50

Le même, petit modèle pour étendard, doré. . 50

Le même, verni. 35

Baudrier de porte-drapeau en maroquin. 20

Le même en mouton maroquiné. 9

Le même en buffle. 9

Le même en tissu tricolore. 10

Nota. Les frais d'emballage et de port sont toujours e des prix indiqués ci-dessus qui sont ceux des objets pris à P

FIN DE LA PREMIÈRE PARTIE.

NOMINATION
DES MAJORS ET ADJUDANS-MAJORS
DE LA GARDE NATIONALE DE PARIS.

1re *Légion.* — Major, M. Rafy (Armand); adjudant-major 1er bataillon, M. Marchal (Joseph); du 2e, M. Noë (Nico-Antoine); du 3e, M. Legier (Antoine); du 4e, M. Gaillot harles-Emmanuel).

2e *Légion.* — Major, M. Bertin (René); adjudant-major du bataillon, M. Nory-Dupar (Jacques-Pierre); du 2e, Barré (Jean-Joseph-Josse); du 3e, M. Bouzenot (Ro-in-Gabriel); du 4e, M. Guichot.

3e *Légion.* — Major, M. Duchateau (Pierre); adjudant-jor du 1er bataillon, M. Léger (Honoré-Joseph); du 2e, Porcher; du 3e, M. Couvreux; du 4e, M. Antoine (Paul-uis).

4e *Légion.* — Major, M. Rougeot (Claude); adjudant-ma-du 1er bataillon, M. Jallasson (Louis); du 2e, M. Bellier ançois-Michel); du 3e, M. Cantaloup (Jean); du 4e, Friquet (Auguste-Pierre).

5e *Légion.* — Major, M. Hirne (Jean-Théodore); adjudant-jor du 1er bataillon, M. Boissel (François); du 2e, M. Pan-ier (Louis-Henri-Félix); du 3e, M. Marinpoy (Jacques-my); du 4e, M. Thiery (Charles).

6e *Légion.* — Major, M. Dreux; adjudant-major du 1er ba-llon, M. Domergue; du 2e, M. Collin; du 3e, M. Revilly; 4e, M. Pernelle.

7e *Légion.* — Major, M. Lardos; adjudant-major du 1er ba-lon, M. Berthaut; du 2e, M. Bertrand; du 3e, M. Nau-1; du 4e, M. Lenglet.

8e *Légion.* — Major, M. Billion; adjudant-major du 1er ba-llon, M. Millot; du 2e, M. Defrance; du 3e, M. Devaux; 4e, M. Daniel.

9e *Légion.*—Major, M. Gaillard; adjudant-major du 1er ba-llon, M. Tondut; du 2e, M. Lacurial; du 3e, M. Quéru; 4e, M. Than.

10e *Légion.* — Major, M. Sijas; adjudant-major du 1er ba-llon, M. Armandet; du 2e, M. Bouchez; du 3e, M. Ger-nn; du 4e, M. Roubo.

11e *Légion.*—Major, M. Conseil; adjudant-major du 1er ba-llon, M. Rhem; du 2e, M. Brun; du 3e, M. Courcier fils; 4e, M. Desbrière.

12e *Légion.* — Major, M. Letellier; adjudant-major d 1er bataillon, M. Mêry; du 2e, M. Donzelle; du 3e, M. Le lion; du 4e, M. Maillard.

M. Garnier est nommé adjudant-major chargé de l'inspec tion du mobilier de tous les corps-de-garde de la garde nati nale de Paris.

CHIRURGIENS MAJORS.

— M. Boisserie-Lasserve est nommé chirurgien-major de 1re légion de la garde nationale de Paris; M. Boucher-Dugu de la 2e; M. Boutin, de la 3e; M. Jacques, de la 4e; M. Gresl de la 5e; M. Meslier, de la 6e; M. Paris, de la 7e; M. Cas nave père, de la 8e; M. Dubois, de la 9e; M. Forlin, de 10e; M. Baffos, de la 11e; M. Guerbois, de la 12e.

CHIRURGIENS AIDES-MAJORS.

1re *Légion.* — MM. Roche, pour le 1er bataillon; Garnie pour le 2e; Magistrel, pour le 3e; Thomas, pour le 4e.

2e *Légion.*—MM. Guillon, pour le 1er bataillon; Samu l'Air, pour le 2e; Henry, pour le 3e; Goupil, pour le 4e.

3e *Légion.*—MM. Riques, pour le 1er bataillon; Chambar pour le 2e; Louyer-Villermay, pour le 3e; Fiard, pour le 4e.

4e *Légion.*—MM. Léger, pour le 1er bataillon; Lavilletel pour le 2e; Pichon, pour le 3e; Pillon, pour le 4e.

5e *Légion.* — MM. Sterlin, pour le 1er bataillon; Poch pour le 2e; Bachelot, pour le 3e; Pailloux, pour le 4e.

6e *Légion.* — MM. Martel, pour le 1er bataillon; Chaman pour le 2e; Beaufils, pour le 3e; Labourcey, pour le 4e.

7e *Légion.*—MM. Bezuchet, pour le 1er bataillon; Asseli pour le 2e; Chabaneau, pour le 3e; Malla, pour le 4e.

8e *Légion.* — MM. Belhomme, pour le 1er bataillon; M rambeau, pour le 2e; Maindrault, pour le 3e; Casenave fi pour le 4e.

9e *Légion.*—MM. Boullard, pour le 1er bataillon; Devil pour le 2e; Hattin, pour le 3e; Riembault, pour le 4e.

10e *Légion.*—MM. Leblond, pour le 1er bataillon; Arna pour le 2e; Guersent, pour le 3e; Serrurier, pour le 4e.

11e *Légion.*—MM. Duchesne, pour le 1er bataillon, Har que, pour le 2e; Tascheron, pour le 3e; Hennelle, pour le 4e.

12e *Légion.* — Marie, pour le 1er bataillon; Salonne, po le 2e; Dubois, pour le 3e; Girardin, pour le 4e.

ORDONNANCE

SUR

L'EXERCICE ET LES MANŒUVRES

DE

L'INFANTERIE.

DU 4 MARS 1831.

LOUIS-PHILIPPE, Roi des Français,

A tous présens et à venir, salut;

Considérant que l'expérience a fait reconnaître que l'ordonnance du 1er août 1791, portant règlement sur l'exercice les manœuvres de l'infanterie, avait besoin d'être revue ns quelques unes de ses parties;

Qu'elle présentait d'ailleurs des lacunes, notamment ur l'instruction des tirailleurs;

Voulant établir sur des bases fixes et uniformes l'adoption certaines manœuvres dont la nécessité s'est souvent fait ıtir à la guerre, et supprimer celles reconnues depuis g-temps inutiles ou inexécutables en campagne;

Sur le rapport de notre Ministre Secrétaire d'État de la erre;

Nous avons ordonné et ordonnons ce qui suit:

TITRE PREMIER.

ARTICLE Ier.

FORMATION D'UN RÉGIMENT EN BATAILLE.

ı. Quelle que soit la place d'une brigade dans l'ordre de taille, les régimens dont elle se composera seront pla- de la droite à la gauche, dans l'ordre de leurs numéros. la brigade se compose d'infanterie légère et d'infanterie ligne, l'infanterie légère prendra la droite.

:. (Pl. 1re, fig. 1 et 2.) Quelle que soit la place d'un ré- nent dans une brigade, les bataillons qui le composent seront placés de la droite à la gauche, dans l'ordre de les numéros. L'intervalle entre les bataillons sera de 16 mètres (24 pas).

3. Dans les régimens de deux bataillons, les compagnies seront placées de la droite à la gauche dans chaque bataillon de la manière suivante : dans le premier bataillon, la première compagnie de grenadiers ou de carabiniers, les compagnies des 7e, 1er, 9e, 3e, 11e, et 5e capitaines de fusiliers ou de chasseurs, et la 1re compagnie des voltigeurs; dans le second bataillon, la deuxième compagnie de grenadiers ou de carabiniers, les compagnies des 8e, 2e, 1[illegible] 4e, 12e, et 6e capitaines de fusiliers ou de chasseurs, et la 2e compagnie de voltigeurs.

4. Dans les régimens de trois bataillons, les compagnies seront placées de la droite à la gauche, dans l'ordre suivant : dans le premier *bataillon*, la première compagnie de grenadiers ou de carabiniers, les compagnies des 10e, 1er, [illegible] 4e, 16e, et 7e capitaines de fusiliers ou de chasseurs, et la 1re compagnie de voltigeurs; dans le second bataillon, la deuxième compagnie de grenadiers ou de carabiniers, les compagnies des 11e, 2e, 14e, 5e, 17e, 8e capitaines de fusiliers ou de chasseurs, et la 2e compagnie de voltigeurs; dans le troisième bataillon, la troisième compagnie de grenadiers ou de carabiniers, les compagnies des 12e, 3e, [illegible] 6e, 18e et 9e capitaines de fusiliers ou de chasseurs, et la 3e compagnie de voltigeurs.

5. Chaque compagnie formera un peloton. Les pelotons seront désignés par les noms de *grenadiers*, *carabiniers*, *premier peloton*, *second*, *troisième*, *quatrième*, *cinquième*, *sixième*, *septième peloton*, et *voltigeurs*, ou *huitième peloton*, en commençant par la droite et finissant par la gauche de chaque bataillon.

6. Le premier et le second peloton de chaque bataillon formeront la première division; le troisième et le quatrième peloton, la seconde; le cinquième et le sixième peloton, la troisième; enfin, le septième et le huitième peloton formeront la quatrième division.

7. Les quatre premiers pelotons de chaque bataillon formeront le *demi-bataillon de droite*; les quatre derniers pelotons, le *demi-bataillon de gauche*.

8. Chaque peloton sera partagé en deux parties égales qui seront désignées par le nom de *section*. Celle de droite sera appelée *première section*; celle de gauche, *seconde section*.

Chaque compagnie sera habituellement formée sur
rangs de la manière suivante : les trois hommes les
grands formeront la première file ; les trois plus grands
s ceux-ci, la seconde file, et ainsi de suite jusqu'à la
ière file, qui sera composée des trois hommes les plus
ts.

. La distance d'un rang à l'autre sera de trente-trois
imètres (un pied), qui seront mesurés de la poitrine
hommes du second et du troisième rang au dos de
nme qui les précède respectivement dans leur file, ou
havresac, quand le soldat sera chargé.

. Lorsqu'on devra manœuvrer, les pelotons seront éga-
dans chaque bataillon, en reversant, s'il y a lieu, des
mes d'une compagnie dans l'autre.

. Les régimens étant sur le pied de paix, lorsqu'ils de-
t manœuvrer, les pelotons seront formés sur deux
s, afin d'occuper à peu près la même étendue qu'ils
peraient sur trois rangs, s'ils étaient sur le pied de
re.

ace de bataille des officiers, sous-officiers et caporaux.

. Le capitaine, à la droite de son peloton, au premier
.

. Le lieutenant, en serre-file, à deux pas derrière le
e de la seconde section.

. Le sous-lieutenant en serre-file, à deux pas derrière
ntre de la première section.

. Le sergent-major, derrière la seconde section, à la
ne du lieutenant.

. Le premier sergent, derrière le capitaine, au troi-
e rang. Ce sergent, désigné par le nom de *sous-officier
mplacement*, sera guide de droite de son peloton dans
nanœuvres.

. Le second sergent, derrière la gauche de la seconde
on, en serre-file. Ce sergent sera guide de gauche de
peloton dans les manœuvres.

. Le troisième sergent, derrière la droite de la seconde
on, en serre-file.

. Le quatrième sergent, derrière la gauche de la pre-
e section, en serre-file.

. Le fourrier, derrière la première section, à la droite
ous-lieutenant, en serre-file.

. Dans le huitième peloton de chaque bataillon, le se
sergent sera placé à la gauche du premier rang d

bataillon, ayant derrière lui un caporal au troisième ra

23. Les caporaux seront placés au premier et au t sième rang, à la droite et à la gauche de chaque secti suivant leur taille.

24. Le remplacement des officiers et des sous-officie lorsqu'il sera nécessaire pour manœuvrer, se fera de gr en grade dans chaque compagnie; mais en l'absence capitaine et du lieutenant d'une compagnie, le comm dant du régiment enverra pour la commander, s'il le j convenable, un lieutenant d'une autre compagnie.

Places en bataille des officiers supérieurs, adjudans-major adjudans.

25. Le colonel et tous les officiers supérieurs sero cheval; les adjudans-majors et les adjudans seront à p

26. Le colonel, ayant à sa droite le lieutenant-colon à sa gauche le major, sera placé à cinquante pas en ar des serre-files, vis-à-vis le centre de son régiment. Lors le major sera absent, le lieutenant-colonel se placera gauche du colonel.

27. Chaque chef de bataillon sera placé à trente pas serre-files, derrière le centre de son bataillon.

28. L'adjudant-major de chaque bataillon sera pla huit pas des serre-files, derrière le centre du demi-ba lon de droite.

29. L'adjudant de chaque bataillon sera placé à huit des serre-files, derrière le centre du demi-bataillon de gau

Places des sapeurs, tambours, clairons et musiciens.

30. Les sapeurs, formés sur deux rangs, seront plac la droite du régiment, ayant leur gauche à quatre pas premier peloton.

31. Les tambours et les clairons de chaque batail formés sur deux rangs, seront placés à vingt pas des s files derrière le cinquième peloton de leur bataillo tambour-major à la tête des tambours du premier batai les caporaux-tambours à la tête des tambours de leur taillons. Les musiciens, formés sur trois rangs, seront cés à deux pas derrière les tambours du premier batai

Garde du drapeau.

32. Dans les régimens de deux bataillons, le dra sera placé au premier bataillon; dans les régimens de bataillons, il sera placé au second. Dans les autres b

ons, le drapeau sera remplacé par un *fanion*, qui aura dans s manœuvres la dénomination de *drapeau*.

33. Dans chaque bataillon, la garde du drapeau sera omposée de huit caporaux; elle sera placée à la gauche le la seconde section du quatrième peloton, et fera partie e cette section.

34. Il sera choisi, dans chacune des compagnies du bataillon, un caporal pour faire partie de cette garde.

35. Le premier rang de la garde du drapeau sera comosé du porte-drapeau, ayant à sa droite le caporal de greadiers, et à sa gauche celui de voltigeurs.

36. Les deux autres rangs seront formés chacun de trois aporaux de fusiliers.

37. On placera de préférence au second rang de la garde u drapeau, les trois caporaux de fusiliers qui auront le plus e régularité et de précision, tant pour la position sous les rmes que pour la marche.

38. Les caporaux de la garde du drapeau porteront l'arme ans le bras droit, et auront toujours la baïonnette au anon.

39. Le commandant du régiment désignera, dans les ataillons qui n'auront pas de drapeau, un sergent-major u un sergent pour porter le fanion.

Guides généraux.

40. Il y aura deux guides généraux dans chaque batailn; ils seront choisis parmi les sergens qui auront le plus régularité, tant pour la position sous les armes que pour marche.

41. Les guides généraux seront désignés par les noms de *uide général de droite* et de *guide général de gauche*; ils sent placés sur le rang des serre-files, le premier derrière droite du premier peloton, le second derrière la gauche huitième.

ARTICLE II.

INSTRUCTION DES RÉGIMENS.

42. Le colonel, et, en son absence, l'officier supérieur i commandera le régiment, sera responsable de l'instruction générale des officiers, des sous-officiers et des soldats.

43. Les chefs de bataillon seront responsables, envers le lonel, de l'instruction de leurs bataillons.

44. L'instruction des régimens sera dirigée de manière

qu'à l'époque des inspections ils aient successivement parcouru tout ce que renferme la présente ordonnance.

45. Chaque année, à l'époque où l'on commencera l'instruction générale, l'école du soldat et l'école de peloton seront faites dans chaque compagnie, sous la direction et la responsabilité du capitaine.

Instruction des officiers.

46. L'instruction des officiers ne pouvant être solidement établie qu'en joignant la théorie à la pratique, il y aura dans chaque régiment une instruction de théorie, indépendamment des exercices sur le terrain.

47. En conséquence, le commandant du régiment assemblera les officiers aussi souvent qu'il le jugera nécessaire soit chez lui, soit chez l'officier supérieur de chaque bataillon, pour leur expliquer ou faire expliquer tous les principes relatifs aux différentes écoles.

48. L'instruction des officiers supérieurs et des capitaines embrassera tout ce que renferme la présente ordonnance; celle des lieutenans et des sous-lieutenans embrassera tout ce qui est compris dans les trois écoles du soldat, de peloton et de bataillon, ainsi que dans l'instruction pour les tirailleurs.

49. Nul officier ne sera réputé instruit, qu'autant qu'il sera en état de commander et d'expliquer parfaitement tout ce qui est compris dans les différentes parties de l'ordonnance qu'il doit connaître.

50. On ne s'attachera dans cette instruction qu'aux principes et à l'esprit des évolutions, sans jamais exiger que les officiers en apprennent littéralement le texte.

51. Les officiers seront exercés quelquefois à la marche par un des officiers supérieurs, qui s'attachera, avec le plus grand soin, à leur faire contracter l'habitude de former des pas égaux en longueur et en vitesse.

Instruction des sous-officiers.

52. L'instruction des sous-officiers embrassera l'école du soldat et celle de peloton; ils seront tenus de savoir exécuter eux-mêmes avec précision, outre le maniement des armes qui leur est particulier, tout ce qui a rapport au maniement des armes du soldat, aux feux et à la marche.

53. Les adjudans-majors et les adjudans seront spécialement chargés de l'instruction des sous-officiers; ils commenceront par les exercer avec le plus grand soin à l'École

u soldat et au maniement des armes qui leur est parti·ulier.

54. Cette première instruction étant assurée, on réunira es sous-officiers de chaque bataillon pour en former un peloton sur trois rangs, auquel on attachera un chef de peloton, un sous officier de remplacement et des serre-files. Ce peloton sera exercé par l'adjudant-major et l'adjudant, ans la progression indiquée dans l'école de peloton. Tous es sous-officiers rempliront alternativement dans ce peloton les fonctions de chef de peloton, de chef de section et e guides.

55. Cette instruction ayant principalement pour objet de ıettre les sous-officiers en état de bien instruire les soldats n leur expliquera tous les principes des deux premières coles, d'abord sur le terrain, et ensuite dans des théories articulières. Ces théories et ces exercices devront comprenre les diverses fonctions des guides dans les manœuvres u bataillon.

56. Les commandans des régimens feront exercer fréuemment les porte-drapeau avec leur garde et les guides énéraux à la marche en bataille. On s'attachera avec une ttention scrupuleuse à faire contracter aux porte-drapeau t aux guides généraux l'habitude de se prolonger, sans arier, sur une direction donnée, et d'observer avec la lus grande précision la longueur ainsi que la cadence u pas.

Instruction des caporaux.

57. L'instruction des caporaux embrassera l'école du oldat et le maniement des armes particulier aux sousfficiers. Ils feront partie du peloton qui doit être formé ar bataillon pour l'instruction des sous-officiers, et seront omme eux, exercés aux fonctions de guides.

58. Cette instruction ayant également pour objet de ıettre les caporaux en état d'instruire les recrues, on leur xpliquera fréquemment les différentes parties de l'École u soldat sur le terrain et dans les théories.

59. Les adjudans seront chargés de l'instruction praique et théorique des caporaux, sous la surveillance de djudans-majors.

TITRE II.

ÉCOLE DU SOLDAT.

RÈGLES GÉNÉRALES ET DIVISION DE L'ÉCOLE DU SOLDAT.

1. Cette école, qui a pour objet l'instruction des recrues, devant influer d'une manière sensible sur l'instruction des compagnies, dont dépend celle des bataillons et des régimens, doit être établie avec le plus grand soin; elle sera dirigée par un officier supérieur. On y attachera le nombre d'officiers, de sous-officiers et de caporaux nécessaire, choisis parmi ceux qui auront le plus d'aptitude, et pris, autant que possible, en nombre égal dans chaque compagnie.

2. Les nouveaux officiers seront toujours employés, pendant six mois au moins, à l'école des recrues, et ne cesseront d'y être attachés que sur l'ordre du commandant du régiment.

3. Lorsqu'il y aura un certain nombre de recrues en état de passer à l'école de peloton, l'officier supérieur donnera l'ordre de les réunir; il désignera les officiers et les sous-officiers qui devront être chargés de cette instruction, et fera observer la progression prescrite dans l'école de peloton.

4. Lorsqu'un ou plusieurs des hommes de recrue qui composent ce peloton seront en état de passer au bataillon, ils y seront admis sur l'ordre de l'officier supérieur, qui en fera prévenir les chefs de leurs compagnies.

5. L'école du soldat sera divisée en trois parties : la première partie comprendra ce qu'on doit enseigner à l'homme de recrue avant de lui faire porter l'arme; la seconde, le maniement des armes, les charges et les feux; la troisième, les principes d'alignement, la marche de front, les différens pas, la marche de flanc, les principes des conversions et ceux des changemens de direction.

6. Chaque partie sera divisée en quatre leçons, ainsi qu'il suit :

PREMIÈRE PARTIE.

PREMIÈRE LEÇON.	Position du soldat sans armes. Mouvement de tête à droite et à gauche.
DEUXIÈME LEÇON.	A droite, à gauche, demi-tour à droite.
TROISIÈME LEÇON.	Principes du pas ordinaire direct.
QUATRIÈME LEÇON.	Principes du pas ordinaire oblique.

DEUXIÈME PARTIE.

TROISIÈME PARTIE.

7. Chaque leçon sera suivie d'observations qui auront our objet de démontrer l'utilité des principes qu'on y aura rescrits. Les instructeurs ne sauraient trop s'attacher à les tudier et à en faire l'application lorsqu'ils instruiront des ecrues.

8. Le ton de commandement sera toujours animé, et 'une étendue de voix proportionnée au nombre des ommes qu'on exercera.

9. Il y aura deux sortes de commandemens : les comiandemens d'avertissement et ceux d'exécution.

10. Les commandemens d'avertissement, qui seront disingués dans l'ordonnance par des lettres italiques, seront rononcés distinctement et dans le haut de la voix, en longeant un peu la derrière syllabe.

11. Les commandemens d'exécution seront distingués ans l'ordonnance par des majuscules, et seront prononcés 'un ton ferme et bref.

12. Les commandemens dont l'énonciation sera séparée ans l'ordonnance par des tirets, seront coupés de même n les prononçant.

13. Les instructeurs expliqueront toujours ce qu'ils eneigneront, en peu de paroles, claires et précises ; ils exéuteront toujours eux-mêmes ce qu'ils commanderont, afin e donner ainsi l'exemple en même temps qu'ils expliqueont le principe. Ils s'attacheront à accoutumer l'homme e recrue à prendre lui-même la position qu'il devra avoir, t ne le toucheront, pour le placer, que lorsque son défaut 'intelligence les y obligera.

PREMIÈRE PARTIE.

14. La première partie de l'école du soldat sera enseiiée, autant que possible, homme par homme ; on pourra

réunir deux ou trois hommes au plus, lorsque le nombre des recrues à dresser et celui des instructeurs qu'on pourra employer y forceront. On placera alors ces hommes sur un rang, à un pas de distance l'un de l'autre. Le soldat sera sans armes.

PREMIÈRE LEÇON.

Position du soldat.

15. (Planche 3, fig. 1 et 2.) Les talons sur la même ligne, et rapprochés autant que la conformation de l'homme le permettra, les pieds un peu moins ouverts que l'équerre et également tournés en dehors; les genoux tendus sans les raidir; le corps d'aplomb sur les hanches, et penché en avant; les épaules effacées et également tombantes, les bras pendans naturellement, les coudes près du corps, la paume de la main un peu tournée en dehors, le petit doigt en arrière de la couture du pantalon, la tête droite sans être gênée, le menton rapproché du col sans le couvrir; les yeux fixés à terre, à environ quinze pas devant soi.

Observations relatives à la position du soldat.

Les talons sur la même ligne.

16. Parce que, s'il y en avait un qui fût plus en arrière que l'autre, l'épaule du même côté s'effacerait, ou bien la position du soldat serait gênée.

Les talons plus ou moins rapprochés.

Parce que les hommes cagneux et ceux qui ont la jambe forte ne peuvent pas les joindre.

Les pieds également tournés en dehors et point trop ouverts.

Parce que, si un pied était plus tourné en dehors que l'autre, il entraînerait l'épaule, et que, si les pieds étaient trop ouverts, il ne serait plus possible de faire porter le haut du corps en avant sans que la position devînt chancelante.

Les genoux tendus, mais sans raideur.

Parce que, si l'homme les raidissait, il en résulterait pour lui de la gêne et de la fatigue.

Le corps d'aplomb sur les hanches.

Parce que c'est le moyen de donner à l'homme un parfait équilibre. L'instructeur observera que la plupart des recrues ont la mauvaise habitude de baisser une épaule, de creuser un côté ou d'avancer une hanche, surtout la hanche gauche, lorsqu'on leur fait porter l'arme; il s'attachera à corrige ces défauts.

Le haut du corps penché en avant.

Parce que les hommes de recrue sont ordinairement disposés à faire le contraire, à avancer le ventre, à creuser les eins, et à renverser les épaules quand ils veulent se tenir droits, ce qui a de grands inconvéniens dans la marche, insi qu'il sera expliqué dans les observations sur les prin-ipes du pas. L'habitude de pencher le haut du corps en vant est si importante à faire contracter, que l'instructeur loit, dans les commencemens, rendre cette position même orcée, surtout pour les hommes dont la position naturelle résenterait la disposition contraire.

Les épaules effacées.

Parce que, si l'homme avait les épaules en avant et le os voûté, ce qui est le défaut ordinaire des hommes de la ampagne, il ne pourrait ni s'aligner ni manier son arme vec adresse; il est donc très important de corriger ce dé-ut: en conséquence l'habillement des recrues devra avoir ampleur nécessaire pour ne pas gêner la position qu'on oudra leur donner, et l'instructeur, en faisant effacer les paules, aura soin de ne pas les jeter en arrière, pour ne as faire creuser les reins, ce qu'il faut éviter avec soin.

Les bras pendans naturellement, les coudes près du corps, la paume de la ain un peu tournée en dehors, le petit doigt en arrière de la couture du ntalon.

Parce qu'il est important, soit pour la perfection du port 'armes, soit pour n'occuper dans le rang que l'espace né-essaire pour pouvoir manier ses armes avec facilité, que soldat ait les coudes bien placés. Cette position des bras, s coudes et des mains, remplit ces divers objets, et a de us l'avantage de faire effacer les épaules.

La tête droite sans être gênée.

Parce que, s'il y avait de la raideur dans la tête, elle se mmuniquerait à toute la partie supérieure du corps, dont e gênerait les mouvemens; ce qui rendrait cette attitude nible et fatigante.

es yeux fixés droit devant soi.

Parce que la position de la tête directe est le plus sûr oyen d'accoutumer les soldats à maintenir les épaules rrément, principe essentiel auquel il faut les habituer ec le plus grand soin.

17. L'instructeur, ayant donné à l'homme de recrue l position du soldat sans armes, lui apprendra à tourner l tête à droite et à gauche ; à cet effet il commandera :

1. *Tête* = A DROITE.
2. FIXE.

18. A la fin de la seconde partie du premier commandement, le soldat tournera la tête à droite sans brusquer l mouvement, de manière que le coin de l'œil gauche, d côté du nez, réponde à la ligne des boutons de l'habit, le yeux fixés sur la ligne des yeux des hommes du même rang

19. Au deuxième commandement, il replacera de mêm la tête dans la position directe, qui doit être la position h bituelle du soldat.

20. Le mouvement de *tête à gauche* s'exécutera par le moyens inverses.

21. L'instructeur veillera à ce que le mouvement de tête n'entraîne pas les épaules ; ce qui pourrait arriver si c le brusquait.

22. Lorsque l'instructeur voudra faire passer le soldat c l'état d'attention à celui de repos, il commandera :

REPOS.

23. A ce commandement, le soldat ne sera plus tenu garder l'immobilité ni la position.

24. L'instructeur, voulant lui faire reprendre la positic et l'immobilité, fera les commandemens suivans :

1. *Garde à vous.*
2. PELOTON.

25. Au premier commandement, le soldat fixera son a tention ; au deuxième, il reprendra la position prescrite ainsi que l'immobilité.

DEUXIÈME LEÇON.

A droite, à gauche, demi-tour à droite.

26. Les à-droite et les à-gauche s'exécuteront en u temps ; l'instructeur commandera :

1. *Peloton par le flanc droit* (ou *gauche*).
2. A DROITE (OU A GAUCHE).

27. Au deuxième commandement, le soldat tournera s le talon gauche, élevant un peu la pointe du pied gauch

rapportera en même temps le talon droit à côté du
uche, et sur la même ligne.

28. Le demi-tour à droite s'exécutera en deux temps :
instructeur commandera :

1. *Peloton.*
2. *Demi-tour* = A DROITE.

Premier temps.

29. Au commandement de *demi-tour*, le soldat fera un
mi à-droite, portera le pied droit en arrière, le milieu
pied vis-à-vis, et à 8 centim. (3 pouces) du talon gau-
e, saisira en même temps la giberne par le coin du cof-
et avec la main droite.

Second temps.

30. Au commandement de *à droite*, le soldat tournera
r les deux talons, en élevant un peu les pointes des pieds,
s jarrets tendus; fera face en arrière, rapportera en même
mps le talon droit à côté du gauche, et lâchera la giberne.

31. Lorsque le soldat portera l'arme, il la tournera de la
ain gauche au premier temps du demi-tour à droite,
mme il sera expliqué au premier mouvement de *présen-
z vos armes*, et la replacera dans la position du port d'ares, à l'instant où il rapportera le talon droit à côté du
uche.

32. L'instructeur veillera à ce que ces mouvemens ne dé-
ngent pas la position du corps.

TROISIÈME LEÇON.

Principes du pas ordinaire direct.

33. La longueur du pas ordinaire direct sera de 65 cen-
nètres (2 pieds), à compter d'un talon à l'autre, et sa
tesse, de 76 par minute.

34. L'instructeur, voyant l'homme de recrue affermi
ns la position, lui expliquera le principe et le méca-
sme du pas, en se plaçant à sept ou huit pas du soldat,
lui faisant face; il exécutera lui-même lentement le pas,
n de joindre ainsi l'exemple en même temps qu'il expli-
era le principe; il commandera ensuite :

1. *Peloton en avant.*
2. MARCHE.

35. Au premier commandement, le soldat portera le
ids du corps sur la jambe droite.

36. (Planche 3, fig. 3.) Au deuxième commandemen il portera vivement, mais sans secousse, le pied gauche avant à 65 centimètres (2 pieds) du droit, le jarret tend la pointe du pied un peu baissée et légèrement tournée dehors, ainsi que le genou ; il portera en même temps poids du corps en avant, et posera, sans frapper, le pi gauche à plat, précisément à la distance où il se trouve droit, tout le poids du corps se portant sur le pied qui po à terre. Le soldat passera ensuite vivement, mais sans s cousse, la jambe droite en avant, le pied passant près terre, le posera à la même distance et de la même maniè qu'il vient d'être expliqué pour le pied gauche, et con nuera de marcher ainsi sans que les jambes se croiser sans que les épaules tournent, et la tête restant toujou dans la position directe.

37. Lorsque l'instructeur voudra arrêter la marche, commandera :

1. *Peloton.*
2. HALTE.

38. Au deuxième commandement, qui sera fait à l'inst où l'un ou l'autre pied indifféremment va poser à terre, soldat rapportera le pied qui est en arrière à côté de l'aut sans frapper.

Observations relatives aux principes du pas.

39. Porter le poids du corps sur la jambe droite, au commanden *peloton en avant.*

Pour disposer l'homme à former plus vivement son pr mier pas, ce qui est essentiel en troupe.

La pointe du pied baissée, mais sans affectation.

Parce que la pointe du pied baissée fait tendre le jar et dispose le pied à poser à plat.

La pointe du pied légèrement tournée en dehors.

Parce que, si l'on tournait les pieds trop en dehors corps serait sujet à chanceler.

Le haut du corps en avant.

Afin que le poids du corps se porte sur le pied qui p à terre, que le pied qui est en arrière puisse se lever ai ment, et que le pas ne soit pas raccourci.

Marcher le jarret tendu.

Parce qu'une troupe ne pouvant, sans se gêner et se coudre, marcher comme si chaque homme était isolé, pu 'il n'en existe pas deux qui marchent absolument de la ème manière, il est nécessaire que les recrues apprennent narcher un pas uniforme qui soit marqué et cadencé, ıs quoi il n'y aurait point d'ensemble.

'asser le pied près de terre.

Parce que si les soldats levaient la jambe plus qu'il ne ıt, ils perdraient du temps et se fatigueraient inutile-ınt. D'ailleurs si, n'ayant pas un principe déterminé, ils aient la jambe en ployant les genoux, les uns plus, les tres moins, les pieds ne poseraient pas en même temps à re, et il n'y aurait ni cadence, ni ensemble.

'oser le pied à plat, sans frapper.

Afin d'éviter le balancement du corps et le racourcisse-ent du pas, qui auraient lieu nécessairement, si le talon sait à terre le premier, ou si l'on frappait en posant le ed; ce dernier mouvement aurait encore l'inconvénient fatiguer inutilement les soldats et de rompre la cadence, rce que les uns lèveraient le pied plus, les autres moins.

.a tête directe.

Parce que la position de la tête directe empêche que les aules ne tournent, et fait que le soldat marche carrément.

ḷo. L'instructeur indiquera de temps en temps à l'homme recrue la cadence du pas, en faisant le commandement *un* à l'instant où il lève le pied et celui de *deux* à l'ins-ıt où il doit le poser, et en observant la cadence de ıxante-seize à la minute. Cette méthode contribuera infi-nent à habituer les soldats à bien faire les deux temps nt le pas est naturellement composé.

QUATRIÈME LEÇON.

Principes du pas oblique.

ḷ1. La vitesse du pas ordinaire oblique sera, comme le du pas ordinaire direct, de 76 par minute: sa lon-eur va être indiquée ci-après.

ḷ2. Lorsque les hommes de recrue auront acquis l'habi-le de bien former le pas direct, de faire les pas égaux en gueur et en vitesse, l'instructeur leur apprendra à mar-er le pas oblique, et, pour en faire mieux comprendre le canisme, il le décomposera ainsi qu'il suit :

ḷ3. (Pl. 2.) L'homme de recrue étant de pied ferme, ıstructeur lui fera porter le pied droit obliquement à oite en avant, à 65 centimètres (24 pouces) du gauche, et à 46 centimètres (17 pouces) sur le côté, observant faire tourner un peu la pointe du pied droit en deda pour empêcher l'épaule gauche d'avancer : le soldat r tera dans cette position.

44. Au commandement de *deux* fait par l'instructeu l'homme de recrue portera le pied gauche, par la ligne plus courte, à 46 centimètres (17 pouces) en avant du lon droit, et restera dans cette position.

45. Il continuera à marcher de cette manière, au co mandement de *un* et de *deux*, en s'arrêtant à chaque p et en ayant la plus grande attention à maintenir les ép les carrément et la tête directe.

46. Le pas oblique à gauche s'exécutera d'après les m mes principes; mais le soldat partira d'abord du pied gauc

47. Après quelques leçons de cette espèce, on fera m cher à l'homme de recrue le pas oblique à droite et à g che sans le décomposer; ce qui s'exécutera ainsi qu'il s

48. Le soldat étant en marche directe au pas ordinai l'instructeur commandera :

1. *Oblique à droite.*
2. MARCHE.

49. Au deuxième commandement, qui sera fait à l' stant ou le pied gauche pose à terre, l'homme de rec commencera le pas oblique à droite, en ayant soin de conformer à ce qui a été prescrit ci-dessus relativement formation, à la longueur des pas, et à la carrure des ép les; mais sans s'arrêter sur chaque pas, et en observ d'en faire 76 par minute.

50. Le pas oblique à gauche s'exécutera d'après les r mes principes : l'instructeur fera le commandement *marche*, à l'instant où le pied droit pose à terre.

51. Pour reprendre la marche directe, l'instructeur co mandera :

1. *En avant.*
2 MARCHE.

52. Au second commandement, qui sera fait à l'ins où l'un ou l'autre pied indifféremment pose à terre, le dat reprendra la marche directe et le pas de 65 centi tres (2 pieds.)

Observations relatives au pas oblique.

53. L'instructeur veillera, comme dans la leçon pr

ente, à ce que le soldat marche le jarret tendu, que le oids du corps porte sur le pied qui pose à terre, que les ieds se portent toujours par la ligne la plus courte à la lace où ils doivent poser, que la tête reste toujours directe, t que les épaules ne tournent pas.

54. On exercera beaucoup les hommes de recrue à marher ce pas, qui est difficile dans les commencemens, mais ·ès utile dans les mouvemens de ligne; c'est d'ailleurs un noyen excellent de leur donner de l'aplomb, et de les haituer à maintenir carrément la direction des épaules. Ainsi n les fera marcher obliquement 50 ou 60 pas de suite, vant de leur faire reprendre la marche directe.

55. Lorsque l'homme de recrue saura bien former le pas blique, l'instructeur ne s'attachera pas avec une précision goureuse à faire observer les mesures prescrites pour ce as; il donnera pour principe essentiel au soldat, de ganer le plus de terrain possible de côté, en en gagnant proortionnellement moins en avant, sans déranger la ligne es épaules, qui doit toujours être la même que dans la narche directe.

Observations générales relatives au pas direct et oblique.

56. Pour juger si la position du corps est conforme aux rincipes qui ont été prescrits, si le pas se forme régulièrenent, et si le poids du corps se porte sur le pied qui pose terre, l'instructeur se placera souvent à dix ou douze pas n avant, et face à l'homme de recrue; si, alors, il n'aperçoit pas la semelle des souliers lorsque le soldat lève et ose les pieds; s'il ne remarque ni mouvement dans les paules, ni balancement dans le haut du corps, il pourra tre assuré que les principes sont bien observés.

57. Lorsqu'on montrera les principes du pas à deux ou ois hommes à la fois, on n'exigera point qu'ils s'occupent e l'alignement, pour ne pas trop partager leur attention: 'ailleurs, lorsqu'ils auront contracté l'habitude de faire es pas égaux en longueur et en vitesse, ils auront acquis vrai moyen de conserver l'alignement.

58. L'instructeur doit observer aussi, dans le même cas e la réunion de deux ou trois hommes, de les placer à un as l'un de l'autre, pour empêcher qu'ils ne prennent la nauvaise habitude d'écarter les coudes, ou de s'appuyer ur l'homme qui est à côté d'eux.

SECONDE PARTIE.

RÈGLES GÉNÉRALES.

59. L'instructeur ne fera passer les hommes de recrue à cette seconde partie que lorsqu'ils seront bien affermis dans la position du corps et la formation du pas direct et oblique.

60. L'instructeur réunira alors trois hommes, qu'il placera sur un rang, coude à coude; et il leur montrera le port d'armes, ainsi qu'il suit :

PREMIÈRE LEÇON.

Principes du port d'armes.

61. L'homme de recrue étant placé comme il a été prescrit dans la première leçon de la première partie, l'instructeur lui fera relever la main gauche, sans plier le poignet, et ne faisant agir que l'avant-bras gauche; l'instructeur élèvera le fusil perpendiculairement, et le placera de la manière suivante :

62. (Pl. 3, fig. 1 et 2.) L'arme dans la main gauche, le bras très peu ployé, le coude en arrière et joint au corps sans le serrer, la paume de la main serrée contre le plat extérieur de la crosse, son tranchant extérieur dans la première articulation des doigts, le talon de la crosse entre le premier et le second doigt, le pouce sur la vis, les deux derniers doigts sous la crosse, qui sera appuyée plus ou moins en arrière, suivant la conformation de l'homme, de manière que l'arme, vue de face, reste toujours perpendiculaire, et que le mouvement de la cuisse en marchant ne puisse pas la faire lever ni vaciller; la baguette au défaut de l'épaule, le bras droit pendant naturellement comme il a été prescrit dans la première leçon de la première partie.

Observations relatives au port d'armes.

63. On rencontre souvent des hommes de recrue qui ont des défauts naturels dans la conformation des épaules, de la poitrine et des hanches : l'instructeur doit s'efforcer de corriger, autant que possible, ces défauts, avant de faire porter l'arme au soldat, et doit avoir ensuite une attention suivie à régler le port d'armes suivant ces défauts de conformation, de manière que le coup d'œil général en soit uniforme, sans que les hommes soient gênés dans leur position.

64. Il observera que les hommes de recrue, lorsqu'ils mmencent à porter, l'arme sont sujets à déranger la posi-n du corps, et surtout à renverser les épaules ; ce qui fait e, l'arme manquant de point d'appui, ils descendent la in gauche pour empêcher que l'arme ne tombe, bais-t l'épaule gauche, creusent le flanc, ouvrent les coudes n de reprendre l'équilibre, etc.

65. L'instructeur aura attention de corriger tous ces dé-ts, et de rectifier continuellement la position des hom-s ; il leur ôtera quelquefois l'arme pour la replacer en-te, évitera de les fatiguer dans les commencemens, et ttachera à leur rendre peu à peu cette position si natu-e et si facile, qu'ils puissent la conserver long-temps s fatigue.

66. Enfin, l'instructeur doit apporter beaucoup d'at-tion à ce que le port d'armes ne soit ni trop haut ni trop : s'il était trop haut, il ferait ouvrir le coude gauche, oldat occuperait par là trop d'espace dans le rang, et me serait chancelante ; s'il était trop bas, les files se uveraient trop serrées, le soldat n'aurait pas l'espace né-saire pour manier son arme avec facilité, le bras gauche guerait trop, entraînerait l'épaule, etc.

7. L'instructeur, avant de passer à la seconde leçon, répéter les mouvemens de *tête à droite* et de *tête à che*, ainsi que les *à-droite*, les *à-gauche* et les *demi-tour oite*.

SECONDE LEÇON.

Maniement des armes.

8. Le maniement des armes sera montré aux trois mes placés d'abord sur un rang, coude à coude, et en-e sur une file.

9. L'exécution de chaque commandement ne formera n temps ; mais ce temps sera divisé en mouvemens, d'en mieux faire connaître le mécanisme au soldat.

o. La vitesse de chacun des mouvemens du maniement armes, sauf les exceptions indiquées ci-après, est fixée quatre-vingt-dixième de minute ; mais, afin de ne fatiguer l'attention des hommes de recrue, on ne s'at-era d'abord qu'à l'exécution des mouvemens, sans er qu'ils s'occupent de la cadence, à laquelle on ne les indra que progressivement, et lorsqu'ils seront fami-sés avec le maniement de leur arme.

71. Les mouvemens relatifs à la cartouche, à la baguette, et au placement et au déplacement de la baïonnette, ne peuvent pas être exécutés avec la vitesse qui vient d'être prescrite, ni même avec une vitesse uniforme. Ils ne seront donc point soumis à cette cadence. L'instructeur s'attachera à faire exécuter ces mouvemens avec promptitude, et surtout avec régularité.

72. Dans tous les autres temps du maniement des armes qui se composent de trois ou de quatre mouvemens, on précipitera les deux premiers.

73. La dernière syllabe du commandement décider l'exécution brusque et vive du premier mouvement de chaque temps; les commandemens de *deux*, de *trois* et de *quatre* décideront celle des autres mouvemens. Dès que le soldat connaîtra bien la position des divers mouvemens d'un temps, on lui montrera à l'exécuter sans s'arrêter sur ces mouvemens; mais il en observera le mécanisme, afin d'assurer l'arme, et d'éviter les inconvéniens qui résultent de ce qu'on appelle *escamoter l'arme*.

74. Le maniement des armes sera montré dans la progression suivante; l'instructeur commandera :

L'arme = AU BRAS.

1 temps et 3 mouvemens.

Premier mouvement.

75. (Pl. 4, fig. 1.) Empoigner brusquement l'arme 11 centimètres (4 pouces) au-dessous de la platine, sans tourner l'arme et en l'élevant un peu.

Deuxième mouvement.

76. Quitter la crosse de la main gauche, placer l'avant-bras gauche étendu sur la poitrine contre le chien, la main sur le teton droit.

Troisième mouvement.

77. Laisser tomber vivement la main droite à sa position.

78. Les soldats étant l'arme au bras, si l'instructeur veut les faire reposer, il commandera :

REPOS.

79. A ce commandement, les soldats porteront vivement la main droite à la poignée de l'arme, et ne seront plus tenus à garder l'immobilité ni la position.

80. Lorsque l'instructeur voudra faire passer les soldats le l'état de repos à celui d'immobilité, il commandera :

1. *Garde à vous.*
2. PELOTON.

81. Au second commandement, les soldats reprendront a position du troisième mouvement de l'*arme au bras*.

Portez = VOS ARMES.

1 temps et 3 mouvemens.

Premier mouvement.

82. Porter brusquement la main droite à la poignée de 'arme.

Deuxième mouvement.

83. Placer brusquement la main gauche sous la crosse.

Troisième mouvement.

84. Laisser tomber vivement la main droite à sa position, lescendre en même temps l'arme avec la main gauche à la sition du port d'armes.

Présentez = VOS ARMES.

1 temps et 2 mouvemens.

Premier mouvement.

85. (Pl. 4, fig. 2.) Tourner l'arme avec la main gauche, a platine en dessus, et saisir en même temps la poignée lu fusil avec la main droite, l'arme d'aplomb et détachée le l'épaule; laisser la main gauche sous la crosse.

Deuxième mouvement.

86. Achever de tourner l'arme avec la main droite pour 'apporter d'aplomb vis-à-vis le milieu du corps, la baguette en avant, la main droite restant au-dessous et contre a sous-garde; l'empoigner en même temps brusquement vec la main gauche, le petit doigt contre le ressort de la atterie, le pouce alongé le long du canon contre la monure, l'avant-bras collé au corps sans être gêné, la main à auteur du coude.

Portez = VOS ARMES.

1 temps et 2 mouvemens.

Premier mouvement.

87. Tourner l'arme avec la main droite le canon en

dehors, l'élever et la placer contre l'épaule gauche avec l main droite, descendre la main gauche sous la crosse, l main droite restant libre à la poignée.

Deuxième mouvement.

88. Laisser tomber vivement la main droite à sa position

Reposez-vous = SUR VOS ARMES.

1 temps et 2 mouvemens.

Premier mouvement.

89. Descendre l'arme en alongeant vivement le bra gauche, la saisir en même temps avec la main droite au dessus et près de la capucine, lâcher l'arme de la mai gauche, et la porter vivement vis-à-vis l'épaule droite, baguette en avant, le petit doigt derrière le canon, la mai droite appuyée à la hanche, la crosse à environ 8 cen (3 pouces) de terre, l'arme d'aplomb, la main gauche pendant sur le côté.

Deuxième mouvement.

90. Laisser glisser l'arme dans la main, la laisser tomb sans frapper, et prendre la position qui va être indiquée.

Position du soldat reposé sur l'arme.

91. (Pl. 4, fig. 3.) La main basse, le canon entre l pouce et le premier doigt alongé le long de la monture, le trois autres doigts alongés et joints, le bout du canon environ 5 centimètres (2 pouces) de l'épaule droite, l baguette en avant, le talon de la crosse à côté et contre l pointe du pied droit, l'arme d'aplomb.

92. Lorsque l'instructeur voudra faire reposer dans cett position, il commandera :

REPOS.

93. A ce commandement, les soldats passeront la mai droite étendue sur la baguette, et appuiront le bout du ca non contre l'épaule droite.

94. Lorsque l'instructeur voudra faire passer les solda de l'état de repos à celui d'immobilité, il commandera :

1. *Garde à vous.*
2. PELOTON.

95. Au second commandement, les hommes reprendroi la position du soldat reposé sur l'arme.

Portez = VOS ARMES.

1 temps et 2 mouvemens.

Premier mouvement.

96. Élever vivement l'arme de la main droite, la porter ontre l'épaule gauche, en la faisant tourner, pour que le anon se trouve en dehors; placer en même temps la main auche sous la crosse, et descendre la main droite contre a batterie.

Deuxième mouvement.

97. Laisser tomber vivement la main droite à sa position.

Croisez = LA BAÏONNETTE.

1 temps et 2 mouvemens.

Premier mouvement.

98. (Pl. 5.) Faire un demi-à-droite sur le talon gauche, lacer en même temps le pied droit en équerre derrière le alon gauche, le milieu du pied vis-à-vis et à 8 centimètres 3 pouces) du talon; tourner l'arme avec la main gauche, a platine en dessus, et la saisir en même temps à la poignée vec la main droite, l'arme d'aplomb et détachée de l'épaule; laisser la main gauche sous la crosse.

Deuxième mouvement.

99. Abattre l'arme avec la main droite dans la main auche, qui la saisira un peu en avant de la capucine, le anon en dessus, le coude gauche près du corps, la main roite appuyée contre la hanche droite, la pointe de la aïonnette à hauteur de l'œil. Les hommes du second et u troisième rang auront attention que la pointe de leurs aïonnettes ne touche pas leurs chefs de file.

Portez = VOS ARMES.

1 temps et 2 mouvemens.

Premier mouvement.

100. Tourner sur le talon gauche pour se remettre face a tête, rapporter le talon droit à côté du gauche, redresser n même temps l'arme de la main droite, la porter à l'épaule gauche, et placer la main gauche sous la crosse.

Deuxième mouvement.

101. Laisser tomber vivement la main droite à sa position.

Charge en douze temps.

1. *Chargez* = VOS ARMES.

1 temps et 2 mouvemens.

Premier mouvement.

102. Comme le premier mouvement de *croisez la baïon-nette*, excepté que le milieu du pied droit appuiera cont le talon gauche.

Deuxième mouvement.

103. Abattre l'arme avec la main droite dans la main ga che, qui viendra en même temps la saisir à la capucin le pouce alongé le long du bois, la crosse sous l'avant-br droit, la poignée du fusil contre le corps, à environ 5 ce timètres (2 pouces) au-dessous du teton droit, le bout canon à hauteur de l'œil, la sous-garde un peu en dehor le coude gauche appuyé sur le côté; en même temps q l'arme tombera dans la main gauche, le pouce de la ma droite se placera contre la batterie au-dessus de la pierr les quatre autres doigts fermés, l'avant-bras droit le lo de la crosse.

2. *Ouvrez* = LE BASSINET.

1 temps et 1 mouvement.

104. Découvrir le bassinet en poussant fortement la ba terie avec le pouce de la main droite, la main gauche rés tant et contenant l'arme; retirer aussitôt le coude droit arrière; porter la main à la giberne, en la passant entre crosse et le corps, et ouvrir la giberne.

3. *Prenez* = LA CARTOUCHE.

1 temps et 1 mouvement.

105. Prendre la cartouche entre le pouce et les deux pr miers doigts, et la porter entre les dents; la main dro passant entre la crosse et le corps.

4. *Déchirez* = LA CARTOUCHE.

1 temps et 1 mouvement.

106. Déchirer la cartouche jusqu'à la poudre, la ten près de l'ouverture, entre le pouce et les deux premi doigts; la descendre et la placer perpendiculairement c tre le bassinet, la paume de la main droite tournée vers corps, le coude droit appuyé sur la crosse.

5. Amorcez.

1 temps et 1 mouvement.

107. Baisser la tête, fixer les yeux sur le bassinet, le mplir de poudre, resserrer la cartouche près de l'ouverre avec le pouce et le premier doigt, relever la tête et rter la main droite derrière la batterie, en appuyant les ux derniers doigts contre.

6. *Fermez* = le bassinet.

1 temps et 1 mouvement.

108. Résister de la main gauche; fermer fortement le ssinet avec les deux derniers doigts, tenant toujours la rtouche entre les deux premiers et le pouce; saisir aussi la poignée du fusil avec les deux derniers doigts et la ume de la main droite, le poignet droit joint au corps, coude en arrière et un peu détaché du corps.

7. *L'arme* = a gauche.

1 temps et 2 mouvemens.

Premier mouvement.

109. Passer l'arme le long de la cuisse gauche, en la reessant près du corps; à cet effet, appuyer fortement r la crosse en étendant vivement le bras droit, sans baisr l'épaule droite; tourner en même temps la baguette rs le corps; ouvrir la main gauche et laisser glisser rme dans cette main jusqu'au-dessous de la grenadière, coude restant près du corps, le chien portant sur le uce de la main droite; faire en même temps face en te, en tournant sur le talon gauche, et porter le pied oit en avant, le talon contre le milieu du pied gauche.

Deuxième mouvement.

110. Lâcher le fusil de la main droite, descendre l'arme ec la main gauche le long et près du corps, remonter en ême temps la main droite à hauteur et près du bout du non, poser la crosse à terre sans frapper, la main gaue appuyée au corps, l'arme touchant la cuisse gauche, le out du canon vis-à-vis le milieu du corps.

8. *Cartouche* = dans le canon.

1 temps et 1 mouvement.

111. Porter l'œil sur le bout du canon: tourner brusqueent le dessus de la main droite vers le corps, pour renverser

la poudre dans le canon, en élevant le coude à hauteur du poignet ; secouer la cartouche, l'enfoncer dans le canon et laisser la main renversée, les doigts fermés sans les serrer.

9. *Tirez* = LA BAGUETTE.

1 temps et 3 mouvemens.

Premier mouvement.

112. Baisser vivement le coude droit, et saisir la baguette entre le pouce et le premier doigt ployé, les autres fermés, la tirer vivement en alongeant le bras ; la ressaisir par le milieu entre le pouce et le premier doigt, la main renversée, la paume de la main en avant, les ongles en l'air, les yeux suivant le mouvement de la main ; dégager la baguette du tenon en alongeant de nouveau le bras.

Deuxième mouvement.

113. Tourner rapidement la baguette entre la baïonnette et le visage, en fermant les doigts, les baguettes des hommes du second et du troisième rang rasant l'épaule droite de l'homme qui est immédiatement devant eux dans leur file, la baguette droite et parallèle à la baïonnette, le bras tendu, le gros bout de la baguette vis-à-vis l'embouchure du canon, sans y être engagé, les yeux fixés sur cette embouchure.

Troisième mouvement.

114. Mettre le gros bout de la baguette dans le canon et l'y enfoncer jusqu'à la main.

10. BOURREZ.

1 temps et 1 mouvement.

115. Étendre le bras de toute sa longueur, en remontant la main droite pour saisir la baguette avec le pouce alongé, le premier doigt ployé et les autres fermés; la chasser avec force dans le canon deux fois de suite, et la ressaisir par le petit bout entre le pouce et le premier doigt ployé, les autres fermés, le coude droit joint au corps.

11. *Remettez* = LA BAGUETTE.

1 temps et 5 mouvemens.

Premier mouvement.

116. Tirer vivement la baguette, la ressaisir par le milieu entre le pouce et le premier doigt, la main renversée, la paume de la main en avant, les ongles en l'air, les ye

ivant le mouvement de la main ; dégager la baguette du
non en alongeant le bras.

Deuxième mouvement.

117. Tourner rapidement la baguette entre la baïonnette le visage en fermant les doigts, les baguettes des hommes du second et du troisième rang rasant l'épaule droite l'homme qui est immédiatement devant eux dans leur le, la baguette droite et parallèle à la baïonnette, le bras ndu, le petit bout de la baguette vis-à-vis l'entrée du non, sans y être engagé, les yeux fixés sur cette entrée.

Troisième mouvement.

118. Engager le petit bout dans le tenon, et faire glisser baguette avec le pouce, qui l'accompagnera jusqu'à la enadière ; remonter vivement la main un peu ployée; ettre le petit doigt sur le gros bout de la baguette, afin 'achever de l'enfoncer; descendre la main gauche le long u canon, en alongeant le bras de toute sa longueur, sans isser l'épaule.

12. *Portez* = VOS ARMES.

2 temps et 3 mouvemens.

Premier mouvement.

119. Élever l'arme avec la main gauche le long du corps, main à hauteur du menton, l'avant-bras joint à l'arme, canon en dehors ; descendre en même temps la main oite pour saisir l'arme au-dessus de la poignée, le preier doigt touchant le chien, et le pouce sur la contreatine.

Deuxième mouvement.

120. Élever l'arme de la main droite, descendre la main uche et la porter sous la crosse ; rapporter le talon droit côté du gauche et sur le même alignement; appuyer rme avec la main droite contre l'épaule, dans la position diquée pour le port d'armes, la main droite restant à rme sans la serrer.

Troisième mouvement.

121. Laisser tomber vivement la main droite le long de euisse, dans la position prescrite.

Apprêtez = VOS ARMES.

1 temps et 4 mouvemens.

POSITION DU PREMIER RANG.

Premier mouvement.

122. (Pl. 7, fig. 1.) Tourner l'arme avec la main gauc la platine en dessus, la saisir à la poignée avec la m droite, et tourner un peu la pointe du pied gauche en dans.

Second mouvement.

123. Porter vivement le pied droit en arrière, la poi du pied à environ 76 centimètres (28 pouces) du ta gauche, et à 16 centimètres (6 pouces) sur la droite, s vant la taille de l'homme, de manière que le genou pos à terre, comme il sera expliqué au troisième mouveme se trouve à environ 27 centimètres (10 pouces) en arri du talon gauche, et à 16 centimetres (6 pouces) su droite; les genoux un peu ployés, le corps d'aplomb portant également sur les deux jambes; descendre en mê temps l'arme, avec la main droite, vis-à-vis la cuisse dro en achevant de la tourner, la baguette en avant; la sa avec la main gauche à la capucine, la main à hauteur coude.

Troisième mouvement.

124. Poser le genou droit à terre, en observant de ne tomber brusquement; poser la crosse à terre sans frapp de manière qu'elle soit devant la cuisse droite, son bec l'alignement du talon gauche; saisir le chien avec le po et le premier doigt de la main droite.

Quatrième mouvement.

125. Armer, en appuyant fortement sur la tête du ch et l'accompagnant avec le pouce et le premier doigt qu'au cran d'arrêt.

POSITION DU SECOND RANG.

Premier mouvement.

126. (Pl. 7, fig. 2.) Comme le premier mouven du premier temps de la charge.

Deuxième mouvement.

127. Apporter l'arme avec la main droite au milie corps; placer la main gauche, le petit doigt joignant l

sort de la batterie, le pouce alongé le long du bois, à hauteur du menton, la contre-platine tournée presque vers le corps, la baguette vers le front du bataillon.

Troisième mouvement.

128. Porter le pouce de la main droite sur la tête du chien, le premier doigt au-dessous et contre la sous-garde, les trois autres doigts joints au premier, le coude à hauteur de la main.

Quatrième mouvement.

129. Fermer vivement le coude droit en armant, saisir l'arme à la poignée, la descendre le long du corps, en la laissant glisser jusqu'à la capucine dans la main gauche, qui restera à hauteur de l'épaule.

POSITION DU TROISIÈME RANG.

130. (Pl. 7, fig. 2.) Premier, second, troisième et quatrième mouvemens, comme ceux du second rang.

JOUE.

1 temps et 1 mouvement.

131. (Pl. 8, fig. 1, 2 et 3.) Abaisser vivement le bout du canon, la main gauche restant à la capucine, appuyer la crosse contre l'épaule, les coudes abattus sans être serrés au corps; fermer l'œil gauche, diriger l'œil droit le long du canon, abaisser la tête sur la crosse pour ajuster, et placer le premier doigt sur la détente.

132. (Pl. 8, fig. 3.) Les hommes du troisième rang seulement porteront en même temps le pied droit à 22 centimètres (8 pouces) sur la droite, vers le talon gauche de l'homme qui est à côté d'eux.

FEU.

1 temps et 1 mouvement.

133. Appuyer avec force le premier doigt sur la détente, sans baisser davantage la tête ni la détourner, et rester dans cette position.

CHARGEZ.

1 temps et 2 mouvemens.

Premier mouvement.

134. Retirer brusquement l'arme, et prendre la position du deuxième mouvement du premier temps de la charge,

excepté que le pouce de la main droite, au lieu de se plac contre la batterie, saisira la tête du chien avec le premi doigt ployé et les autres fermés. Le premier rang se rel vera vivement sans pencher le corps en avant, mais en e façant l'épaule droite, afin de ne point rencontrer l'arn du deuxième rang; le troisième rang rapportera le pied dro derrière le gauche.

Deuxième mouvement.

135. Relever le chien jusqu'au cran du repos, en évita d'armer; porter aussitôt la main à la giberne, en la passa entre la crosse et le corps, et ouvrir la giberne.

136. Lorsqu'après avoir tiré, l'instructeur, au lieu e faire charger les armes, voudra les faire porter, il com mandera :

Portez = VOS ARMES,

1 temps et 1 mouvement.

137. Au commandement de *portez*, prendre la positic du deuxième mouvement du premier temps de la charg mettre le chien au repos, comme il vient d'être expliqu fermer le bassinet, et saisir le fusil à la poignée; au com mandement de *vos armes*, porter les armes vivement, e se remettant face en tête.

138. Les soldats étant dans la position de *joue*, lorsq l'instructeur voudra leur faire redresser les armes, il cor mandera :

Redressez = VOS ARMES.

1 temps et 1 mouvement.

139. Retirer le doigt de dessus la détente, redresser fo tement l'arme, et reprendre la position du quatrième mo vement du temps d'*apprêtez vos armes*.

140. Les soldats étant dans la position du quatrièn mouvement d'*apprêtez vos armes*, si l'instructeur veut le faire porter l'arme, il commandera :

Portez = VOS ARMES.

141. Au commandement de *portez*, le premier rang relèvera, et les deux autres reviendront face en tête; l trois rangs rapporteront l'arme au milieu du corps, le pou de la main gauche à hauteur du menton, et le petit doi touchant le ressort de la batterie; placer ensuite le pou de la main droite sur la tête du chien, appuyer le premi doigt sur la détente, soutenir en même temps le chien

laissant descendre près de la face de la batterie, le re-er jusqu'à ce que le bec de la gâchette tombe dans le an du repos, ce dont on sera averti par un léger bruit, saisir l'arme à la poignée avec la main droite. Au com-andement de *vos armes*, porter vivement l'arme à l'é-ule, et reprendre la position du port d'armes.

142. Les soldats étant au port d'armes, lorsque l'instruc-ır voudra leur faire remettre la baïonnette, il comman-ra:

Remettez = LA BAÏONNETTE.

1 temps et 3 mouvemens.

Premier mouvement.

143. Descendre l'arme en alongeant vivement le bras ıche, la saisir avec la main droite, au-dessus et près de apucine.

Deuxième mouvement.

144. Descendre l'arme de la main droite le long de la sse gauche, la saisir de la main gauche au-dessus de la ite, alonger le bras gauche, poser la crosse à terre sans pper, et porter en même temps la main droite à la baïon-te, la saisir par la douille et la branche de manière que trémité de la douille dépasse le talon de la main de 2 timètres (1 pouce), et qu'en la tirant le pouce s'alonge la lame.

Troisième mouvement.

145. Oter la baïonnette, la remettre dans le fourreau, ter ensuite le petit doigt de la main droite sur le gros t de la baguette, descendre la main gauche le long du on, en alongeant le bras sans baisser l'épaule.

Portez = VOS ARMES.

146. Comme au douzième temps de la charge.

L'arme sous le bras = GAUCHE.

1 temps et 2 mouvemens.

Premier mouvement.

147. Saisir brusquement l'arme avec la main droite, le ce sur la contre-platine, et le premier doigt contre le en; détacher en même temps l'arme de l'épaule, le ca- en dehors, sans que le bec de la crosse change de ce; la saisir avec la main gauche à la capucine, le pouce

alongé sur la baguette, l'arme d'aplomb vis-à-vis l'épau le coude gauche joint à l'arme.

Deuxième mouvement.

148. Renverser l'arme, la passer sous le bras gauche, main gauche restant à la capucine, le pouce appuyé sur baguette, pour l'empêcher de glisser, le petit doigt appu à la hanche, la main droite tombant en même temp sa position.

Portez = VOS ARMES.

1 temps et 2 mouvemens.

Premier mouvement.

149. Relever l'arme de la main gauche sans trop br quer ce mouvement, pour empêcher que la baguette s'échappe des tenons; la saisir de la main droite à la p gnée, pour l'appuyer contre l'épaule; quitter en mê temps l'arme de la main gauche, et placer brusquem cette main sous la crosse.

Deuxième mouvement.

150. Laisser tomber vivement la main droite à sa p tion; descendre en même temps l'arme avec la main g che à la position du port d'armes.

Baïonnette = AU CANON.

1 temps et 3 mouvemens.

Premier et second mouvement.

151. Comme le premier et le second mouvement de *mettez la baïonnette*, excepté qu'à la fin du second mou ment la main droite ira saisir la baïonnette par la douill la branche, de manière que l'extrémité de la douille passe de 2 centimètres (1 pouce) le talon de la main.

Troisième mouvement.

152. Arracher la baïonnette du fourreau, la porter e fixer au bout du canon; mettre le petit doigt de la m droite sur le gros bout de la baguette, descendre la m gauche le long du canon en alongeant le bras sans bai l'épaule.

Portez = VOS ARMES.

153. Comme au douzième temps de la charge.

Descendez = VOS ARMES.

1 temps et 2 mouvemens.

Premier mouvement.

154. (Pl. 9, fig. 1.) Comme le premier mouvement de *osez-vous sur vos armes.*

Deuxième mouvement.

155. Incliner un peu le bout du canon en avant, la crosse arrière et à environ 8 centimètres (3 pouces) de terre; main droite, appuyée à la hanche, contiendra l'arme de nière que les hommes du second et du troisième rang touchent pas avec leurs baïonnettes ceux qui sont de- it eux.

Portez = VOS ARMES.

156. Au commandement de *portez*, redresser l'arme per- idiculairement dans la main droite; au commandement *vos armes*, exécuter ce qui a été prescrit pour les porter partant de la position du soldat reposé sur l'arme.

L'arme sur l'épaule = DROITE.

1 temps et 1 mouvement.

57. (Pl. 9, fig. 2.) Tourner l'arme avec la main gauche, platine en dessus; la saisir en même temps avec la main ite à la poignée, la porter sur l'épaule droite, la main che ne quittant pas la crosse, le chien en dessus, le it du canon en l'air; contenir l'arme dans cette posi- , en plaçant la main droite sur le plat de la crosse, de nière que le bec se trouve entre les deux premiers gts, et que les autres doigts soient sous la crosse; lais- tomber la main gauche dans le rang.

Portez = VOS ARMES.

58. Redresser l'arme en alongeant le bras droit, la saisir c la main gauche au-dessus de la batterie, la rapporter itre l'épaule gauche, en tournant le canon en dehors: la in droite étant à la poignée, placer la main gauche sous crosse, et laisser tomber la main droite dans le rang.

L'arme = A VOLONTÉ.

1 temps et 1 mouvement.

59. Porter l'arme indifféremment sur l'une ou l'autre ule, d'une ou de deux mains, l'extrémité du canon en .

Portez = VOS ARMES.

160. Reprendre vivement la position du port d'arme.

161. Les soldats étant reposés sur les armes, lors l'instructeur voudra faire mettre les armes à terre, il c mandera :

Vos armes = A TERRE.

1 temps et 2 mouvemens.

Premier mouvement.

162. Tourner l'arme de la main droite la contre-pla en avant, saisir en même temps la giberne par le coi coffret avec la main gauche, courber le corps brusquem avancer le pied gauche, le talon vis-à-vis la capucine; ser l'arme à terre droit devant soi avec la main droite talon de la crosse restant toujours à hauteur de la point pied droit, le jarret droit un peu ployé, le talon droit él

Deuxième mouvement.

163. Se relever, rapporter le pied gauche à côté du d lâcher la giberne, et laisser tomber les deux mains à position.

Relevez = VOS ARMES.

1 temps et 2 mouvemens.

Premier mouvement.

164. Saisir le coin de la giberne avec la main gau courber le corps brusquement, avancer le pied gauche talon vis-à-vis la capucine, le jarret droit un peu ployé talon droit élevé, et saisir l'arme avec la main droite.

Deuxième mouvement.

165. Relever l'arme, rapporter le pied gauche à côt droit, retourner aussitôt l'arme avec la main droite la guette en avant; lâcher en même temps la giberne, et ser tomber la main gauche à sa position.

Inspection des armes.

166. Les soldats étant reposés sur les armes, et ayan baïonnette dans le fourreau, si l'instructeur veut faire spection des armes, il commandera :

Inspection = DES ARMES.

1 temps et 3 mouvemens.

Premier mouvement.

167. Faire un à-droite et demi sur le talon gauche,

ant le pied droit à 16 centimètres (6 pouces) du gau-, perpendiculairement en arrière de l'alignement, les s en équerre; saisir brusquement l'arme de la main che, un peu au-dessus de la grenadière, incliner le bout anon en arrière, sans que la crosse bouge, la baguette née vers le corps; porter en même temps la main droite baïonnette, et la saisir comme il est prescrit au n° 144.

Deuxième mouvement.

68. Arracher la baïonnette du fourreau, la porter et la r au bout du canon; saisir ensuite la baguette, la tirer me il est expliqué à la charge en douze temps, et la ier glisser dans le canon.

Troisième mouvement.

9. Se remettre vivement face en tête, en saisissant ne avec la main droite, et prendre la position du sol-reposé sur l'arme.

o. L'instructeur inspectera ensuite successivement ne de chaque soldat, en passant devant le rang. Cha-soldat, à mesure que l'instructeur passera devant lui, era vivement son arme de la main droite, la saisira la main gauche entre la capucine et le ressort de la erie, la platine en dehors, la main gauche à hauteur menton, l'arme vis-à-vis l'œil gauche : l'instructeur la dra et la lui rendra après l'avoir examinée; le soldat la endra de la main droite, et la replacera à la position *oldat reposé sur l'arme.*

1. Lorsque l'instructeur l'aura dépassé, chaque soldat endra la position prescrite au commandement d'*in-tion des armes,* et remettra la baguette; après quoi il re-dra face en tête.

2. Si au lieu de faire l'inspection des armes, l'instruc-veut seulement faire mettre la baïonnette au canon, ommandera :

Baïonnette = AU CANON.

3. Prendre la position indiquée ci-dessus, n° 167, tre la baïonnette au bout du canon, comme il a été ex-ué, et revenir aussitôt face en tête.

4. La baïonnette étant au bout du canon, si l'instruc-veut faire mettre la baguette dans le canon pour faire pection des armes après avoir tiré, il commandera :

Baguette = DANS LE CANON.

175. Mettre la baguette dans le canon, comme il a expliqué ci-dessus, et faire aussitôt face en tête.

176. L'instructeur voulant seulement examiner si l'ar n'est pas chargée, pourra, pour s'en assurer, prendr baguette par le petit bout, et la faire sauter dans le can

177. Chaque soldat, à mesure que l'instructeur l'aura passé, reprendra la position prescrite au commandem de *baguette dans le canon*, remettra la baguette, et revi dra face en tête.

Observations relatives au maniement des armes.

178. Le maniement des armes déforme souvent, c les hommes de recrue, la position du corps quand elle n pas encore parfaitement assurée ; il est donc nécessaire l'instructeur les ramène souvent à la régularité de la p tion et du port d'armes dans le cours des leçons.

179. Les hommes de recrue sont aussi fort sujets à creuser reins et à renverser le corps, surtout au premier temps la charge, lorsqu'on les y tient trop long-temps; ainsi l structeur doit éviter de trop les arrêter dans cette positi

TROISIÈME LEÇON.

Charge en quatre temps.

180. L'objet de cette charge est de préparer les solda la charge à volonté, et de leur faire distinguer les temps exigent le plus de régularité et d'attention, tels que c d'*amorcer*, *mettre la cartouche dans le canon* et *bourrer* : c charge sera divisée ainsi qu'il suit.

181. Le premier temps s'exécutera à la fin du comm dement, les trois autres au commandement de *deux*, t et *quatre*.

182. L'instructeur commandera :

1. *Charge en quatre temps.*
2. *Chargez* = VOS ARMES.

183. (Planche 6, fig. 1.) Exécuter le premier temps la charge ; ouvrir le bassinet, prendre la cartouche, la chirer, la descendre près du bassinet et amorcer.

Deux.

184. (Pl. 6, fig. 2.) Fermer le bassinet, passer l'ar à gauche, mettre la cartouche dans le canon, la secouc l'enfoncer.

Trois.

185. (Pl. 6, fig. 3.) Tirer la baguette, la faire entrer dans e canon jusqu'à la main, et bourrer deux coups.

Quatre.

186. Remettre la baguette et porter l'arme.

Charge à volonté.

187. L'instructeur enseignera ensuite la charge à volonté, qui s'exécutera comme la charge en quatre temps, mais de uite, et sans s'arrêter sur aucun temps; l'instructeur comnandera :

1. *Charge à volonté.*

Chargez = VOS ARMES.

Observations relatives aux charges.

188. L'instructeur observera que les soldats qui, sans se resser en apparence, chargent avec calme et sang-froid, ont ceux qui chargent le mieux et le plus promptement, arce qu'ils tournent la baguette sans accrocher celles des ommes qui sont à côté d'eux ou devant eux; qu'ils ne anquent ni l'embouchure du canon, ni celle du tenon; u'ils bourrent mieux; qu'ils ne répandent point la poure en amorçant, et ne laissent pas tomber les cartouches n les prenant dans la giberne : objets essentiels, auxquels 'instructeur obligera les soldats à donner la plus grande attention.

189. L'instructeur exigera de la régularité dans l'exécuon des temps et dans les positions, sans quoi les soldats e gêneraient et s'embarrasseraient réciproquement. Il les abituera progressivement à charger leurs armes le plus romptement possible, sans se régler sur leurs voisins, et urtout sans les attendre.

190. La cadence prescrite au n° 70 n'est point applicable ux mouvemens dont se compose la charge en quatre mps et la charge à volonté.

QUATRIÈME LEÇON.

Feux.

191. Les feux seront directs ou obliques, et s'exécuteront nsi qu'il va être expliqué.

Feux directs.

192. (Pl. 10, fig. 1.) L'instructeur fera les command mens suivans :

1. *Feu de peloton.*
2. *Peloton.*
3. Armes.
4. Joue.
5. Feu.
6. Chargez.

193. Ces divers commandemens seront exécutés comm il a été prescrit au maniement des armes. Au troisième, l trois hommes prendront la position qui a été indiquée, su vant le rang dans lequel ils se trouvent placés ; après sixième commandement, ils chargeront leurs armes et l porteront.

Feux obliques.

194. Les feux obliques s'exécuteront à droite et à ga che, et par les mêmes commandemens que le feu direc avec cette seule différence, que le commandement de Jo sera précédé chaque fois par le commandement de *obliq à droite* ou *oblique à gauche,* qui sera fait après celui d'Arm

Position des trois rangs dans les feux obliques à droite.

195. (Pl. 10, fig. 2.) Au commandement d'*armes*, trois rangs exécuteront ce qui leur a été prescrit pour feu direct.

196. Au commandement d'avertissement de *obliqu droite*, les trois rangs effaceront l'épaule droite, et regard ront fixement l'objet sur lequel ils doivent tirer ; dans ce position, les deux derniers rangs seront prêts à mettre joue dans le même créneau que dans le feu direct, quoiq dans une direction oblique.

197. Au commandement de *joue*, le premier rang di gera le bout du canon à droite, en inclinant le genou g che en dedans sans déranger les pieds. Le second rang d gera de même le bout du canon à droite, sans bouger pieds. Le troisième rang avancera le pied gauche d'en ron 16 centimètres (6 pouces) vers la pointe du pied dr de l'homme du second rang de sa file, portera le haut corps en avant, en pliant un peu le genou gauche, et di gera le bout du canon à droite.

198. Au commandement de *chargez*, les trois rangs

ndront la position qui leur a été prescrite dans le feu ect ; le troisième rang rapportera le talon gauche vis-à-le milieu du pied droit en retirant l'arme.

Position des trois rangs dans les feux obliques à gauche.

199. (Pl. 10, fig. 3.) Au commandement d'*armes*, les is rangs exécuteront ce qui leur a été prescrit pour le direct.

200. Au commandement d'avertissement de *oblique à uche*, les trois rangs effaceront l'épaule gauche, et regaront fixement l'objet sur lequel ils doivent tirer : dans te position, les hommes des deuxième et troisième rangs ont prêts à mettre en joue dans le créneau à gauche de r chef de file et dans une direction oblique.

201. Au commandement de *joue*, le premier rang dirira le bout du canon à gauche sans incliner le genou, ni iger les pieds. Le deuxième rang mettra en joue dans le neau à gauche de son chef de file, sans bouger les pieds. troisième rang avancera le pied gauche d'environ 16 ntimètres (6 pouces) vers le talon droit de l'homme du ond rang de sa file ; il avancera aussi le haut du corps, ployant un peu le genou gauche, et mettra en joue dans réneau à gauche de son chef de file.

202. Au commandement de *chargez*, les trois rangs retiont leurs armes dans la position oblique où elles se trouit, et amorceront dans cette position ; le troisième rang portera le talon gauche vis-à-vis le milieu du pied droit. passant l'arme à gauche, les trois rangs prendront la même ition que dans le feu direct.

Observations relatives aux feux obliques.

facer une épaule en mettant en joue.

03. Afin de pouvoir diriger le bout du canon plus ou ins obliquement, selon la position de l'objet auquel on ra.

'instructeur rendra ce principe sensible aux hommes de rue, en plaçant un homme en avant, plus ou moins vers roite ou vers la gauche, pour figurer cet objet, lorsls connaîtront bien l'emboîtement des feux obliques.

rter le pied gauche à 16 centimètres (6 pouces) en avant, et faire avancer it du corps au troisième rang.

fin d'éviter les accidens ; parce que, sans cette précau-, les armes du troisième rang ne déborderaient pas suffisamment le premier rang, dans la position oblique où e les se trouvent.

Dans le feu oblique à gauche, retirer les armes, et amorcer dans la positi oblique où elles se trouvent.

Parce que, si l'on voulait reprendre la même position q dans les feux directs, en retirant l'arme pour amorcer, faudrait la faire passer par dessus la tête de l'homme q est devant soi.

Feux de deux rangs.

204. Le feu de deux rangs s'exécutera par les deux pr miers rangs ; le troisième, ne faisant que charger et pass l'arme au second rang, ne tirera point : au moyen de cet disposition le premier rang tirera debout.

205. L'instructeur fera les commandemens suivans :

1. *Feu de deux rangs.*
2. *Peloton.*
3. Armes.
4. *Commencez le feu.*

206. Au troisième commandement, les trois rangs pre dront la position prescrite pour les deuxième et troisièr rangs dans les feux directs, excepté que le troisième ra n'armera pas.

207. Au quatrième commandement, l'homme du pr mier rang et celui du second mettront en joue ensembl et feront feu; celui du second rang, en mettant en jou portera le pied droit à 22 centimètres (8 pouces) sur droite, vers le talon gauche de l'homme qui est à côté lui, et fera feu dans cette position. L'homme du troisièr rang, ne devant pas tirer, ne fera que charger et pass son arme à celui du second rang.

208. L'homme du premier rang chargera vivement s arme et tirera de nouveau, puis rechargera son arme, fe feu de nouveau, et ainsi de suite.

209. L'homme du second rang, après avoir fait feu, pa sera son arme de la main droite au soldat du troisième ra de sa file; celui-ci la prendra de la main gauche, et passe la sienne de la main droite au soldat du second rang, qui recevra de la main gauche; l'homme du second rang tire avec l'arme de celui du troisième, la chargera ensuite tirera un second coup avec la même arme, qu'il repasse aussitôt à l'homme du troisième rang, et ainsi de suite; sorte que l'homme du deuxième rang tire toujours de

coups de suite avec la même arme, avant de la repasser à celui du troisième rang, excepté la première fois.

210. Après le premier feu, l'homme du premier rang et celui du second ne s'astreindront plus à tirer ensemble.

211. Les trois rangs feront toujours face en tête en passant l'arme à gauche, et, après avoir chargé, ils prendront la position indiquée ci-dessus, n° 126 et suivans. A cet effet, chaque soldat ayant remis la baguette, élèvera son arme de la main gauche, la laissant glisser dans cette main, qui se placera contre le ressort de la batterie, à hauteur du menton, en même temps qu'il fera un demi-à-droite pour revenir à la position prescrite, et que le pouce de la main droite se placera sur la tête du chien pour armer, le premier doigt au-dessous et contre la sous-garde. Le premier et le second rang, après avoir armé, prendront la position prescrite au n° 129. L'homme du troisième rang passera toujours son fusil à celui du second rang sans être armé.

212. Lorsque l'instructeur voudra faire cesser le feu, il commandera :

Roulement.

213. A ce commandement, le soldat ne tirera plus; chaque homme mettra son arme au repos, la chargera ou achèvera de la charger, si elle ne l'est pas, et la portera; les hommes du second et du troisième rang ayant attention de reprendre l'arme qui leur appartient.

Observations générales relatives aux feux.

214. Les feux seront exécutés dans les commencemens sans cartouches, et ensuite avec des cartouches de son ou de sciure de bois, afin d'accoutumer le soldat à amorcer et mettre la cartouche dans le canon promptement, mais régulièrement et sans verser la poudre, ainsi qu'à bien bourrer. On finira cette instruction par faire exécuter les feux à poudre.

215. Lorsqu'on exécutera les feux à poudre, on recommandera aux soldats d'être attentifs à observer, en mettant le chien au repos, si la fumée sort par la lumière, ce qui est une indication sûre que le coup est parti. Si la fumée ne sortait pas, le soldat, au lieu de recharger, épinglerait et amorcerait de nouveau. Si le soldat, croyant le coup parti, avait mis une seconde charge, il devrait du moins s'en apercevoir en bourrant par la hauteur de la charge, et il serait très punissable s'il en mettait une troisième. L'in-

structeur fera donc toujours l'inspection des armes aprè les feux à poudre, afin de vérifier si quelque soldat a commis la faute de mettre trois charges dans son fusil.

216. L'instructeur doit apporter aussi beaucoup d'attention à ce que le soldat, en mettant le chien au repos, ne réarme pas son fusil par trop de précipitation, faute don il pourrait résulter des accidens.

Observations relatives à la seconde partie de l'École du soldat

217. Lorsqu'après quelques jours d'exercice de la leço du maniement des armes les trois hommes seront affermi dans le port d'armes, l'instructeur terminera toujours l la leçon par les faire marcher pendant quelque temps sur u rang, et à un pas l'un de l'autre, afin de les affermir d plus en plus dans le mécanisme du pas direct et du pa oblique; il leur montrera aussi à marquer et à changer l as, ce qui s'exécutera de la manière suivante.

Marquer le pas.

218. Les trois hommes étant en marche au pas ordinaire instructeur commandera :

1. *Marquez le pas.*
2. MARCHE.

219. Au second commandement, qui sera fait à l'instan ou le pied va poser à terre, les soldats simuleront le pas, e rapportant les talons à côté l'un de l'autre sans avancer, e en observant la cadence du pas.

220. Lorsque l'instructeur voudra faire reprendre le pa ordinaire, il commandera :

1. *En avant.*
2. MARCHE.

221. Au second commandement, qui sera fait comme est prescrit ci-dessus, les soldats reprendront le pas de deu pieds.

Changer le pas.

222. Les soldats étant en marche au pas ordinaire, l'in ructeur commandera :

1. *Changez le pas.*
2. MARCHE.

223. Au second commandement, qui sera fait à l'instan ou le pied va poser à terre, les soldats rapporteront vive

nt le pied qui est derrière à côté de celui qui vient de ;r à terre, et repartiront de ce dernier pied.

TROISIÈME PARTIE.

Règles générales.

24. Lorsque les hommes de recrue seront bien affermis s les principes et le mécanisme du pas, la position du ps et le port d'armes, l'instructeur réunira six hommes noins, et neuf au plus, pour leur apprendre les princi- d'alignement, celui du tact des coudes en marchant de t; le pas accéléré, le pas en arrière, les principes de la che de flanc, les conversions de pied ferme, les con- ions en marchant et les changemens de direction du du guide; il les placera sur un rang coude à coude, et numérotera de la droite à la gauche.

PREMIÈRE LEÇON.

Alignement.

25. L'instructeur exercera d'abord les soldats de recrue aligner homme par homme, afin de leur mieux faire prendre les principes de l'alignement. A cet effet, il mandera aux deux premiers hommes de l'aile droite narcher deux pas en avant; et, les ayant alignés, il lira successivement chaque homme, en le désignant par numéro, de se porter sur l'alignement des deux premiers.

26. Chaque soldat, à l'avertissement qui lui sera fait l'instructeur de se porter sur l'alignement, tournera la et les yeux à droite, dans la position prescrite à la pre- e leçon de la première partie, marchera, dans la ca- ce du pas ordinaire, deux pas en avant, en raccourcis- le dernier, de manière à se trouver à environ 11 centi- es (6 pouces) en arrière du nouvel alignement, qu'il oit jamais dépasser; il se portera ensuite par de petits les jarrets tendus, tranquillement et sans saccade, à de l'homme auquel il doit appuyer, de manière que déranger la position de sa tête, la ligne de ses yeux, i que celle de ses épaules, se trouve dans la direction elle de son voisin, et qu'il sente légèrement son coude ouvrir le sien.

7. L'instructeur voyant les soldats alignés, commandera:

Fixe.

228. A ce commandement les soldats replaceront la t dans la position directe.

229. L'alignement à gauche se prendra d'après les mê principes.

230. Lorsque les hommes de recrue auront ainsi appri s'aligner homme par homme, correctement et sans tât ner, l'instructeur fera aligner le rang entier à la fois pa commandement suivant :

A droite (ou *à gauche*) = ALIGNEMENT.

231. A ce commandement le rang, à l'exception des d hommes placés d'avance pour servir de base d'alignem se portera au pas ordinaire sur la nouvelle ligne, et s'y cera d'après les principes prescrits ci-dessus, n° 226.

232. L'instructeur, placé à cinq ou six pas en avant et sant face au rang, veillera à l'observation des principes se portera ensuite à l'aile qui a servi de base à l'alignem pour le vérifier.

233. L'instructeur voyant le plus grand nombre des dats alignés, commandera :

FIXE.

234. L'instructeur commandera ensuite aux hommes ne seraient pas alignés, *telle file* ou *telles files, rentrez* ou *tez*, en les désignant par leurs numéros; la file ou les désignées tourneront légèrement la tête du côté de l'alig ment pour juger de combien elles doivent avancer ou re ler, se porteront tranquillement sur la ligne, et replace ensuite la tête dans la position directe.

235. Les alignemens en arrière se prendront d'après mêmes principes ; les soldats se porteront un peu en arr de la ligne et s'y replaceront ensuite par de petits m vemens en avant, conformément à ce qui a été pres n° 226 ; l'instructeur commandera :

En arrière à droite (ou *à gauche*) = ALIGNEMENT.

Observations relatives aux principes d'alignement.

236. L'instructeur s'attachera à faire observer les pri pes suivans :

Que le soldat arrive tranquillement sur la ligne.

Parce que la précipitation est contraire au bon ordr même à la promptitude dans l'exécution, qu'on n'obt qu'en habituant le soldat à faire tous les mouvemens calme, sang-froid et précision.

'il ne penche pas le corps en arrière, ni la tête en avant.

'arce que ce n'est que par la régularité de la position on apprend à s'aligner.

'il ne tourne la tête que le moins possible, seulement de manière à voir ne des yeux et à apercevoir légèrement la poitrine du deuxième homme ôté de l'alignement.

fin d'éviter que la tête n'entraîne l'épaule hors du rang, que la fausse position d'un seul homme n'induise en er- r tous ceux qui sont au-delà.

'il ne dépasse jamais l'alignement.

arce que si un soldat dépassait l'alignement, il serait uite obligé de reculer pour se replacer sur la véritable e; sa faute se propagerait; les hommes qui sont au-delà ient obligés de reculer à leur tour, ce qu'il faut éviter c d'autant plus de soin, qu'outre la perte de temps qui résulterait, il est plus difficile de s'aligner en arrière en avant.

'au commandement de *fixe*, le soldat cesse tout mouvement, quand même serait pas aligné.

Afin de lui faire contracter l'habitude de juger son alignement promptement, et de s'y placer sans tâtonner.

'au commandement de *telle file* ou *telles files, rentrez* ou *sortez*, celles qui ont pas été designées, ne bougent.

fin de ne pas déranger les files qui sont alignées.

e, dans les alignemens en arrière, le soldat dépasse un peu la ligne en ant.

fin de se placer sur la ligne par un petit mouvement en nt, parce que ce n'est que de cette manière qu'il peut n juger de l'alignement.

Observation relative à la première leçon.

37. Après chaque alignement, l'instructeur examinera position des hommes, et fera ensuite reposer le rang sur armes, pour empêcher que les soldats ne se fatiguent et se négligent sur le port d'armes, qui, dans les commencemens surtout, doit toujours être régulier.

DEUXIÈME LEÇON.

Marche de front.

38. Le rang étant correctement aligné, lorsque l'instructeur voudra le faire marcher en avant, il placera un nme bien dressé à la droite ou à la gauche, selon le côté il voudra que soit le guide, et commandera:

1. *Peloton en avant.*
2. *Guide à droite* (ou *à gauche*).
3. MARCHE.

239. Au commandement de *marche*, le rang partira vement du pied gauche, le guide aura soin de marcher dr devant lui et de maintenir toujours ses épaules carréme

240. L'instructeur fera observer les règles suivantes :

Tenir légèrement au coude de son voisin du côté du guide.

Parce qu'en tenant ainsi coude à coude à son voisin, sera à peu près aligné, et qu'il ne se formera pas d'ouv tures entre les files. Si, au lieu de tenir légèrement au cou de son voisin, on s'appuyait sur lui, on l'obligerait à a puyer à son tour du côté du guide, et on repousserait par ce dernier hors de la direction.

Ne point ouvrir le coude gauche, ni le bras droit.

Afin que le soldat ne pousse pas son voisin, et n'occu dans le rang que l'espace qu'il doit y tenir.

Céder à la pression qui vient du côté du guide, et résister à celle qui v du côté opposé.

Pour éviter de rejeter le guide en dehors de la directi

Ne rejoindre qu'insensiblement le coude de son voisin du côté du guide, venait à s'éloigner, ou si l'on s'en était soi-même écarté.

Parce qu'il peut arriver que le voisin se jette mal à pr pos à droite ou à gauche. Si, dans ce cas, l'homme qui à côté de lui, et successivement ceux qui suivent, se co formaient brusquement à ce faux mouvement, il en rés terait que la faute d'un seul homme se propagerait ; et lo qu'ensuite l'homme où la faute aurait commencé, voudr la réparer, il serait obligé de repousser son voisin, celui- l'homme suivant, et ainsi de suite; ce qui occasionerait flottement continuel dans la marche. Si, au contraire, ch que homme observe le principe de ne se conformer q peu à peu aux mouvemens de son voisin, ce dernier au le temps de réparer sa faute, s'il en a fait une : son erre ne se propagera pas, et le flottement n'aura pas lieu.

Conserver toujours la tête directe, de quelque côté que le guide soit indiq

Parce que, si les soldats tournaient la tête du côté guide, elle entraînerait l'épaule opposée, ce qui donner une fausse direction au rang, causerait une pression con nuelle vers le guide, et par conséquent du flottement.

Si l'on s'aperçoit qu'on est soi-même trop en avant ou trop en arrière, ne ettre que peu à peu sur l'alignement, en alongeant ou raccourcissant son l'une manière presque insensible.

Parce que les mouvemens brusques en marchant tendent jours à désunir une troupe, à y causer du flottement, ont perdre la cadence; car un homme ne saurait faire pas de deux pieds et demi dans le même espace de temps son voisin en fait un de deux pieds, sans que le mouvent du premier ne soit plus vif que celui du second; au qu'on peut alonger le pas d'un ou de deux pouces, sans il en résulte une accélération sensible dans le mouvent.

41. L'instructeur s'attachera à faire comprendre aux mes de recrue que l'alignement ne peut se conserver marchant que par la régularité du pas, par le tact des des et qu'autant que les épaules seront maintenues carent; que si, par exemple, ils faisaient des pas plus ıds les uns que les autres, ou s'ils marchaient les uns vite, les autres plus lentement, ils se désuniraient néairement; que si, devant avoir la tête directe, ils n'obaient pas le tact des coudes, il leur serait impossible ıger s'ils marchent à même hauteur que leur voisin, et ne se forme pas entre eux des ouvertures.

42. Les soldats étant affermis dans les principes de la che directe, l'instructeur les exercera à marcher obliment, d'abord du côté du guide, et ensuite du côté op au guide, en se conformant à ce qui est prescrit n° 48 iivans.

43. Dans la marche oblique, comme dans la marche dic, le tact des coudes doit toujours se prendre du côté uide; ainsi chaque homme doit tenir légèrement au le de son voisin de ce côté.

4. La marche oblique du côté opposé au guide étant coup plus difficile que du côté du guide, l'instructeur mmandera de redoubler d'attention toutes les fois n obliquera ainsi.

5. Lorsque ces divers principes seront devenus famiaux hommes de recrue, et qu'ils seront bien affermis la position du corps, le port d'armes, le mécanisme, gueur et la vitesse du pas ordinaire, l'instructeur les passer du pas ordinaire au pas accéléré, et du pas acé au pas ordinaire, en observant de ne les faire marobliquement au pas accéléré que quand ils seront bien nis dans la cadence de ce pas.

6. La longueur du pas accéléré soit direct, soit oblique,

sera la même que celle du pas ordinaire, mais sa vit sera de cent par minute.

247. Le rang étant en marche au pas ordinaire, l'inst teur commandera :

1. *Pas accéléré.*
2. MARCHE.

248. Au commandement de *marche*, qui sera fai l'un ou l'autre pied indistinctement, le rang prendra le accéléré.

249. Lorsque l'instructeur voudra faire reprendre le ordinaire, il commandera :

1. *Pas ordinaire.*
2. MARCHE.

250. Au commandement de *marche*, qui sera fait i tinctement sur l'un ou l'autre pied, le rang reprend pas ordinaire.

251. Le rang étant en marche, l'instructeur l'arr par les commandemens et moyens prescrits n° 37 et 3

252. Si le rang marche au pas accéléré, le comma ment de *halte* sera fait un instant avant que le pied soi à poser à terre.

253. Le rang étant en marche au pas accéléré, l'ins teur lui fera quelquefois *marquer* et *changer le pas* ; il le également passer du pas direct au pas oblique et réc quement, en se conformant à ce qui a été prescrit n et suivans.

254. La marche au pas accéléré s'exécutera d'aprè mêmes principes qu'au pas ordinaire ; mais l'impulsio pas accéléré disposant le soldat à s'abandonner, l'ins teur s'attachera à bien régler la cadence de ce pas, et bituer le soldat à conserver toujours l'aplomb du c ainsi que la régularité du pas.

255. Le rang étant de pied ferme, l'instructeur lui marcher le pas en arrière ; à cet effet il commandera

1. *Peloton en arrière.*
2. *Guide à gauche* (ou *à droite*).
3. MARCHE.

256. Au commandement de *marche*, les soldats r ront vivement le pied gauche en arrière, et le porter la distance de 33 centimètres (1 pied), à compter d' lon à l'autre, et ainsi de suite jusqu'au commandeme

-lte, qui sera toujours précédé de celui de *peloton.* Les ldats s'arrêteront à ce commandement, en rapportant le ed qui est en avant à côté de l'autre.

257. L'instructeur veillera à ce que les hommes ne s'ap-aient pas sur leur voisin, qu'ils se portent droit en arrière que l'aplomb, ainsi que la position du corps et de l'arme, ient toujours conservés.

Observation relative à la deuxième leçon.

258. Cette leçon devant être exécutée au port d'armes, nstructeur, afin de ne pas trop fatiguer les soldats, et ur les empêcher de se négliger sur la position, fera arrê-r le rang de temps à autre, et le fera reposer sur les armes.

TROISIÈME LEÇON.

Marche de flanc.

259. Le rang étant de pied ferme et correctement aligné, nstructeur fera les commandemens suivans :

1. *Peloton par le flanc droit* (ou *gauche*).
2. A DROITE (OU A GAUCHE).
3. *Peloton en avant.*
4. MARCHE.

260. Au second commandement, le rang fera à-droite à-gauche.

261. Au commandement de *marche*, il partira vivement pied gauche au pas ordinaire.

262. L'instructeur placera un homme bien dressé à côté soldat qui est en tête du rang, pour régler son pas et le nduire, et il sera recommandé à ce soldat de marcher ujours coude à coude avec l'homme qui doit le diriger.

263. L'instructeur fera observer dans la marche de flanc règles suivantes :

ue le pas s'exécute d'après les principes prescrits.

Parce que ces principes, sans lesquels les hommes placés ôté les uns des autres sur un même rang ne sauraient con-ver de l'ensemble en marchant, sont encore plus indis-nsables à observer lorsqu'on marche en file.

u'à chaque pas le pied de l'homme qui précède soit remplacé par celui l'homme qui le suit.

Afin que les files ne puissent pas s'ouvrir.

Que le soldat ne ploie pas les genoux, pour éviter de marcher sur les tal de l'homme qui le précède.

Parce que, s'il ployait les genoux, la cadence du pas la distance entre les files se perdraient.

Que la tête de l'homme qui précède immédiatement chaque soldat lui ca celles de tous ceux qui sont devant lui.

Parce que c'est la règle la plus sûre qu'on puisse don pour se maintenir exactement derrière son chef de file.

264. L'instructeur se placera habituellement à cinq six pas sur le flanc des hommes qu'il instruit, pour veil à l'observation des principes prescrits ci-dessus; il se p tera aussi quelquefois derrière le rang, s'arrêtera et lui la sera parcourir quinze ou vingt pas, afin d'observer si hommes se maintiennent exactement derrière leurs ch de file.

265. Lorsque l'instructeur voudra arrêter le rang m chant par le flanc, et le remettre face en tête, il comma dera :

1. *Peloton.*
2. HALTE.
3. FRONT.

266. Au second commandement, le rang s'arrêtera, aucun homme ne bougera plus, quand même il aur perdu sa distance; cette attention est nécessaire pour h bituer les soldats à conserver toujours leurs distances.

267. Au troisième commandement, chaque homme remettra face en tête par un à-gauche, si l'on a marché le flanc droit, et par un à-droite, si l'on a marché par flanc gauche.

268. Lorsque les hommes auront acquis l'habitude de marche de flanc, l'instructeur les exercera à changer de rection par file; à cet effet il commandera :

1. *Par file à gauche* (ou *à droite*).
2. MARCHE.

269. Au second commandement, le premier homme rang changera de direction à gauche ou à droite, et m chera ensuite droit devant lui; chaque homme vien successivement changer de direction à la même place le premier.

270. L'instructeur fera aussi exécuter les à-droite et à-gauche en marchant; à cet effet il commandera :

1. *Peloton par le flanc gauche* (ou *droit*).
2. MARCHE.

271. Au second commandement, qui sera fait un peu ant que l'un ou l'autre pied indifféremment soit près de ser à terre, les soldats tourneront le corps, poseront le ed qui est levé dans la nouvelle direction, et partiront l'autre pied sans altérer la cadence du pas.

272. Lorsque les hommes auront acquis de l'aisance et de facilité dans la marche de flanc, l'instructeur les exercera ns la marche de flanc au pas accéléré : cette leçon leur ıdra plus sensible la nécessité qu'il y a de bien emboiter pas en marchant par le flanc, et de conserver la cadence si que l'aplomb du corps.

Observations relatives à la troisième leçon.

73. Cette leçon sera, comme celle qui précède, exéc au port d'armes; mais lorsque l'instructeur voudra re ser les soldats, il leur fera porter l'arme au bras, et il gera d'eux que, dans cette position, ils marchent avec ant de régularité qu'au port d'armes.

QUATRIÈME LEÇON.

Conversions.

Principes généraux des conversions.

74. Les conversions sont de deux espèces; les conve ns de pied ferme, et les conversions en marchant.

75. Les conversions de pied ferme ont lieu pour faire ser une troupe de l'ordre en bataille à l'ordre en colonne, de l'ordre en colonne à l'ordre en bataille.

76. Les conversions en marchant ont lieu dans les chan- nens de direction en colonne, toutes les fois que ce uvement s'exécute du côté opposé au guide.

77. Dans les conversions de pied ferme, l'homme qui au pivot de la conversion ne fait que tourner sur place, s avancer ni reculer.

78. Dans les conversions en marchant, l'homme qui est pivot fait le pas de vingt-deux centimètres (huit pou-), afin de dégager le point de la conversion; ce qui est essaire pour que les subdivisions d'une colonne puissent nger de direction sans perdre leurs distances, ainsi il sera expliqué à l'École de peloton.

79. Dans l'un et l'autre cas, l'homme qui est à l'aile rchante doit toujours faire le pas de deux pieds.

80. Le mouvement de tourner à droite ou à gauche n'a que dans les changemens de direction en colonne du

côté du guide; et il faut bien se garder de confondre mouvement avec les conversions en marchant.

Conversion de pied ferme.

281. Le rang étant de pied ferme, l'instructeur place un homme bien dressé à l'aile qui devra marcher pour conduire, et commandera :

1. *Par peloton à droite.*
2. MARCHE.

282. Au second commandement, les soldats partiro du pied gauche, et tourneront en même temps la tête peu à gauche, les yeux fixés sur la ligne des yeux des ho mes qui sont à leur gauche : l'homme qui est au pivot fera que marquer le pas, en se conformant au mouveme de l'aile marchante; l'homme qui conduit cette aile ma chera le pas de deux pieds, avancera un peu l'épaule ga che dès le premier pas, jettera de temps en temps les ye sur le rang, et sentira toujours le coude de l'homme qui à côté de lui, mais légèrement et sans jamais le pousser.

283. Les autres soldats sentiront légèrement le coude leur voisin du côté du pivot, résisteront à la pression vient du côté opposé, et se conformeront au mouvement l'aile marchante, en faisant le pas d'autant plus petit qu seront plus près du pivot.

284. L'instructeur fera parcourir une ou deux fois le to du cercle avant d'arrêter le rang, afin de faire mieux sen les principes; il veillera avec soin à ce que le centre crève pas.

285. Il fera converser à gauche d'après les mêmes pri cipes.

286. Lorsque l'instructeur voudra arrêter la conversic il fera les commandemens suivans :

1. *Peloton.*
2. HALTE.

287. Au commandement de *halte*, le rang s'arrêtera, aucun homme ne bougera plus. L'instructeur, se portan l'aile opposée au pivot, placera les deux premiers homr de cette aile dans la direction qu'il voudra donner au ra ayant soin de ne laisser, entre eux et le pivot, que l'esp nécessaire pour y encadrer tous les autres; il command ensuite :

3. *A gauche* (ou *à droite*) = ALIGNEMENT.

288. A ce commandement, le rang se placera sur l'ali-
ement des deux hommes qui doivent servir de base, en
conformant aux principes prescrits.

289. L'instructeur commandera ensuite FIXE ; ce qui sera
écuté comme il a été prescrit au n° 228.

bservations relatives aux principes des conversions de pied ferme.

290. Tourner un peu la tête du côté de l'aile marchante, et fixer les yeux la ligne des yeux des hommes qui sont de ce côté.

Parce que, sans cette attention, il serait impossible au
ldat de régler la longueur de son pas de manière à se con-
mer au mouvement de l'aile marchante.

Tenir légèrement au coude de son voisin du côté du pivot.

Afin que les files ne s'ouvrent pas en conversant.

Résister à la pression qui vient du côté de l'aile marchante.

Parce que, si l'on négligeait ce principe, le pivot, qui
it être un point fixe dans les conversions de pied ferme,
urrait être rejeté hors de sa place par la pression.

Conversion en marchant.

291. Lorsque les hommes de recrue exécuteront bien les
aversions de pied ferme, on les exercera à converser en
archant.

292. A cet effet, le rang étant en marche, lorsque l'in-
ucteur voudra lui faire changer de direction du côté op-
sé au guide, il fera les commandemens suivans :

1. *A droite* (ou *à gauche*) *conversion.*
2. MARCHE.

293. Le premier commandement sera fait lorsque le
ng sera à quatre pas du point de conversion.

294. Au second commandement, la conversion s'exécu-
a de la même manière que de pied ferme, excepté que
tact des coudes restera du côté du guide, au lieu de se
ndre du côté du pivot ; que l'homme qui est au pivot,
lieu de tourner sur place, se conformera au mouvement
l'aile marchante, sentira légèrement le coude de son
sin, fera le pas de 22 centimètres (8 pouces), et gagnera
si du terrain en avant, en décrivant une petite courbe
manière à dégager le point de la conversion ; le milieu
rang cintrera un peu en arrière. Aussitôt que le mouvent commencera, l'homme qui conduit l'aile marchante
tera les yeux sur le terrain qu'il doit parcourir.

5.

295. La conversion étant achevée, l'instructeur commandera :

1. *En avant.*
2. MARCHE.

296. Le premier commandement sera prononcé lorsqu'il restera quatre pas à faire pour que la conversion soit achevée.

297. Au commandement de *marche*, qui sera fait à l'instant où la conversion sera achevée, l'homme qui conduit l'aile marchante se dirigera droit en avant; l'homme qui est au pivot et tout le rang reprendront le pas de deux pieds et replaceront la tête directe.

Changer de direction du côté du guide.

298. Les changemens de direction du côté du guide s'exécuteront ainsi qu'il suit ; l'instructeur commandera :

1. *Tournez à gauche* (ou *à droite*).
2. MARCHE.

299. Le premier commandement sera fait lorsque le rang sera à quatre pas du point où il doit changer de direction.

300. Au commandement de *marche*, qui sera prononcé à l'instant où le rang devra tourner, le guide fera à-gauche ou à-droite en marchant, et se prolongera dans la nouvelle direction, sans ralentir ni accélérer la cadence, sans allonger ni raccourcir la mesure du pas. Tout le rang se conformera promptement, mais sans courir, à la nouvelle direction; à cet effet, chaque homme avancera l'épaule opposée au guide, prendra le pas accéléré pour se porter dans la nouvelle direction, tournera la tête et les yeux du côté du guide et joindra le coude de son voisin du même côté, en se plaçant sur l'alignement du guide, dont il prendra le pas; il replacera ensuite la tête et les yeux dans la position directe. Chaque homme arrivera ainsi successivement sur l'alignement du guide.

Observation relative à la quatrième leçon.

301. On ne fera usage dans cette leçon que du pas ordinaire. L'instructeur, afin de ne pas fatiguer les soldats et de ne pas diviser leur attention, leur fera exécuter sans armes les divers mouvemens dont cette leçon se compose, jusqu'à ce qu'ils en connaissent bien le mécanisme.

Former les faisceaux.

302. Les hommes étant formés sur trois rangs, l'instructeur les fera reposer sur les armes, puis il commandera :

Formez = LES FAISCEAUX.

303. A ce commandement, l'homme du premier rang de chaque file passera son arme devant lui, la saisissant avec la main gauche au-dessus de la grenadière, et la placera la crosse en arrière et près du pied droit de l'homme qui est à sa gauche, le canon tourné en avant. En même temps, l'homme du second rang passera son arme à celui du premier rang; celui-ci la saisira avec la main droite à 5 centimètres (2 pouces) au-dessus de la grenadière, portera la crosse à 82 centimètres (2 pieds 6 pouces) en avant du premier rang, vis-à-vis son épaule droite, inclinant vers soi le bout du fusil, et croisera les baïonnettes des deux armes. L'homme du troisième rang passera son arme à celui du second rang, qui la recevra de la main droite au-dessus de la capucine, la penchera en avant, la placera en dehors, et introduira la baïonnette, en s'aidant de la main gauche, entre et sous les branches des baïonnettes des deux autres armes. Il l'abandonnera alors à l'homme du premier rang, qui la saisira, avec la main droite, au-dessous de la grenadière, la passera en avant du rang en soulevant son arme et le faisceau avec la main gauche, et placera la crosse entre les pieds de l'homme qui est à sa droite.

304. Les hommes des trois rangs ayant pris la position du soldat sans armes, l'instructeur commandera :

1. *Rompez vos rangs.*
2. MARCHE.

Rompre les faisceaux.

305. Les trois rangs s'étant reformés en arrière de leurs faisceaux, l'instructeur commandera :

Rompez = LES FAISCEAUX.

306. A ce commandement, l'homme du premier rang de chaque file saisira son arme avec la main gauche, et celle de l'homme du second rang avec la main droite, toutes deux au-dessus de la grenadière; l'homme du second rang portera le pied droit en avant, le milieu du pied à hauteur du talon droit de l'homme du premier rang, et saisira l'arme du troisième rang avec la main droite au-dessus de la gre-

nadière : au même instant ces deux hommes soulèveront le faisceau pour le rompre ; l'homme du second rang passera l'arme de l'homme du troisième rang à ce dernier ; celui du premier rang en fera de même à l'égard de l'homme du second rang, et les trois rangs prendront la position du soldat reposé sur l'arme.

Observations.

307. Si les hommes sont sur deux rangs, on formera les faisceaux de la manière suivante.

308. L'homme du premier rang de chaque file paire exécutera ce qui a été indiqué n° 303, pour celui du premier rang d'une file sur trois rangs. L'homme du premier rang de chaque file impaire passera son arme à l'homme qui est à sa gauche, qui la placera comme il a été dit pour l'arme du second rang. L'homme du second rang de la file paire penchera son arme en avant, et introduira la baïonnette entre celles des deux autres armes. L'homme du premier rang la placera comme il a été prescrit pour l'arme du troisième rang d'une file sur trois rangs. Le faisceau formé, l'homme du second rang de la file impaire passera son arme dans la main gauche, le canon en avant, et la placera sur le faisceau, en l'inclinant.

309. Lorsqu'on voudra faire rompre les faisceaux, l'homme du second rang de chaque file impaire retireer son arme du faisceau ; celui du premier rang de la file paire saisira la sienne avec la main gauche, et celle de l'homme du premier rang de la file impaire, avec la main droite ; l'homme du second rang de la file paire saisira son arme de la main droite à la grenadière ; ces deux hommes soulèveront le faisceau pour le rompre ; l'homme du premier rang de la file impaire reprendra son arme de la main de son voisin de gauche, et les quatre hommes prendront la position du soldat reposé sur l'arme.

TITRE III.

ÉCOLE DE PELOTON.

RÈGLES GÉNÉRALES ET DIVISION DE L'ÉCOLE DE PELOTON.

1. L'instruction par peloton devant toujours précéder celle par bataillon, et ayant pour objet d'y préparer les sol-

ats, on se conformera, dans les exercices de détail des compagnies, à la progression et aux principes qui vont être prescrits ci-après.

2. On se conformera de même à ces principes pour le eloton de l'école des recrues. On y attachera un chef de eloton, un sous-officier de remplacement et des serre-files, ui seront placés comme il a été prescrit dans la formation ı bataille.

3. Il y aura en outre un officier chargé d'exercer ce peton ; il sera désigné sous le nom d'*instructeur*.

4. L'école de peloton sera divisée en six leçons, et chaue leçon comprendra cinq articles, ainsi qu'il suit :

Première leçon.

1° Ouvrir les rangs.
2° Alignemens à rangs ouverts.
3° Maniement des armes.
4° Serrer les rangs.
5° Alignemens et maniement des armes à rangs serrés.

Deuxième leçon.

1° Charge en quatre temps.
2° Charge à volonté.
3° Feu de peloton.
4° Feu de deux rangs.
5° Feux par le troisième rang.

Troisième leçon.

1° Marche en bataille en avant.
2° Arrêter le peloton marchant en bataille, et l'aligner.
3° Marche oblique en bataille.
4° Marquer le pas, marcher le pas accéléré et le pas en rière.
5° Marcher en bataille en retraite.

Quatrième leçon.

1° Marcher par le flanc.
2° Changer de direction par file.
3° Arrêter le peloton marchant par le flanc, et le remete face en tête.
4° Le peloton étant en marche par le flanc, le former r la droite ou sur la gauche par file en bataille.
5° Le peloton étant en marche par le flanc, le former ır peloton ou par section en ligne, et lui faire exécuter les droite et les à-gauche en marchant.

Cinquième leçon.

1° Rompre en colonne par section.
2° Marcher en colonne.
3° Changer de direction.
4° Arrêter la colonne.
5° Étant en colonne par section, se former à gauche o[u] á droite en bataille.

Sixième leçon.

1° Rompre et former le peloton.
2° Mettre des files en arrière, et les faire rentrer e[n] ligne.
3° Marcher en colonne de route, et exécuter les diver[s] mouvemens qui en dépendent.
4° Contre-marche.
5° Etant en colonne par section ; se former sur la droit[e] ou sur la gauche en bataille.

5. De quelque nombre de files que le peloton soit com[-]posé, il sera formé sur trois rangs lorsqu'il devra exécute[r] la première et la deuxième leçon ; mais si le nombre de files est au-dessous de seize, le peloton sera formé sur deu[x] rangs quand il devra exécuter les troisième, quatrième, cin[-]quième et sixième leçons.

6. Dans l'un et l'autre cas, l'instructeur numérotera le[s] files de la droite à la gauche, de manière que chaque homm[e] connaisse son numéro dans son rang.

7. L'instructeur sera le plus clair et le plus concis qu['il] lui sera possible dans ses explications. Il fera rectifier le[s] fautes de detail qui concernent les soldats par le chef d[e] peloton, à qui il les indiquera, s'il ne les avait pas remar[-]quées, et ne les rectifiera lui-même que lorsque le chef d[e] peloton n'aura pas bien compris ou qu'il aura mal remp[li] ses intentions.

8. Le calme et le sang-froid de celui qui commande [et] de ceux qui exécutent étant le premier moyen d'ord[re] dans une troupe, l'instructeur s'attachera à y habitu[er] celle qu'il exerce, et en donnera lui-même l'exemple.

PREMIÈRE LEÇON.

ARTICLE PREMIER.

Ouvrir les rangs.

9. Le peloton étant reposé sur les armes et aligné, afin

que les serre-files, lorsque l'instructeur voudra faire ouvrir es rangs, il fera placer les deux serre-files les plus près le la gauche à la gauche du premier et du troisième rang; e qui étant exécuté, il commandera :

1. *Garde à vous.*
2. *Peloton.*
3. *Portez* = VOS ARMES.
4. *En arrière, ouvrez vos rangs.*

10. Au quatrième commandement, le chef de peloton : sous-officier de remplacement et les deux serre-files, lacés à la gauche du premier et du troisième rang, se porront légèrement en arrière pour aller tracer l'alignement ù devront se placer les deux derniers rangs.

11. Le chef de peloton et le serre-file placé à la gauche u premier rang, se porteront sur la ligne des serre-files, t s'aligneront sur eux.

12. Le sous-officier de remplacement et le serre-file lacé à la gauche du troisième rang, se porteront à quatre as en arrière du rang des serre-files, et jugeront cette istance à l'œil sans compter les pas.

13. L'instructeur, se portant en même temps sur le flanc oit, vérifiera successivement la position des uns et des itres, pour s'assurer qu'ils soient placés parallèlement au emier rang; il la rectifiera promptement s'il est nécesire, et commandera ensuite :

5. MARCHE.

14. A ce commandement, le premier rang du peloton : bougera.

15. Les deux derniers rangs marcheront en arrière au s ordinaire sans compter les pas, et se placeront sur l'agnement déterminé pour chaque rang, en se conformant ce qui a été prescrit à l'École du soldat, n° 226.

16. Le chef de peloton alignera le second rang, et le us-officier de remplacement le troisième, sur le serre-file i ferme la gauche de chacun de ces rangs.

17. Les serre-files marcheront en arrière en même temps e le troisième rang, et se placeront à deux pas de ce ng, lorsqu'il aura été aligné.

18. Le chef de peloton et le sous-officier de remplacent ayant aligné leurs rangs respectifs, l'instructeur commandera :

6. FIXE.

19. A ce commandement, le chef de peloton et le serre-file, placés à la gauche du second rang, reprendront leu[rs] places au premier rang.

20. L'instructeur, voyant les rangs alignés, examine[ra] la position et le port d'armes des hommes du premier ran[g] et chargera le chef de peloton et le sous-officier de rem[-]placement d'examiner de même le second et le troisièm[e] rang.

ARTICLE II.

Alignemens à rangs ouverts.

21. Les rangs étant ouverts, l'instructeur fera prendr[e] dans les premiers exercices, quelques alignemens homm[e] par homme, pour faire mieux observer les principes.

22. Il fera marcher, à cet effet, les trois hommes de [la] droite ou de la gauche de chaque rang deux ou trois pas [en] avant, et, après les avoir alignés, il commandera :

Par file à droite (ou *à gauche*) = ALIGNEMENT.

23. A ce commandement, les soldats de chaque rang [se] porteront successivement sur l'alignement, chacun d'e[ux] se laissant précéder de deux pas par son voisin du côté [de] l'alignement.

24. Les alignemens successifs ayant habitué les soldats [à] s'aligner correctement, l'instructeur fera aligner les ran[gs] entiers à la fois, en avant et en arrière, dans les dire[c-]tions parallèles et obliques, en donnant toujours tr[ois] hommes pour base d'alignement à chaque rang; à cet eff[et] il commandera :

A droite (ou *à gauche*) = ALIGNEMENT ;

Ou bien :

En arrière à droite (ou *en arrière à gauche*) = ALIGNEMENT.

25. Dans les alignemens obliques à rangs ouverts, [les] hommes du second et du troisième rang ne chercheront p[as] à se mettre à leurs chefs de file, puisqu'il ne s'agit da[ns] cette instruction que d'exercer les soldats à s'aligner co[r-]rectement dans leurs rangs respectifs, dans toute espè[ce] de direction.

26. Dans ces divers alignemens l'instructeur en surve[il-]lera l'exécution au premier rang, le chef de peloton [au] second rang, et le sous-officier de remplacement au tr[oi-]sième ; ils se placeront, à cet effet, du côté de l'align[e-]ment.

27. Dans les alignemens obliques les soldats conformeront la ligne de leurs épaules à la nouvelle direction de leurs rangs, et se placeront sur l'alignement comme il a été prescrit à l'École du soldat, n° 226 ou n° 235, selon que a nouvelle direction sera en avant ou en arrière de la position primitive de leurs rangs.

28. Après chaque alignement, l'instructeur, le chef de peloton et le sous-officier de remplacement examineront, en passant devant le rang, la position et le port d'armes, afin d'habituer les soldats à ne pas se négliger sur ces objets.

ARTICLE III.

Maniement des armes.

29. Les rangs étant ouverts, l'instructeur se placera de manière à voir les trois rangs, et commandera le maniement des armes dans l'ordre qui suit :

Présenter les armes. . . . . *Porter les armes.*
Reposer sur les armes.
Poser les armes à terre.
Relever les armes. . . . . *Porter les armes.*
L'arme au bras . . . . *Porter les armes.*
Remettre la baïonnette. . . . . *Porter les armes.*
Passer l'arme sous le bras gauche. . . *Porter les armes.*
Baïonnette au canon. . . . . *Porter les armes.*
Croiser la baïonnette. . . . . *Porter les armes.*
Descendre les armes. . . . . *Porter les armes.*
Charge en douze temps.

30. L'instructeur veillera à ce que la position des pieds, u corps et de l'arme soit toujours exacte; que les temps s'exécutent vivement et près du corps. Il surveillera le premier rang; le chef de peloton surveillera le second, et le sous-officier de remplacement le troisième.

ARTICLE IV.

Serrer les rangs.

31. Le maniement des armes étant achevé, l'instructeur fera serrer les rangs; à cet effet il commandera :

1. *Serrez vos rangs.*
2. MARCHE.

32. Au commandement de *marche*, les deux derniers rangs serreront au pas ordinaire, chaque homme se dirigeant sur son chef de file.

ARTICLE V.

Alignement et maniement des armes à rangs serrés.

33. Les rangs étant serrés, l'instructeur fera prendre des alignemens parallèles et obliques, à droite et à gauche, en avant et en arrière, en observant de placer toujours d'avance trois files pour servir de base d'alignement. L'instructeur fera les commandemens prescrits ci-dessus, n° 24.

34. Dans les alignemens à rangs serrés, le chef de peloton surveillera l'alignement du premier rang, et le sous-officier de remplacement celui des deux autres; ils s'habitueront à le juger par la ligne des yeux et des épaules, en jetant un coup d'œil par devant et par derrière le rang.

35. Dès que le chef de peloton verra le plus grand nombre des hommes du premier rang aligné, il commandera FIXE, et rectifiera ensuite, s'il y a lieu, l'alignement des autres hommes par les moyens prescrits dans l'École du soldat, n° 234. Les deux derniers rangs se conformeront à l'alignement du premier, et le sous-officier de remplacement y veillera.

36. Les rangs étant immobiles, l'instructeur se portera sur le flanc pour vérifier l'alignement des trois rangs; il observera ensuite si les hommes des deux derniers rangs se sont placés correctement à leurs chefs de file.

37. Dans les alignemens obliques, l'instructeur fera observer ce qui a été prescrit ci-dessus, n° 27.

38. Dans tous les alignemens les serre-files se placeront à deux pas en arrière du troisième rang.

39. Les alignemens étant terminés, l'instructeur fera exécuter le maniement des armes.

40. L'instructeur, voulant faire reposer les soldats sans déranger l'alignement, fera d'abord porter l'arme au bras ou reposer sur les armes, et commandera:

En place=REPOS.

41. A ce commandement, les soldats ne seront plus astreints à garder l'immobilité; mais ils conserveront toujours l'un ou l'autre talon en place.

4[illegible]. Si, au contraire, l'instructeur veut faire reposer les soldats sans les astreindre à conserver l'alignement, il commandera:

REPOS.

43. A ce commandement, les soldats ne seront plus tenus à garder l'immobilité ni la position.

44. L'instructeur pourra aussi, quand il le jugera convenable, faire former les faisceaux, ce qui s'exécutera par les commandemens et les moyens prescrits à l'École du soldat.

DEUXIÈME LEÇON.

45. L'instructeur voulant passer à la deuxième leçon, fera rompre les faisceaux, s'ils ont été formés, et commandera :

1. *Garde à vous.*
2. *Peloton.*
3. *Portez* = VOS ARMES.

46. L'instructeur fera ensuite exécuter les charges et les feux dans l'ordre suivant.

ARTICLE PREMIER.

Charge en quatre temps.

47. La charge en quatre temps sera commandée et exécutée comme il a été prescrit à l'École du soldat, n° 182 et suivans. L'instructeur la fera exécuter plusieurs fois de suite, avant de passer à la charge à volonté.

ARTICLE II.

Charge à volonté.

48. La charge à volonté sera commandée et exécutée comme il a été prescrit dans l'École du soldat, n° 187.

49. Au premier temps de la charge en quatre temps ou de la charge à volonté, le chef de peloton et le sous-officier de remplacement feront un demi-à-droite comme les soldats, et se remettront face en tête lorsque le soldat qui est à côté d'eux passera l'arme à gauche.

50. L'instructeur s'attachera avec le plus grand soin à ce que, dans l'exécution des charges, les soldats se conforment aux principes prescrits n° 188, 189 et 190 de l'École du soldat.

51. La charge à volonté étant la charge du combat, et par conséquent celle qu'il importe le plus de rendre familière aux soldats, on s'y attachera de préférence dès qu'ils seront bien affermis dans les principes ; et on les amènera par degrés à charger réellement et à tirer trois coups au moins par minute avec aisance et régularité.

ARTICLE III.

Feu de peloton.

52. L'instructeur, voulant faire exécuter le feu de peloton, commandera :

1. *Feu de peloton.*
2. *Commencez le feu.*

53. Au premier commandement, le chef de peloton se portera vivement derrière le centre de son peloton, à quatre pas des serre-files : le sous-officier de remplacement reculera sur l'alignement des serres-files, vis-à-vis son créneau. Cette règle est générale dans tous les feux.

54. Au deuxième commandement, le chef de peloton commandera : 1. *Peloton ;* 2. ARMES ; 3. JOUE ; 4. FEU ; 5. CHARGEZ.

55. Au commandement de *chargez*, les soldats retireront leurs armes, les chargeront et les porteront. Le chef de peloton fera aussitôt recommencer le feu par les mêmes commandemens, et le feu continuera ainsi jusqu'au roulement.

56. Le chef de peloton fera quelquefois tirer obliquement à droite et à gauche, en observant seulement de prononcer chaque fois l'avertissement de *oblique à droite* ou de *oblique à gauche*, après le commandement de *armes* et avant celui de *joue*, et de faire tirer tantôt à droite et tantôt à gauche, sans autre avertissement : il fera aussi quelquefois le commandement de *redressez vos armes*, après celui de *joue*, afin d'habituer les soldats au calme et au sang froid, et de les rendre attentifs au commandement.

ARTICLE IV.

Feu de deux rangs.

57. L'instructeur, voulant faire exécuter le feu de deux rangs, commandera :

1. *Feu de deux rangs.*
2. *Peloton.*
3. ARMES.
4. *Commencez le feu.*

58. Les troisième et quatrième commandemens seront exécutés comme il a été prescrit à l'École du soldat, n° 20 et suivans.

59. Le feu commencera par la file de droite du peloton

a file suivante ne mettra en joue qu'au moment où celle ui vient de faire feu retirera son arme pour recharger, et insi de suite jusqu'à la gauche : mais cette progression 'aura lieu que pour le premier feu seulement, chaque omme devant ensuite charger et tirer sans se régler sur s autres, en se conformant à ce qui a été prescrit à l'Éole du soldat, n° 210 et 211.

60. L'instructeur fera cesser le feu, soit de peloton, soit e deux rangs, par un roulement, et à l'instant où le roument commencera, les soldats cesseront de tirer: s'ils vaient fait feu, ils chargeraient leurs armes et les porteient; s'ils se trouvaient dans la position d'*apprêtez vos ares*, ils feraient front, remettraient le chien au repos, et orteraient les armes; s'ils se trouvaient dans la position *joue*, ils exécuteraient d'eux-mêmes le mouvement de *dressez vos armes*, feraient front, remettraient le chien au pos, et porteraient les armes. Dans le feu de peloton, le emier rang se relèvera pour mettre le chien au repos : ans celui de deux rangs, les hommes du second et du oisième rang, après avoir mis le chien au repos, se renont réciproquement leurs armes, s'ils ne les avaient s.

61. Le roulement sera toujours suivi d'un coup de baette ; à ce signal, le chef de peloton et le sous-officier de mplacement reprendront vivement leurs places de baille, et rectifieront, s'il y a lieu, l'alignement des rangs.

Observations.

62. Dans cette Ecole, hors le cas où l'on tirerait à poue, le roulement sera indiqué par le commandement de *ulement* que prononcera l'instructeur lorsqu'il voudra faire sser le feu.

63. Le coup de baguette pour faire rentrer le chef de loton et le sous-officier de remplacement à leurs places bataille, sera également indiqué par le commandement *coup de baguette* que prononcera l'instructeur lorsqu'il rra les armes portées.

64. Le feu de deux rangs étant celui qui s'emploie le s souvent à la guerre, il importe de le rendre très famir aux troupes ; l'instructeur s'y attachera donc de préféce ; il veillera à ce qu'il s'exécute avec la plus grande réarité, ce moyen étant le plus sûr pour amener les soldats harger et à tirer avec la précision et la vitesse désiles.

ARTICLE V.

Feux par le troisième rang.

65. L'instructeur fera exécuter les feux par le troisièm rang ; à cet effet il commandera :

1. *Face par le troisième rang.*
2. *Peloton.*
3. *Demi-tour* = A DROITE.

66. Au premier commandement le chef de peloton, se tant de son créneau, se placera face à la file de droite son peloton, le sous-officier de remplacement et les serr files traverseront légèrement par le créneau du chef de p loton, et se placeront face en arrière, le sous-officier remplacement à un pas derrière le chef de peloton, l serre-files à deux pas du premier rang, vis-à-vis leurs plac de bataille, en passant par derrière le sous-officier de rer placement.

67. Au troisième commandement, qui sera fait de m nière que le peloton se trouve face en arrière au moment le dernier serre-file aura traversé le créneau, le peloton fe demi-tour à droite ; le chef de peloton se portera dans s créneau au troisième rang devenu premier, et le sous-offici de remplacement se placera derrière le chef de peloto au premier rang devenu troisième.

68. Le peloton faisant ainsi face par le troisième ran l'instructeur fera exécuter le feu de peloton direct et ob que, et le feu de deux rangs, par les commandemens pr crits dans l'article précédent ; le chef de peloton, le sous- cier de remplacement et les soldats se conformeront même à ce qui y est expliqué.

69. Dans le feu de peloton le troisième rang, deve premier, mettra le genou en terre. Le feu de deux ran commencera par la gauche du peloton, devenue droite.

70. Pour remettre le peloton face par le premier ran l'instructeur commandera :

1. *Face par le premier rang.*
2. *Peloton.*
3. *Demi-tour* = A DROITE.

71. Au premier commandement, le chef de peloton, sous-officier de remplacement et les serre-files se confo meront à ce qui est prescrit n° 66 et 67.

72. Au troisième commandement, le peloton ayant fait [d]emi-tour à droite, le chef de peloton et le sous-officier de [r]emplacement reprendront leurs places de bataille.

Observations relatives aux feux.

73. Dans cette leçon, l'instructeur habituera les trois [r]angs à viser horizontalement.

74. L'instructeur recommandera au chef de peloton de [m]ettre assez d'intervalle entre les commandemens de *joue* [et] de *feu* pour laisser aux soldats le temps de viser.

75. L'instructeur se placera de manière à voir les trois [ra]ngs, afin de pouvoir remarquer les fautes : il chargera le [ch]ef de peloton et les serre-files d'y veiller également, et [de] lui en rendre compte dans les repos. Il renverra à l'in[st]ruction individuelle les hommes qui chargeraient mal ou [qu]i se trouveraient habituellement les derniers dans le feu [du] peloton.

76. L'instructeur recommandera aux soldats le plus grand [ca]lme et le plus grand sang-froid dans les feux, sans que [ce]la nuise à la vivacité de leur exécution ; il ne négligera [rie]n pour les y habituer.

77. Il donnera pour principe général aux soldats d'être [at]tentifs à conserver dans le feu direct le talon gauche en [pl]ace, afin que l'alignement des rangs et des files ne puisse [pa]s se déranger ; et il vérifiera après le feu, en examinant [l'a]lignement, si ce principe a été observé.

78. L'instructeur ajoutera à ces observations toutes celles [qu]i ont été prescrites à l'Ecole du soldat, nos 214, 215 et 216.

79. Lorsqu'on exécutera les feux à poudre, l'instructeur [fer]a quelquefois reposer sur les armes, et mettre la ba[gu]ette dans le canon, sans ouvrir les rangs, afin de vérifier [si] quelque soldat n'a pas fait la faute de mettre trois char[ge]s dans son fusil ; et, dans ce cas, il ferait décharger [l'a]rme avec un tire-bourre.

TROISIÈME LEÇON.

ARTICLE PREMIER.

Marche en bataille en avant.

[8]0. Le peloton étant en bataille et correctement aligné, [lor]sque l'instructeur voudra l'exercer à la marche en ba[tail]le, il s'assurera que le chef de peloton et le sous-officier [de] remplacement aient leurs épaules parfaitement dans [la] direction de leurs rangs respectifs, et qu'ils soient

correctement placés l'un derrière l'autre ; il se portera en suite à vingt-cinq ou trente pas en avant d'eux, fera fac en arrière, et se placera exactement sur leur prolongemen

81. L'instructeur, étant aligné sur la file de direction commandera :

1. *Peloton en avant.*

82. A ce commandement, un des sous-officiers de serre file, désigné d'avance, se portera à six pas en avant d chef de peloton : l'instructeur, placé comme il vient d'êt prescrit, alignera correctement ce sous-officier sur le pro longement de la file de direction.

83. Le serre-file placé à six pas devant le chef de pel ton, devant être chargé de la direction, prendra, dès q sa position sera assurée, deux points à terre, dans la lig droite qui, partant de lui, irait passer entre les talons l'instructeur.

84. Ces dispositions étant faites, l'instructeur se retire et commandera :

2. MARCHE.

85. A ce commandement, le peloton partira vivemen Le sous-officier chargé de la direction observera avec plus grande précision la longueur et la cadence du pa marchera dans la direction des deux points qu'il au choisis entre lui et l'instructeur, prendra, à mesure qu avancera, et toujours un peu avant d'arriver au point plus près de lui, de nouveaux points en avant qui soie exactement dans le prolongement des deux premiers, et quinze ou vingt pas l'un de l'autre. Le chef de peloton ma chera constamment dans les traces du sous-officier char de la direction, et se maintiendra toujours à six pas de l les soldats auront la tête directe, sentiront légèrement coude de leurs voisins du côté de la file de direction, et conformeront aux principes prescrits à l'École du sold pour la marche de front.

86. L'homme placé à côté du chef de peloton, aura u attention particulière à ne jamais le dépasser ; à cet effe il tiendra toujours la ligne de ses épaules un peu en arriè mais dans la même direction que celle du chef de peloto

87. Les serre-files marcheront à deux pas en arrière, troisième rang.

88. Si les soldats perdaient le pas, l'instructeur com manderait :

Au pas.

. A ce commandement, les soldats jetteraient un coup sur le sous-officier chargé de la direction, repren- ent le pas de ce sous-officier, et replaceraient la tête :te.

Observations relatives à la marche en bataille.

. L'instructeur fera placer le chef de peloton et le -officier de remplacement tantôt à la droite et tantôt gauche du peloton.

. Le sous-officier chargé de la direction ayant la plus de influence sur la marche du peloton, l'instructeur oisira toujours parmi ceux qui ne laisseront rien à dé-, soit pour la précision du pas, soit pour l'habitude de tenir les épaules carrément, et de se prolonger sans :r dans une direction donnée.

. Si le sous-officier chargé de la direction n'observait :es principes, le peloton flotterait nécessairement, les ıts ne pourraient contracter l'habitude de faire des pas x en longueur et en vitesse, et de maintenir les épaules ment : seuls moyens d'arriver à la perfection de la che en bataille.

. L'instructeur, afin de mieux affermir les soldats dans ngueur et la cadence du pas et dans les principes de arche en bataille, fera marcher le peloton trois ou qua- ents pas de suite sans l'arrêter, lorsque le terrain le ıettra. Dans les premiers exercices, il fera marcher ıgs ouverts, pour mieux surveiller la marche des deux iers rangs; dans ce cas, il fera placer un serre-file sur anc du second rang, derrière le chef de peloton.

. L'instructeur veillera avec le plus grand soin à l'ob- tion de tous les principes de la marche en bataille : il endra le plus souvent sur le flanc du côté de la direc-, de manière à voir les trois rangs et à remarquer toutes autes; il se placera aussi quelquefois en arrière de la le direction, s'y arrêtera pendant vingt ou trente pas ııte, pour observer si le sous-officier chargé de la di- on s'écarte de la perpendiculaire.

ARTICLE II.

Arrêter le peloton marchant en bataille, et l'aligner.

. L'instructeur, voulant arrêter le peloton, comman- :

1. *Peloton.*
2. HALTE.

96. Au commandement de *halte*, le peloton s'arrê le sous-officier chargé de la direction restera devant le loton, à moins que l'instructeur, ne voulant plus faire cher en avant, ne lui commande de reprendre sa plac bataille.

97. Le peloton étant arrêté, l'instructeur pourra avancer les trois premières files du côté de la directior aligner le peloton sur cette base, ou bien il pourra se ner à faire rectifier l'alignement : dans ce dernier c commandera : *Chef de peloton, rectifiez l'alignement* ; le de peloton portera aussitôt les yeux sur le rang, et r fiera l'alignement en se conformant à ce qui a été pre à l'École du soldat, n° 234.

ARTICLE III.

Marche oblique en bataille.

98. Le peloton étant en marche directe, lorsque structeur voudra le faire marcher obliquement, il com dera :

1. *Oblique à droite* (*ou à gauche*).
2. MARCHE.

99. Au commandement de *marche*, qui sera pron conformément au principe prescrit à l'École du sol n° 49, le peloton prendra le pas oblique. Le sous-off chargé de la direction aura la plus grande attention à n tenir ses épaules carrément et à obliquer d'un mouve égal ; le chef de peloton conformera sa marche à cel ce sous-officier ; les soldats conserveront le tact des co du côté de la direction, observant exactement les pi pes prescrits à l'École du soldat, n° 242 et suivans ; l'ho placé à côté du chef de peloton aura le plus grand so ne pas le dépasser.

100. Lorsque l'instructeur voudra faire reprendre la che directe, il commandera :

1. *En avant.*
2. MARCHE.

101. Au commandement de *marche*, qui sera prono l'instant où le pied va poser à terre, le peloton repre la marche directe. L'instructeur se portera à vingt p avant du chef de peloton, fera face en arrière, se pl correctement sur le prolongement du chef de peloton

-officier de remplacement, et y placera, par un signe, ous-officier chargé de la direction, s'il n'était pas sur e ligne : ce sous-officier prendra aussitôt deux points à e entre lui et l'instructeur, et en prendra ensuite de veaux à mesure qu'il avancera, comme il a été expli- nº 85.

Observations relatives à la marche oblique.

2. Si le chef de peloton n'était pas attentif à maintenir gne de ses épaules carrément, il donnerait une fausse ction au peloton; ce qui serait contraire à l'objet essen- le la marche oblique, qui est de faire gagner du ter- sur la droite ou sur la gauche, en conservant la direc- primitive du front de bataille.

3. Si le sous-officier chargé de la direction obliquait alement, en gagnant tantôt plus, tantôt moins de ter- de côté, et si le chef de peloton se conformait à sa he, il en résulterait tour à tour de la pression et des rtures dans les files.

4. L'instructeur doit veiller avec le plus grand soin à enir ces fautes; il les rectifiera promptement, lorsqu'il marquera, et, à cet effet, il se tiendra, pendant la he oblique, en avant et face au peloton, de manière ıvoir régler la marche du sous-officier chargé de la di- on, et veiller à l'observation des principes. Il aura soin 'homme qui est à l'aile du côté vers lequel on obli- gagne assez de terrain de côté pour ne pas gêner la he du peloton. Si cet homme n'obliquait pas assez, le on crèverait; s'il obliquait trop, il se formerait des tures. Il est donc important de bien régler le pas du le peloton, ou de l'homme placé à l'aile opposée, lors- obliquera de ce côté.

. Enfin, l'instructeur doit faire continuer la marche ue long-temps de suite, afin d'en rendre la pratique aux soldats, ce qui est très important dans les mou- ns de ligne.

ARTICLE IV.

uer le pas, marcher le pas accéléré et le pas en arrière.

. Le peloton étant en marche directe au pas ordi- , l'instructeur fera marquer le pas; à cet effet il com- era :

1. *Marquez le pas.*
2. MARCHE.

107. Pour remettre le peloton en marche, il comman-dera :

1. *En avant.*
2. MARCHE.

108. Pour faire marcher au pas accéléré, l'instruc commandera :

1. *Pas accéléré.*
2. MARCHE.

109. Le commandement de *marche* sera prononcé à stant où le pied va poser à terre, et sur le pied dro le pied gauche indistinctement.

110. Pour faire reprendre le pas ordinaire, l'instruc commandera :

1. *Pas ordinaire.*
2. MARCHE.

111. Le commandement de *marche* sera prononcé à stant où le pied va poser à terre, et sur l'un ou l'autre indifféremment.

112. Le peloton étant arrêté, l'instructeur pourra marcher le pas en arrière ; à cet effet il commandera :

1. *Peloton en arrière.*
2. MARCHE.

113. Le pas en arrière s'exécutera d'après les prin prescrits dans l'École du soldat, n° 256 et 257 ; mai sage en étant peu fréquent, l'instructeur ne le fera cher que quinze ou vingt pas de suite, et seuleme temps à autre.

Observations relatives au pas accéléré.

114. L'instructeur ne devra exercer le peloton au p céléré que lorsque les soldats seront solidement aff dans la longueur et la cadence du pas ordinaire ; il s chera alors à leur rendre facile et familière la caden cent pas par minute, et à leur faire observer le n aplomb du corps et le même calme que dans la marc pas ordinaire.

115. Lorsque le peloton sera affermi dans la caden pas accéléré direct, l'instructeur lui fera marcher l oblique accéléré à droite et à gauche, ce qui s'exéc comme il est prescrit n° 99 et suivans.

116. Lorsqu'une subdivision, marchant au pas acc

evra tourner où se former en ligne, les soldats accéléreront
pas jusqu'à cent trente par minute; on fera le pas de la
ême vitesse dans la charge, et, en général, dans toutes
s circonstances qui exigent une grande célérité; mais
omme une troupe ne saurait marcher long-temps à une
lure aussi accélérée sans se désunir, le pas n'a pas dû
tre fixé à cette vitesse dans les principes de la marche;
conséquence, les troupes ne seront exercées habituelle-
ent qu'au pas accéléré de cent par minute.

ARTICLE V.

Marcher en bataille en retraite.

117. Le peloton étant arrêté et correctement aligné, lors-
e l'instructeur voudra le faire marcher en bataille en re-
aite, il commandera :

1. *Peloton.*
2. *Demi-tour* = A DROITE.

118. Le peloton ayant fait demi-tour à droite, l'instruc-
ur se portera vivement en avant de la file de direction,
se conformant à ce qui a été prescrit ci-dessus, n° 80.

119. L'instructeur, s'étant établi correctement sur le
olongement de la file de direction, commandera :

3. *Peloton en avant.*

120. A ce commandement, le sous-officier désigné pour
re chargé de la direction se conformera à ce qui a été
escrit ci-dessus, n° 82 et 83, avec cette différence qu'il
placera à six pas en avant des serre-files.

121. Le sous-officier de remplacement se portera sur
lignement des serre-files, en avant de son créneau, et le
ef de peloton le remplacera au troisième rang, devenu
emier.

122. Cette disposition étant faite, l'instructeur com-
andera :

4. MARCHE.

123. A ce commandement, le sous-officier chargé de la
ection, le chef de peloton et les soldats se conformeront
e qui a été prescrit ci-dessus, n° 85 et suivans.

124. L'instructeur fera exécuter, en marchant en bataille
retraite, tout ce qui a été prescrit ci-dessus pour la mar-
e en bataille en avant; les commandemens et moyens
xécution seront les mêmes.

125. L'instructeur, ayant arrêté le peloton, lorsqu'il v
dra le remettre face en tête, il fera les commandeme
prescrits ci-dessus, n° 117; le chef de peloton, le sous-o
cier de remplacement et le sous-officier chargé de la dir
tion reprendront leur place de bataille, dès qu'ils aur
fait demi-tour à droite.

QUATRIÈME LEÇON.

ARTICLE PREMIER.

Marcher par le flanc.

126. Le peloton étant en bataille de pied ferme, lors
l'instructeur voudra le faire marcher par le flanc droit
commandera :

1. *Peloton par le flanc droit.*
2. A DROITE.
3. *Peloton en avant.*
4. MARCHE.

127. (Pl. 11, fig. 1.) Au deuxième commandement
peloton fera à-droite; le sous-officier de remplacemen
portera devant l'homme de droite du premier rang : le c
de peloton se placera à un pas en dehors du premier ra
de manière à se trouver à côté et à la gauche du sous-c
cier de remplacement.

128. Au commandement de *marche*, le peloton par
vivement au pas ordinaire; le sous-officier de rempla
ment, placé devant l'homme de droite du premier ra
et le chef de peloton, placé à côté de ce sous-officier
dirigeront droit en avant. Les hommes du second et
troisième rang marcheront à hauteur de leurs chefs de l
en conservant la tête directe; les serre-files marchero
hauteur de leurs places de bataille

129. L'instructeur veillera à l'exécution des principes
la marche de flanc, en se plaçant pendant la marche com
il a été prescrit dans l'École du soldat, n° 264.

130. L'instructeur fera marcher par le flanc gauche,
les commandemens prescrits pour faire marcher par le fl
droit, en substituant l'indication de *gauche* à celle de *dr*

131. A l'instant où le peloton fera à-gauche, le serre
le plus près de la gauche se portera devant l'homme
gauche du premier rang; le chef de peloton, se port
vivement à la gauche, se placera à côté de ce serre-fil
à sa droite; le sous-officier de remplacement se plac

remier rang à l'instant où le chef de peloton se portera gauche.

ARTICLE II.

Changer de direction par file.

52. Le peloton étant par le flanc et de pied ferme ou en che, lorsque l'instructeur voudra faire converser par il commandera :

1. *Par file à gauche* (ou *à droite.*)
2. MARCHE.

3. (Pl. 11, fig. 2 et 3.) Au commandement de *marche*, emière file conversera : si c'est du côté du premier , l'homme de cette file qui est au premier rang aura de ne pas tourner tout-à-coup, mais de décrire un t arc de cercle, en raccourcissant un peu les trois ou re premiers pas pour donner à l'homme du troisième le temps de se conformer à son mouvement ; si c'est côté du troisième rang, l'homme du premier rang conera en marchant le pas de deux pieds, et celui du troie rang se conformera à son mouvement, en décrivant etit arc de cercle comme il vient d'être expliqué. Chafile viendra converser à la même place que celle qui récède.

34. L'instructeur veillera à ce que la conversion s'exé- d'après ces principes, afin que la distance entre les soit toujours conservée, et qu'il n'y ait ni temps d'arrêt coup dans la marche.

ARTICLE III.

ter le peloton marchant par le flanc, et le remettre face en tête.

5. Lorsque l'instructeur voudra arrêter le peloton mart par le flanc, et le remettre face en tête, il comman- :

1. *Peloton.*
2. HALTE.
3. FRONT.

6. Les deuxième et troisième commandemens s'exécut comme il a été prescrit à l'École du soldat, n° 266

7. Le chef de peloton et le sous-officier de remplace- , ainsi que le guide de gauche, si le peloton est par nc gauche, reprendront leurs places de bataille à l'insoù le peloton fera front.

137. L'instructeur pourra alors faire aligner le pelot par l'un des moyens indiqués n° 97.

ARTICLE IV.

Le peloton étant en marche par le flanc, le former sur la dr (ou sur la gauche) par file en bataille.

138. Le peloton étant en marche par le flanc droit, lo que l'instructeur voudra le former sur la droite par file bataille, il commandera :

1. *Sur la droite, par file en bataille.*
2. MARCHE.

139. (Pl. 11, fig. 4.) Au commandement de *marche* second et le troisième rang marqueront le pas; le che peloton et le sous-officier de remplacement tourneror droite, marcheront ensuite droit devant eux, et seron rêtés par l'instructeur lorsqu'ils auront dépassé de six au moins le troisième rang du peloton en marche; le de peloton se placera correctement sur la ligne de bata et dirigera l'alignement à mesure que les hommes du mier rang arriveront sur cette ligne; le sous-officier de r placement se placera derrière le chef de peloton à sa p de bataille; le soldat de droite du premier rang contin à marcher, passera derrière le sous-officier de rempla ment, tournera à droite dès qu'il l'aura dépassé, et vi dra se placer à la gauche du chef de peloton et à côté lui; le deuxième homme passera de même derrière le mier, tournera ensuite à droite et viendra se placer gauche et à côté de lui, et ainsi de suite jusqu'au der homme de ce rang; le second et le troisième rang exéc ront le mouvement de la même manière que le prem mais chaque rang ne le commencera que lorsqu'il y deux hommes du rang qui le précède déjà formés su ligne de bataille; les hommes du second et du troisi rang se placeront correctement derrière leurs chefs de à mesure qu'ils se formeront sur cette ligne.

140. Si le peloton marche par le flanc gauche, l'inst teur le fera former sur la gauche par file en bataille, près les mêmes principes et par les commandemens crits ci-dessus n° 138, en substituant l'indication de *ga* à celle de *droite*. Le chef de peloton, placé à la gauch premier rang, et le guide de gauche, se reporteront à places de bataille, dès que l'instructeur, voyant le pel formé et aligné, leur en donnera l'ordre.

141. Pour mieux faire sentir aux soldats le mécanisme de ce mouvement, l'instructeur le fera d'abord exécuter séparément par chaque rang, et ensuite par les trois rangs ensemble.

142. L'instructeur suivra le mouvement pour s'assurer que chaque file se conforme à ce qui est prescrit ci-dessus, n° 139.

ARTICLE V.

Le peloton étant en marche par le flanc, le former par peloton ou par section en ligne, et lui faire exécuter les à-droite et les à-gauche en marchant.

143. Le peloton étant en marche par le flanc droit, l'instructeur ordonnera au chef de peloton de le faire former en ligne; le chef de peloton commandera aussitôt :

1. *Par peloton en ligne.* 2. MARCHE.

144. (Pl. 11, fig. 5.) Au commandement de *marche*, le sous-officier de remplacement continuera à marcher droit devant lui; les soldats avanceront l'épaule droite, prendront le pas accéléré, et se porteront en ligne par le chemin le plus court, en observant de n'y entrer que l'un après l'autre et sans courir.

145. A mesure que les soldats arriveront en ligne, ils prendront le pas du sous-officier de remplacement.

146. Les hommes du second et du troisième rang se conformeront au mouvement de leurs chefs de file, mais sans chercher à arriver en ligne en même temps qu'eux.

147. A l'instant où le mouvement commencera, le chef de peloton fera face à son peloton pour en surveiller l'exécution : dès que le peloton sera formé, il commandera *guide à gauche*, se portera à deux pas devant le centre de son peloton, fera face en tête, et prendra le pas du peloton.

148. Au commandement de *guide à gauche* du chef de peloton, le serre-file le plus près de la gauche se portera sur le flanc gauche au premier rang, pour servir de guide; le sous-officier de remplacement, qui est à l'aile opposée, y restera.

149. Lorsque le peloton marchera par le flanc gauche, ce mouvement s'exécutera par les mêmes commandemens et d'après les mêmes principes; le peloton étant formé, le chef de peloton commandera *guide à droite*, et se portera devant le centre du peloton; le sous-officier de remplace-

ment, qui est à la droite du premier rang, servira de guide, et le serre-file placé au flanc gauche y restera.

150. Ainsi, dans une colonne par peloton, la droite ou la gauche en tête, le sous-officier de remplacement et le serre-file le plus près de la gauche de chaque peloton seron toujours placés, le premier à la droite et le second à la gauche du premier rang; ils seront dénommés *guide de droit* et *guide de gauche* du peloton, et l'un d'eux sera chargé de la direction.

151. Le peloton étant en marche par le flanc, si l'instructeur veut faire former les sections en ligne, il en donnera l'ordre au chef de peloton, qui commandera 1. *Par section en ligne.* 2. MARCHE.

152. Le mouvement s'exécutera dans chaque section d'après les mêmes principes; le chef de peloton se porter devant le centre de la première section; le chef de la seconde section se portera devant le centre de cette section en passant par l'ouverture qui se fait au centre du peloton si l'on marche par le flanc droit, et par la gauche de la section, si l'on marche par le flanc gauche: dans ce dernier cas le chef de peloton laissera filer la deuxième section pou se placer ensuite devant le centre de la première. Le chefs de peloton ou de section commanderont *guide à gauche* ou *guide à droite*, à l'instant où leurs subdivisions seron formées.

153. Au commandement de *guide à gauche* ou de *guide droite*, fait par le chef de chaque section, le guide d chacune d'elles se portera au flanc gauche ou au flanc droit s'il n'y est déjà.

154. Le guide de droite du peloton servira toujours de guide de droite et de gauche à la première section, et le guide de gauche du peloton servira également de guide d droite et de guide de gauche à la seconde section.

155. D'après ce principe, il n'y aura jamais dans un colonne par section qu'un seul guide sur le flanc de chaque section; il sera toujours placé sur le flanc gauche, si l droite est en tête, et sur le flanc droit, si la gauche es en tête.

156. Dans ces divers mouvemens les serre-files suivro la section à laquelle ils sont attachés.

157. L'instructeur pourra faire former le peloton ou l sections en ligne à son commandement; dans ce cas, fera les commandemens prescrits pour le chef de peloto n° 143 ou n° 151.

58. L'instructeur exercera le peloton à passer, sans rêter, de la marche de front à la marche de flanc et proquement. Dans l'un et l'autre cas il emploiera les mandemens prescrits n° 270 de l'École du soldat. Le ton fera à-droite ou à-gauche en marchant, et le chef peloton, les guides et les serre-files se conformeront à qui leur est prescrit pour la marche de flanc ou pour la che de front d'un peloton supposé faire partie d'une nne.

59. Si, après avoir fait à-droite ou à-gauche en marat, le peloton se trouve par le troisième rang, le chef peloton se placera à deux pas derrière le centre du prer rang, les guides passeront au troisième rang, et les e-files marcheront devant ce rang.

CINQUIÈME LEÇON.

ARTICLE PREMIER.

Rompre en colonne par section.

60. L'instructeur, voulant faire rompre par section à te, commandera :

1. *Par section à droite.*
2. MARCHE.

61. (Pl. 12, fig. 1.) Au premier commandement, les s de section se porteront à deux pas devant le centre eurs sections, celui de la seconde section passant à cet par le flanc gauche du peloton. Ils ne s'occuperont de s'aligner l'un sur l'autre ; il leur suffira de se placer ux pas devant le premier rang. Le sous-officier de remement prendra la place du chef de peloton au premier

62. Au commandement de *marche*, l'homme de droite premier rang de chaque section fera à-droite, le sousier de remplacement ne bougera pas; le chef de chasection se portera vivement, par la ligne la plus courte, ehors du point où devra appuyer l'aile marchante, fera en arrière, et se placera de manière que la ligne qu'il e avec l'homme de droite du premier rang soit perdiculaire à celle qu'occupait le peloton en bataille; les ions converseront par le principe des conversions de ferme; et lorsque l'homme qui conduit l'aile marte sera près d'arriver sur la perpendiculaire, le chef haque section commandera ; 1. *Section.* 2, HALTE.

163. Au commandement de *halte*, qui sera fait à l'inst où l'homme qui conduit l'aile marchante sera arrivé à t pas de la perpendiculaire, la section s'arrêtera ; le so officier de remplacement se portera au point où devra puyer la gauche de la première section, passant à cet e par-devant le premier rang ; le serre-file le plus près d gauche du peloton se portera au point où devra appuye gauche de la deuxième section. Ils observeront, l'un l'autre de laisser entre eux et l'homme de droite de leur tion l'espace nécessaire pour contenir le front de la secti le chef de peloton et le chef de la seconde section y ve ront, et auront soin de les aligner entre eux et l'homm leur section qui aura fait à-droite.

164. Le guide de chaque section étant ainsi établi la perpendiculaire, les chefs de section se placeront à d pas en dehors de leurs guides, et commanderont : *gauche* = ALIGNEMENT.

165. L'alignement étant achevé, chaque chef de sec commandera FIXE, et se portera à deux pas devant le ce de sa section.

166. Les serre-files se conformeront au mouvemen leurs sections respectives, et se placeront à deux pas rière le troisième rang.

167. On rompra par section à gauche d'après les mê principes ; l'instructeur commandera :

1. *Par section à gauche.*
2. MARCHE.

168. Le premier commandement s'exécutera de la m manière que pour rompre par section à droite.

169. Au commandement de *marche*, l'homme de che du premier rang de chaque section fera à-gauch les sections converseront à gauche d'après les prin des conversions de pied ferme : les chefs de section se formeront à ce qui a été prescrit ci-dessus, n° 162 et

170. Au commandement de *halte* du chef de chaque tion, le sous-officier de remplacement, placé à la d du premier rang de la première section, et le serre-f plus près de la gauche de la seconde section, se port au point où doit appuyer la droite de chacune de ces tions. Les chefs des sections les aligneront entre e l'homme de gauche du premier rang de leurs section pectives, et commanderont : *A droite* = ALIGNEMENT.

171. Les sections étant alignées, chaque chef de se

mmandera FIXE, et se portera devant le centre de sa
ction.

Observations.

172. L'instructeur, placé en avant du peloton, observera le mouvement s'exécute d'après les principes prescrits -dessus; si les sections, après avoir rompu en colonne, nt placées perpendiculairement à la ligne qu'occupait le eloton en bataille, et si le guide qui s'est porté au point devra aboutir l'aile de sa section, a laissé entre lui et omme de droite (ou de gauche) du premier rang l'es-ace nécessaire pour contenir le front de la section.

173. Les sections ayant rompu, si le guide de la dernière couvrait pas exactement le guide qui le précède, il ne erchерait à reprendre la direction que lorsque la colonne mettrait en marche, à moins que l'instructeur, voulant mettre le peloton immédiatement en bataille, ne jugeât écessaire de rectifier la direction des guides; ce qui s'exé-terait comme il sera expliqué ci-après dans l'article 5 de tte leçon.

174. L'instructeur observera que l'homme de droite (ou omme de gauche) de chaque section, qui, au comman-ment de *marche*, aura fait à-droite ou à-gauche, étant le ritable pivot de la conversion, l'homme du premier rang acé à côté de lui doit gagner un peu de terrain en avant, conversant, de manière à démasquer le pivot.

ARTICLE II.

Marcher en colonne.

175. (Pl. 12, fig. 2.) Le peloton étant rompu par sec-on, la droite en tête, lorsque l'instructeur voudra faire archer la colonne, il se portera à vingt-cinq ou trente pas avant de la tête, fera face aux guides, se placera correc-ment sur leur direction, et avertira celui de la tête de endre des points à terre.

176. L'instructeur étant ainsi placé, le guide de la pre-ière section prendra deux points à terre sur la ligne droite i, partant de lui, irait passer entre les talons de l'in-ucteur.

177. Ces dispositions étant faites, l'instructeur se reti-ra et commandera :

1. *Colonne en avant.*
2. *Guide à gauche.*
3. MARCHE.

178. Au commandement de *marche*, qui sera vivemen répété par les chefs de section, les chefs de section, et le guides enlèveront, par un pas décidé, la marche de leur sections, afin qu'elles partent vivement et au même instan

179. Les soldats sentiront légèrement le coude de leur voisins du côté du guide, et se conformeront en marchan aux principes prescrits à l'École du soldat, n° 240. L'homm de chaque section, placé à côte du guide, observera de n jamais le déborder, et se tiendra toujours a environ 16 cen timètres (6 pouces de lui, pour éviter de le pousser hors d la direction.

180. Le guide de la tête observera avec la plus granc précision la longueur et la cadence du pas, et assurera direction de sa marche par les moyens prescrits ci-dessus n° 85.

181. Le guide suivant marchera exactement dans la tra du guide de la tête, en observant entre ce guide et lui u distance exactement égale à l'étendue du front de sa se tion, et en marchant le même pas que ce guide.

182. Si le guide de la seconde section perd sa distan (ce qui ne pourra arriver que par sa faute), il ne doit reprendre que peu à peu, soit en alongeant, soit en ra courcissant insensiblement le pas, afin qu'il n'y ait jam ni temps d'arrêt, ni à-coup dans la marche.

183. Si le guide de la seconde section, ayant négligé c marcher exactement dans la trace du guide qui le précéd s'est jeté sensiblement en dehors de la direction, il rem diera à cette faute en avançant plus ou moins l'épaule ga che, de manière à regagner peu à peu la direction, af d'éviter l'inconvénient du pas oblique, qui ferait perdre distance. Si, au contraire, le guide s'est jeté sensibleme en dedans de la direction, il y remédiera par les moye inverses : dans l'une et l'autre supposition, le chef de se tion veillera à ce que les soldats se conforment au mouv ment du guide.

184. Si le peloton avait rompu par section à gauch l'instructeur, pour mettre la colonne en marche, comma derait :

1. *Colonne en avant.*
2. *Guide à droite.*
3. MARCHE.

Observations relatives à la marche en colonne.

185. Si les chefs de section et les guides négligeaient d'e

ver vivement leur section, et de décider la marche dès premier pas, la marche commencerait par être incer-ine; le pas et les distances se perdraient.

186. Si le guide de la tête ne marchait point un pas égal, marche de sa section et de celle qui la suit serait incer-ine; il y aurait du flottement, des temps d'arrêt et des coups.

187. Si le guide de la tête n'était pas habitué à se pro-oger, sans varier, sur une direction donnée, il décrirait ns sa marche une ligne courbe, et la colonne serpente-it.

188. Si le guide suivant n'était pas habitué à marcher ns la trace du guide qui le précède, il perdrait à tout oment sa distance, dont la conservation est le principe plus important de la marche en colonne.

189. Le guide de chaque section sera responsable de la stance, de la direction et du pas; le chef de section le a de l'ordre et de l'ensemble dans sa section : en consé-ence il se retournera souvent pour y veiller.

190. L'instructeur, placé sur le flanc du côté du guide, illera à l'exécution de tous les principes prescrits; il se cera aussi quelquefois en arrière des guides, s'alignera rectement sur eux, et laissera marcher la colonne vingt trente pas de suite, pour vérifier si le guide de la tête s'écarte pas de la direction, et si le guide suivant mar-e exactement dans la trace du premier.

91. Toutes les fois qu'on sera rompu en colonne, les efs des subdivisions répéteront les commandemens de *rche* et de *halte* de l'instructeur, à l'instant même où ils parviendront, et sans se régler l'un sur l'autre; ils ne éteront aucun autre commandement, et avertiront seu-ent leurs subdivisions du mouvement qu'elles devront cuter.

ARTICLE III.

Changer de direction.

92. (Pl. 12, fig. 3.) La colonne étant en marche, la ite en tête, si l'instructeur veut lui faire changer de di-tion à gauche, il en donnera l'ordre au chef de la pre-ne section, et se portera aussitôt de sa personne ou erra un jalonneur au point où le mouvement devra com-ncer; l'instructeur ou le jalonneur s'y placera sur la di-ion des guides, de manière à présenter la poitrine au c de la colonne.

193. Le guide de la tête se dirigera sur l'instructeur ou s le jalonneur placé au point où l'on doit changer de dire tion, de manière que son bras gauche rase la surface de poitrine de ce jalonneur; et lorsqu'il sera près d'arriver à hauteur, le chef de section commandera : 1. *Tourne gauche.* 2. MARCHE.

194. Le premier commandement sera fait lorsque la s tion sera à quatre pas du jalonneur.

195. Au commandement de *marche*, qui sera prono à l'instant où le guide arrivera à hauteur du jalonneur guide ou la section tourneront à gauche, en se conform à ce qui est prescrit à l'École du soldat, n° 300.

196. Le guide de la première section, ayant tour prendra des points à terre dans la nouvelle direction, de mieux assurer sa marche.

197. La seconde section continuera à marcher droit vant elle, son guide se dirigeant de manière à raser la face de la poitrine de l'instructeur ou du jalonneur p au point où l'on doit changer de direction; arrivée à l teur de ce dernier, la seconde section tournera à ga par les mêmes commandemens et d'après les mêmes p cipes que la première.

198. (Pl. 12, fig. 4.) Lorsque l'instructeur voudra f changer de direction du côté opposé au guide, il en d nera l'ordre au chef de la première section, et ira aus de sa personne ou enverra un jalonneur au point où le c gement de direction devra s'exécuter; ce jalonneu placera comme il a été expliqué pour changer de direc du côté du guide.

199. Le guide de la première section se dirigera co il a été prescrit ci-dessus, n° 193; et lorsqu'il sera a à quatre pas du point où l'on doit converser, le che section commandera :

1. *A droite conversion.* 2. MARCHE.

200. Au commandement de *marche*, qui sera pron à l'instant où le guide arrivera au point de conversio section conversera à droite en se conformant à ce qui prescrit à l'École du soldat, n° 294.

201. La conversion étant achevée, le chef de se commandera : 3. *En avant.* 4. MARCHE.

202. Ces commandemens seront prononcés et exé comme il a été prescrit à l'École du soldat, n° 296 et

203. La seconde section continuera à marcher droi

nt elle, le guide de cette section ayant attention de se
riger sur l'instructeur ou le jalonneur; cette section con-
rsera à droite, à la même place et par les mêmes com-
andemens et les mêmes moyens que la première section;
e reprendra de même la marche directe.

204. Les changemens de direction dans une colonne, la
iche en tête, s'exécuteront d'après les mêmes principes
par les moyens inverses.

servations relatives aux changemens de direction en colonne.

205. Il est très important, pour la conservation des dis-
ces et de la direction, que toutes les subdivisions exé-
ent leur changement de direction précisément à la mê-
place que la première : c'est pour cette raison que l'in-
icteur doit se porter (ou envoyer un jalonneur) un peu
vance au point où l'on doit changer de direction, et
'il a été prescrit aux guides de se diriger sur lui, et aux
fs de subdivision de ne faire commencer le mouvement
'à l'instant où leur guide rase la surface de la poitrine de
structeur ou du jalonneur.

206. Le chef de chaque subdivision aura soin de la faire
iver carrément sur le terrain où elle devra changer de
ection : à cet effet, il se tournera face à sa subdivision,
que celle qui la précède commencera à tourner ou à
verser, afin de veiller à ce qu'elle continue à marcher
rément jusqu'au point où elle devra changer de direction.

207. Si, dans les changemens de direction du côté op-
é au guide, le pivot de la subdivision qui converse ne
ageait pas le point de conversion, la subdivision suite serait arrêtée, et les distances se perdraient; car le
de qui conduit l'aile marchante ayant à parcourir envi-
une fois et demie l'étendue du front de la subdivision,
e qui suit immédiatement serait déjà arrivée au point
elle devra converser, tandis que la subdivision qui con-
se aurait encore à parcourir la moitié de l'étendue de
front, et serait obligée de marquer le pas jusqu'à ce
la subdivision qui la précède eût achevé sa conversion:
te dernière parcourant ensuite en avant une fois et de-
l'étendue de son front, pendant que celle qui la suit
cuterait sa conversion, il en résulterait, si le pivot était
, qu'il y aurait autant de temps d'arrêt successifs,
ins un, que de subdivisions dans la colonne, et que la
nière subdivision se trouverait, au moment où elle au-
achevé sa conversion, trop éloignée de celle de la tête,

de la moitié de l'étendue du front qu'occuperait la colo en bataille, moins le front de la première subdivision. C pour remédier à ces inconvéniens qu'on a prescrit au vot de faire l: pas de 22 centimètres (8 pouces), afin ne point arrêter la subdivision suivante. Les chefs des divisions, devant veiller avec le plus grand soin à l'ex tion de ce principe, se tourneront face à leurs sub sions, et avertiront le pivot d'alonger ou de raccourc pas, selon qu'ils le jugeront nécessaire. Par la nature d mouvement, le centre de la subdivision doit cintrer un en arrière.

208. Les guides ne doivent jamais altérer la longuer la cadence du pas, soit que le changement de directio lieu du côté du guide, ou bien du côté opposé.

209. Le jalonneur placé au point de conversion pré tera toujours la poitrine au flanc droit de la colonne, s a la droite en tête, et au flanc gauche, si la gauche es tête. L'instructeur veillera avec le plus grand soin à l'ol vation de tous les principes prescrits ci-dessus, à ce chaque subdivision ne commence son mouvement l'instant où le guide, rasant la surface de la poitrin jalonneur, sera près de le dépasser; et à ce que, dan changemens de direction du côté opposé au guide, marchante ne décrive pas un trop grand arc de cercle, de ne pas se jeter en dehors de la nouvelle direction.

ARTICLE IV.

Arrêter la colonne.

210. La colonne étant en marche, lorsque l'instru voudra l'arrêter, il commandera :

1. *Colonne.*
2. HALTE.

211. Au commandement de *halte*, vivement répét les chefs de section, la colonne s'arrêtera; les guide bougeront plus, quand même ils n'auraient pas leurs tances, et ne se trouveraient pas sur la direction.

Observations relatives à ce qui est prescrit pour arrêter colonne.

212. Si le commandement de *halte* n'était pas r avec la plus grande vivacité, et exécuté au même ins les distances se perdraient.

213. Si un guide, ayant perdu sa distance, chercha reprendre après le commandement de *halte*, il ne

là que rejeter sa faute sur le guide suivant, qui, s'il a
[illegible] marché, se trouverait alors n'avoir plus sa distance;
[illegible] dernier voulait à son tour reprendre la sienne, le même
[illegible]uvement se propagerait successivement jusqu'à la queue
[illegible]a colonne.

ARTICLE V.

[illegible]nt en colonne par section, se former à gauche ou à droite en bataille.

[illegible]14. (Pl. 12, fig. 5.) L'instructeur, ayant arrêté la co-
[illegible]ne supposée avoir la droite en tête, et voulant la former
[illegible]bataille, se portera aussitôt à distance de section en
[illegible]nt du guide de la tête, lui fera face, et rectifiera, s'il y
[illegible]eu, la position du guide suivant; ce qui étant exécuté,
[illegible]mmandera :

A gauche = ALIGNEMENT.

[illegible]15. A ce commandement, qui ne sera point répété par
[illegible]chefs de section, chacun d'eux se portera vivement à
[illegible]iron deux pas en dehors de son guide, et dirigera l'ali-
[illegible]ment de sa section perpendiculairement à la direction
[illegible]a colonne.

[illegible]16. Les chefs de section, ayant aligné leurs sections res-
[illegible]tives, commanderont FIXE, et se porteront légèrement
[illegible]ant le centre de leurs sections.

[illegible]7. Cette disposition étant faite, l'instructeur comman-
[illegible] :

1. *A gauche en bataille.*
2. MARCHE.

[illegible]8. Au commandement de *marche*, vivement répété
[illegible] les chefs de section, l'homme de gauche du premier
[illegible] de chaque section fera à-gauche, appuiera légèrement
[illegible]poitrine contre le bras droit du guide placé à côté de lui,
[illegible]el ne bougera pas; les sections converseront à gauche
[illegible] le principe des conversions de pied ferme, et en se con-
[illegible]nant à ce qui a été prescrit n° 174. Chaque chef de sec-
[illegible] se tournera face à sa section pour y veiller, et lorsque
[illegible]roite de la section sera près d'arriver sur la ligne de ba-
[illegible]e, il commandera : 1. *Section.* = 2. HALTE.

[illegible]9. Le commandement de *halte* sera fait de manière à
[illegible]ter la section lorsque son guide arrivera à trois pas de la
[illegible]e de bataille.

[illegible]0. Le chef de la seconde section, ayant arrêté sa sec-
[illegible], se portera en serre-file.

221. Le chef de peloton, ayant arrêté la première s
tion, se portera légèrement sur la ligne de bataille, au p
où devra appuyer la droite du peloton, et commande
A droite = ALIGNEMENT.

222. A ce commandement, les deux sections se pl
ront sur l'alignement ; l'homme de droite de la premi
qui correspond à l'instructeur établi sur la direction
guides, appuiera légèrement sa poitrine contre le
gauche de ce dernier ; le chef de peloton dirigera l'ali
ment sur l'homme de gauche du peloton.

223. Le peloton étant aligné, le chef de peloton c
mandera : FIXE.

224. L'instructeur, voyant le peloton en bataille, c
mandera:

Guides = A VOS PLACES.

225. A ce commandement, le sous-officier de rempl
ment se portera derrière le chef de peloton, et le guid
la seconde section se portera en serre-file.

226. La colonne ayant la gauche en tête, lorsque
structeur voudra la former à droite en bataille, il se pla
à distance de section en avant et face au guide de la t
et rectifiera, s'il le juge nécessaire, la position du g
suivant ; ce qui étant exécuté, il commandera :

1. *A droite en bataille.*
2. MARCHE.

227. Au commandement de *marche*, l'homme de d
du premier rang de chaque section fera à-droite, et app
légèrement sa poitrine contre le bras gauche du guide
à côté de lui, lequel ne bougera pas ; chaque section
versera à droite et sera arrêtée par son chef, lorsque
marchante sera près d'arriver sur la ligne de bataille ;
effet, les chefs de section commanderont : 1. *Sectio*
2. HALTE.

228. Le commandement de halte sera fait de mani
arrêter la section lorsque son guide arrivera à trois pas
ligne de bataille.

229. Le chef de la seconde section, ayant arrêté sa
tion, se portera en serre-file.

230. Le chef de peloton, ayant arrêté la première sec
se portera légèrement à la gauche du peloton, obse
de s'y placer sur la ligne de bataille, au point où devr
puyer l'homme de gauche, et commandera : *A gauc*
ALIGNEMENT.

231. A ce commandement, les deux sections se place-
ont sur l'alignement; l'homme de gauche de la seconde
ection, qui correspond à l'instructeur, appuiera légèrement
a poitrine contre son bras droit, et le chef de peloton diri-
era l'alignement sur l'homme de droite du peloton.

232. Le peloton étant aligné, le chef de peloton com-
andera : FIXE.

233. L'instructeur commandera ensuite : *Guides* = A VOS
LACES.

234. A ce commandement, le chef de peloton se portera
la droite de son peloton, le sous-officier de remplace-
ent derrière le chef de peloton au troisième rang, et le
uide de la seconde section en serre-file.

bservations relatives au mouvement de se former à gauche ou à droite en bataille.

235. L'instructeur pourra se dispenser de faire le com-
andement de *à gauche* (ou *à droite* = ALIGNEMENT, avant
commander *à gauche* (ou *à droite*) *en bataille*, à moins
ue, par la rectification des guides, il ne soit devenu né-
essaire que les sections appuient à droite ou à gauche.

236. L'instructeur, avant de commander *à gauche* (ou *à
oite*) *en bataille*, doit s'assurer que la dernière section
t exactement sa distance. Cette attention est importante
our habituer les guides à ne jamais se négliger sur ce point
sentiel.

SIXIÈME LEÇON.

ARTICLE PREMIER.

Rompre et former le peloton.

Rompre le peloton.

237. Le peloton étant en marche au pas cadencé, et
pposé faire partie d'une colonne la droite en tête, lors-
ue l'instructeur voudra le faire rompre par section, il en
onnera l'ordre au chef de peloton, qui commandera :
Rompez le peloton, et se portera aussitôt devant le centre
la première section.

238. (Pl. 13, fig. 1.) Au commandement de *rompez le
loton*, le chef de la seconde section se portera devant le
ntre de sa section, et commandera : *Marquez le pas.*

239. Le chef de peloton commandera ensuite : 2. MARCHE.

240. La première section continuera à marcher droit de-

vant elle, le sous-officier de remplacement se portera a flanc gauche de cette section, en passant par-devant premier rang.

241. Au commandant de *marche* du chef de peloton, seconde section marquera le pas; le chef de cette secti commandera aussitôt : 1. *Oblique à droite.* 2. MARCHE. dernier commandement sera fait de manière que la secon section commence à obliquer dès qu'elle aura été dépass par le troisième rang de la première.

242. Le guide de la deuxième section étant près d'ar ver dans la direction de celui de la première, le chef de seconde section fera le commandement de *en avant*, et c lui de MARCHE a l'instant où le guide de la section couvri celui de la première.

243. Dans une colonne la gauche en tête, on rompra peloton par les moyens inverses, en appliquant à la pr mière section tout ce qui a été prescrit pour la deuxièm et réciproquement.

244. Dans cette supposition, le guide de gauche du p loton se portera au flanc droit de la deuxième section; sous-officier de remplacement, placé au flanc droit de première section, y restera.

Former le peloton.

245. La colonne étant en marche par section, la dro en tête, lorsque l'instructeur voudra faire former le peloto il en donnera l'ordre au chef de peloton, qui comma dera : 1. *Formez le peloton.*

246. (Pl. 13, fig. 2.) Après avoir fait ce command ment, le chef de peloton commandera aussitôt : 1. *Pr mière section.* 2. *Oblique a droite.*

247. Le chef de la seconde section la préviendra qu'e devra continuer à marcher droit devant elle.

248. Le chef de peloton commandera ensuite : 2. MARC

249. A ce commandement, répété par le chef de la conde section, la première obliquera a droite pour dém quer la seconde; le sous-officier de remplacement, pl au flanc gauche de cette section, se portera au flanc dro en passant par-devant le premier rang.

250. Lorsque la première section sera près de démasq la seconde, le chef de peloton commandera : 1. *Marque pas*, et à l'instant où elle l'aura démasquée il comma dera : 2. MARCHE. La première section, cessant alors d bliquer, marquera le pas.

251. Pendant ce temps, la seconde section continuera marcher droit en avant; et, lorsqu'elle sera près d'arri-er à hauteur de la première, le chef de peloton com-andera : *En avant*, et à l'instant où les deux sections se uniront, il commandera MARCHE; la première section ces-ra alors de marquer le pas.

252. Dans une colonne la gauche en tête, on formera le loton par les moyens inverses, en appliquant à la deuxième ction ce qui a été prescrit pour la première, et récipro-uement.

253. Le guide de la deuxième section, placé au flanc roit de cette section, se portera au flanc gauche dès qu'elle ommencera à obliquer; le guide de la première, placé flanc droit de cette section, y restera.

254. L'instructeur fera aussi quelquefois rompre et for-er le peloton à son commandement. Il fera alors les com-andemens de 1. *Rompez* ou *formez le peloton.* 2. MARCHE.

bservations relatives au mouvement de rompre et de former le peloton.

255. Si, en rompant le peloton, la section qui doit mpre marquait le pas trop long temps, elle pourrait ar-ter la marche du peloton suivant, ce qui ferait alonger la lonne.

256. En rompant et en formant le peloton, il est néces-re que les sections alongent bien le pas en obliquant, ur éviter de perdre du terrain, et pour ne pas arrêter la arche de la subdivision suivante.

257. Si, en rompant ou en formant le peloton, les sec-ns obliquaient trop long-temps, elles seraient obligées bliquer ensuite en sens contraire pour réparer cette faute, par là le peloton suivant pourrait se trouver arrêté dans marche.

258. Lorsque, dans une colonne de plusieurs pelotons, rompra les pelotons successivement, il est de la plus ande importance que chaque peloton continue à marcher même pas, sans le raccourcir ni le ralentir, pendant que ui qui le précède rompt, quand même il serait obligé serrer entièrement sur ce dernier : cette attention est dispensable pour prévenir l'alongement de la colonne.

259. Des fautes peu sensibles dans une colonne d'un pe-nombre de pelotons, auraient des inconvéniens graves ns une colonne de plusieurs bataillons : ainsi l'instruc-ur doit veiller avec le plus grand soin à l'observation des

principes prescrits; à cet effet, il se placera sur le flanc côté de la direction d'où il pourra le mieux apercevoir t les mouvemens.

ARTICLE II.

Étant en colonne, mettre des files en arrière et les fair rentrer en ligne.

260. Le peloton étant en marche, et supposé faire p tie d'une colonne, lorsque l'instructeur voudra faire m tre des files en arrière, il en donnera l'ordre au chef de loton, qui se tournera aussitôt face à son peloton, et co mandera : 1. *Une file de gauche* (ou *de droite*) *en arri* 2. MARCHE.

261. (Pl. 14, fig. 1.) Au commandement de *marche* première file de gauche (ou la première file de droite) peloton marquera le pas, et les autres continueron marcher en avant; l'homme du troisième rang de c file se portera, aussitôt que le troisième rang du peloton l'a dépassé, à droite si c'est une file de gauche, à gauch c'est une file de droite, et se placera derrière la troisiè file de ce côté; l'homme du second rang se portera de mé derrière la deuxième file, et celui du premier rang derri la première à l'instant où le troisième rang du peloton dépassera. Chaque homme se portera à la place qui lui indiquée en avançant un peu l'épaule extérieure, et ay la plus grande attention à ne pas perdre de distance.

262. L'instructeur voulant faire rompre encore une du même côté, en donnera l'ordre au chef de peloton dernier fera les commandemens indiqués ci-dessus.

263. Au commandement de *marche* fait par le che peloton, la file déjà rompue, avançant un peu l'ép extérieure, gagnera l'espace d'une file à droite, si ce des files de gauche, et à gauche si ce sont des files de dr en raccourcissant le pas, afin de faire place, entre elle troisième rang du peloton, à la file qui doit se porte arrière; celle-ci rompra de la même manière, que la mière.

264. L'instructeur fera diminuer ainsi successiveme front du peloton de tel nombre de files qu'il voudra faisant toujours rompre de nouvelles files du même côt

265. Lorsque l'instructeur voudra faire rentrer des en ligne, il en donnera l'ordre au chef de peloton, qui mandera aussitôt : 1. *Une file de gauche* (ou *de droite* *ligne.* 2. MARCHE.

266. Au commandement de *marche*, la première file de celles qui marchent par le flanc rentrera vivement en ligne, et les files suivantes gagneront, en avançant l'épaule droite, l'espace d'une file à gauche, si c'est par la gauche qu'on a mis les files en arrière, ou gagneront, en avançant l'épaule gauche, l'espace d'une file à droite, si c'est par la droite qu'on a mis les files en arrière.

267. Le chef de peloton, faisant face à son peloton, veillera à l'observation des principes qui viennent d'être prescrits.

268. L'instructeur, ayant ainsi fait rompre les files l'une après l'autre, et les ayant fait rentrer en ligne de même, fera rompre deux ou trois files ensemble; les files désignées marqueront le pas; chaque rang avancera un peu l'épaule extérieure, à mesure que le troisième rang du peloton l'aura dépassé, obliquera à la fois et se placera derrière l'une des trois files voisines, comme si le mouvement s'était exécuté file par file, en observant de ne pas perdre de distance.

269. L'instructeur ordonnera ensuite au chef de peloton de faire rentrer en ligne deux ou trois files à la fois; les files désignées se porteront en ligne vivement et par le chemin le plus court.

270. Toutes les fois qu'on mettra des files en arrière, le guide qui est au flanc du peloton appuiera à droite ou à gauche, à mesure que le front diminuera, de manière à se trouver toujours à côté du premier homme de ceux qui marchent de front; il appuiera en sens contraire à mesure qu'on fera rentrer des files en ligne.

Observations relatives au mouvement de faire mettre des files en arrière et de les faire rentrer en ligne.

271. Il est nécessaire, pour la conservation des distances dans les colonnes, d'habituer les soldats, dans les écoles de détail, à exécuter ces mouvemens avec précision.

272. Si, lorsqu'on fait rompre de nouvelles files, elles n'alongeaient pas bien le pas en obliquant; si, lorsqu'on fait rentrer des files en ligne, elles ne s'y portaient pas vivement, elles arrêteraient dans l'un et l'autre cas les files suivantes, ce qui ferait perdre la distance, et occasionerait par là l'alongement de la colonne.

273. L'instructeur se placera sur le flanc du peloton du côté où ces mouvemens s'exécuteront, pour s'assurer de l'exacte observation des principes.

274. On ne fera mettre des files en arrière que du côté

de la direction, afin que le peloton puisse passer facilement de la marche de front à celle de flanc.

ARTICLE III.

Marcher en colonne de route, et exécuter les divers mouvemens qui en dépendent.

275. La vitesse du pas de route sera de cent par minute cette vitesse devra être habituellement celle des colonne en route, lorsque la nature du pays et des chemins le permettra.

276. Le peloton étant de pied ferme, et supposé faire partie d'une colonne, lorsque l'instructeur voudra le mettre en marche au pas de route, il commandera :

1. *Colonne en avant.*
2. *Guide à gauche* (ou *à droite*).
3. *Pas de route.*
4. MARCHE.

277. Au commandement de *marche*, répété par le chef de peloton, les trois rangs partiront ensemble; les deux derniers prendront, en marchant, environ 70 centimètres (26 pouces) de distance entre eux et le rang qui les précède respectivement; cette distance sera mesurée de la poitrine des hommes de chaque rang au havresac des hommes du rang qui les précède. Les soldats mettront ensuite d'eux-mêmes l'arme à volonté, de la manière indiquée à l'École du soldat, nº 159. Ils ne seront plus tenus à marcher du même pied, ni à observer le silence. Les files marcheront à l'aise; mais on aura attention que les rangs ne se confondent pas, que les hommes du premier rang ne dépassent jamais le guide, et que les deux derniers rangs ne prennent pas trop de distance.

278. Le peloton étant en marche au pas de route, l'instructeur lui fera changer de direction du côté du guide ou du côté opposé, ce qui s'exécutera sans commandement et à l'avertissement seulement du chef de peloton; le second et le troisième rang viendront successivement changer de direction à la même place que le premier; chaque rang se conformera, quoiqu'au pas de route, aux principes qui ont été prescrits pour changer de direction à rangs serrés, avec cette seule différence que, dans les changemens de direction sur le côté opposé au guide, l'homme qui est au pivot au lieu de faire le pas de 22 centimètres (8 pouces), l

fera de 33 centimètres (1 pied), afin de dégager le point de conversion.

279. Le peloton étant en marche au pas de route, lorsque l'instructeur voudra le faire marcher au pas cadencé, il lui fera porter l'arme sur l'épaule droite et commandera :

1. *Pas accéléré.*
2. MARCHE.

280. Au second commandement, les soldats prendront le pas cadencé et serreront de manière à avoir 41 centimètres (15 pouces) de distance entre chaque rang.

281. Le peloton marchant au pas cadencé, lorsque l'instructeur voudra le faire marcher au pas de route, il commandera :

1. *Pas de route.*
2. MARCHE.

282. Au commandement de *marche*, le premier rang continuera à marcher le pas de 65 centimètres (2 pieds); le second et le troisième rang prendront, en raccourcissant un peu le pas, la distance de 70 centimètres (26 pouces), qui doit les séparer respectivement du rang qui les précède, et les soldats porteront l'arme à volonté.

283. Le peloton étant en marche au pas de route, l'instructeur, supposant la nécessité de le faire marcher par le flanc dans la même direction, lui fera porter l'arme au bras, prendre le pas accéléré, et commandera :

1. *Peloton par le flanc droit* (ou *gauche*).
2. *Par file à gauche* (ou *a droite*).
3. MARCHE.

284. Au commandement de *marche*, le peloton fera à-droite ou à-gauche, le chef de peloton se portera à côté de celui des deux guides qui doit se trouver en tête du peloton; ce guide conversera aussitôt à gauche ou à droite; toutes les files viendront successivement converser à la même place que le guide, et s'il se trouvait des files en arrière, elles converseraient de manière à suivre le mouvement du peloton.

285. (Pl. 14, fig. 2.) L'instructeur ayant fait reformer le peloton en ligne, et lui ayant fait reprendre le pas de route, l'exercera à se rompre et à se former, ce qui s'exécutera par les mêmes commandemens et les mêmes moyens qu'au pas cadencé, avec cette seule différence que, dans la section qui doit obliquer, chaque homme fera un demi-à-

droite ou un demi-à-gauche, au lieu de maintenir ses épa les carrément en ligne, afin de ne pas arrêter la subdivisio qui suit. Lorsque le peloton sera rompu, les chefs de se tion se porteront au flanc de leurs sections, à la place c guide, qui reculera au troisième rang.

286. (Pl. 14, fig 3.) Le peloton étant supposé march au pas de route par section, l'instructeur pourra faire ro pre et former les sections, si elles sont de dix files et a dessus, car si elles étaient plus faibles, la colonne pourrait marcher au pas de route par demi-section sa s'alonger.

287. On rompra et on formera les sections d'après principes indiqués pour rompre et former le peloton; demi-sections de droite seront commandées par le chef peloton et par le chef de section; les demi-sections de g che par le sous-lieutenant et le sergent-major, et à leur faut par les guides du peloton.

288. Lorsque l'instructeur voudra faire rompre les s tions, il en donnera l'ordre au chef de peloton, qui f porter les armes, prendre le pas cadencé, et command ensuite : 1. *Rompez les sections.* 2. MARCHE.

289. Aussitôt que les sections seront rompues, les ch des demi-sections se porteront au flanc de leurs demi-s tions, du côté de la direction, au premier rang; les gui qui s'y trouvent reculeront au second rang; les serre-fi seront répartis au troisième rang de la manière suivant le fourrier se placera derrière le chef de peloton; le q trième sergent derrière le sous-officier de remplaceme enfin, le troisième sergent derrière le chef de section.

290. L'instructeur fera prendre le pas de route aussi que les sections seront rompues.

291. On ne rompra les sections que dans la colonne route; ce mouvement ne devant jamais être exécuté d les manœuvres, quelle que soit la force des pelotons.

292. Lorsque l'instructeur voudra faire reformer les s tions, il en donnera l'ordre au chef de peloton, qui f porter les armes, prendre le pas cadencé, et command ensuite : 1. *Formez les sections.* 2. MARCHE.

293. Au premier commandement, les chefs des de sections se porteront devant le centre de leurs subdivisi et les guides au premier rang. Au commandement *marche*, le mouvement s'exécutera comme il a été pres pour former le peloton, n° 285. Au moment où les de sections se réuniront, les serres-files se reporteront à le

placés, et aussitôt que les sections seront formées l'instructeur fera reprendre le pas de route.

294. L'instructeur fera aussi exécuter les divers mouvemens de files prescrits dans l'article précédent et de la même manière ; mais comme il est de règle qu'une troupe ne doit jamais occuper en colonne plus d'espace qu'elle n'en occuperait en bataille, lorsque le peloton sera rompu par section, on ne pourra réduire les sections qu'à sept de front, non compris le chef de section.

295. (Pl. 17, fig. 4.) L'instructeur supposera quelquefois la nécessité de réduire davantage le front des subdivisions; à cet effet il fera prendre le pas cadencé et mettre des files en arrière jusqu'à ce que les subdivisions soient réduites à cinq hommes de front.

296. Le peloton étant rompu par section ou par demi-section, l'instructeur le fera marcher par le flanc dans la même direction, par les commandemens et les moyens indiqués n° 283 et 284. Au moment où les subdivisions feront à-droite ou à-gauche, la première file de chacune d'elles conversera à gauche ou à droite, pour se placer à la suite de la subdivision qui la précède immédiatement. Les serre-files se porteront à leurs places de bataille avant que les subdivisions soient réunies.

297. Lorsque le peloton, marchant au pas de route, s'arrêtera, les deux derniers rangs serreront au commandement *halte*, et les soldats porteront les armes.

ARTICLE IV.

Contre-marche.

298. Le peloton étant de pied ferme et supposé faire partie d'une colonne la droite en tête, lorsque l'instructeur voudra lui faire exécuter la contre-marche, il commandera :

1. *Contre-marche.*
2. *Peloton par le flanc droit.*
3. A DROITE.
4. *Par file à gauche.*
5. MARCHE.

299. (Pl. 13, fig. 5.) Au troisième commandement, le peloton fera à-droite, les deux guides feront demi-tour à droite; le chef de peloton se portera à la droite de son peloton, fera déboîter en arrière les trois premières files, et se placera à côté de l'homme de droite du premier rang pour le conduire.

300. Au commandement de *marche*, les deux guides n bougeront pas, le peloton partira vivement; la premiè file, conduite par le chef de peloton, conversera autour d guide de droite, et se dirigera en passant par-devant premier rang, de manière à arriver à deux pas en arriè du guide de gauche; chaque file viendra converser succe sivement à la même place que la première. La premiè file étant arrivée à hauteur du guide de gauche, le chef peloton commandera : 1. *Peloton*. 2. HALTE. 3. FRON 4. *A droite* = ALIGNEMENT.

301. Le premier commandement sera fait à quatre p du point où le peloton devra s'arrêter.

302. Au deuxième, le peloton s'arrêtera.

303. Au troisième, le peloton fera face par le premier ran

304. Au quatrième commandement le peloton s'aligne à droite; le chef de peloton se portant à deux pas en d hors du guide de gauche, qui se trouve à la droite du pe ton, dirigera l'alignement de manière que le premier ra soit encadré entre les deux guides; le peloton étant alig il commandera FIXE, et se portera devant le centre du p loton; les deux guides passant devant le front du pelot iront reprendre leurs places à la droite et a la gauche premier rang.

305. Dans une colonne par section, la contre-mar s'exécutera par les mêmes commandemens et d'après mêmes principes; le guide de chaque section fera de tour à droite, et le chef de la section se placera à côté la file de droite pour la conduire.

306. Dans une colonne la gauche en tête, la cont marche s'exécutera par les commandemens et les moy inverses, mais d'après les mêmes principes. Ainsi le m vement se fera par le flanc droit des subdivisions, s droite est en tête, et par le flanc gauche, si la gauche en tête; dans l'un et l'autre cas, les subdivisions conv seront par file du côté du premier rang.

ARTICLE V.

Étant en colonne par section, se former sur la droite ou su gauche en bataille.

307. La colonne étant en marche par section, la dr en tête, lorsque l'instructeur voudra la former sur la dr en bataille, il commandera :

1. *Sur la droite en bataille.*
2. *Guide à droite.*

308. (Pl. 13, fig. 4.) Au second commandement, le ide de chaque section se portera légèrement sur le flanc oit de la section, et les soldats prendront le tact des cous à droite; la colonne continuera à marcher droit devant e.

309. L'instructeur, ayant fait son second commandeent, se portera légèrement au point où il voudra appuyer droite du peloton formé en bataille, et s'y placera face point de direction de gauche qu'il choisira.

310. La ligne de bataille devra être telle que le guide de aque section, après avoir tourné à droite, ait au moins x pas à faire pour y arriver.

311. La tête de la colonne étant près d'arriver à hauteur l'instructeur placé au point d'appui, le chef de la prère section commandera : 1. *Tournez à droite;* et, lors'elle sera vis-à-vis l'instructeur, il commandera : Marche.

312. Au commandement de *marche*, la première section urnera à droite, en se conformant à ce qui a été prescrit l'École du soldat, nº 300. Le guide se dirigera de mare que l'homme du premier rang, placé à côte de lui, ive vis-à-vis l'instructeur; le chef de peloton marchera vant le centre de la première section; et lorsque le guide a près d'arriver sur la ligne de bataille, il commandera : *Section*. 2. Halte.

313. Au commandement de *halte*, qui sera fait à l'int où la droite de la section arrivera à trois pas de la ligne bataille, la section s'arrêtera; les files qui ne seraient s encore en ligne, s'y porteront promptement. Le guide se placer sur la ligne de bataille vis-à-vis l'une des trois s de gauche de sa section, et fera face à l'instructeur, l'alignera sur le point de direction de gauche. Le chef peloton se portera en même temps au point où devra puyer la droite du peloton, et aussitôt que toutes les files ont arrivées en ligne, il commandera : *A droite* = Alignement.

314. A ce commandement, la première section s'aligne l'homme du premier rang, qui correspond au guide, puiera légèrement sa poitrine contre le bras gauche de guide, et le chef de la première section en dirigera l'alignement sur cet homme.

315. La deuxième section continuera à marcher droit vant elle, jusqu'à ce que le guide arrive à hauteur de la de gauche de la première; elle tournera alors à droite

au commandement de son chef et se portera ensuite ver ligne de bataille, le guide se dirigeant sur la file de gau de la première section.

316. Le guide étant arrivé à trois pas de la ligne de taille, cette section sera arrêtée comme il a été pres pour la première; à l'instant où elle s'arrêtera, le guid portera légèrement sur la ligne à hauteur de l'une des t files de gauche de sa section, et y sera assuré par l'instr teur.

317. Le chef de la seconde section voyant toutes les entrées en ligne et son guide établi sur la direction, c mandera : *A droite* = ALIGNEMENT.

318. Le chef de la seconde section ayant fait ce comm dement, ira se placer en serre-file en passant par la g che; la seconde section se portera sur l'alignement d première; et lorsqu'elle y sera établie, le chef de pel commandera : FIXE.

319. Le mouvement étant terminé, l'instructeur c mandera :

Guides = A VOS PLACES.

320. A ce commandement le sous-officier de rempl ment se portera derrière le chef de peloton, et le guid la seconde section en serre-file.

321. Une colonne par section, la gauche en tête, se mera *sur la gauche en bataille* d'après les mêmes princi l'instructeur commandera :

1. *Sur la gauche en bataille.*
2. *Guide à gauche.*

322. Au second commandement le guide de chaq tion se portera légèrement au flanc gauche de sa sect les soldats prendront le tact des coudes à gauche, et l lonne continuera à marcher droit devant elle.

323. L'instructeur ayant fait son second commande se portera légèrement au point où il voudra appuyer le gauche du peloton en bataille, et s'y placera face au p de direction de droite qu'il choisira.

324. L'instructeur observera de se placer de manière le guide de chaque section, après avoir tourné pour se ter sur la ligne de bataille, ait au moins dix pas à pour arriver sur cette ligne.

325. La tête de la colonne étant près d'arriver vis- l'instructeur placé au point d'appui, le chef de la sec section commandera : 1. *Tournez à gauche*; et lorsq

sera arrivée vis-à-vis l'instructeur, il commandera : 2. MARCHE.

326. Au commandement de *marche*, la seconde section tournera à gauche; le guide se dirigera de manière que l'homme du premier rang, placé à côté de lui, arrive vis-à-vis l'instructeur; le chef de section marchera devant le centre de sa section; et lorsque le guide sera près d'arriver sur la ligne de bataille, il commandera : 1. *Section*. — 2. HALTE.

327. Au commandement de *halte*, qui sera fait à l'instant où la gauche de la section arrivera à trois pas de la ligne de bataille, la section s'arrêtera; et les files qui ne seraient pas encore en ligne, s'y porteront promptement. Le guide ira se placer sur la ligne de bataille, vis-à-vis l'une des trois files de droite de sa section et fera face à l'instructeur, qui l'alignera sur le point de direction de droite; le chef de la seconde section se portera en même temps au point où devra appuyer la gauche du peloton; et aussitôt que toutes les files seront entrées en ligne, il commandera : *A gauche* = ALIGNEMENT.

328. A ce commandement, la seconde section s'alignera; l'homme du premier rang, qui correspond au guide, appuiera légèrement sa poitrine contre le bras gauche de ce guide, et le chef de la seconde section en dirigera l'alignement sur cet homme.

329. La première section continuera à marcher droit devant elle jusqu'à ce que le guide soit arrivé à hauteur de la file de droite de la seconde; alors elle tournera à gauche, au commandement de son chef; le guide se dirigera sur la file de droite de la seconde section.

330. Le guide étant arrivé à trois pas de la ligne de bataille, cette section sera arrêtée comme il a été prescrit pour la seconde; à l'instant où elle s'arrêtera, le guide se portera légèrement sur la ligne à hauteur de l'une des trois files de droite de sa section, et y sera assuré par l'instructeur : le chef de peloton se portera en même temps à la gauche du peloton, à la place du chef de la seconde section, qui ira se placer en serre-file.

331. Le chef de peloton s'étant placé à la gauche de son peloton, et toutes les files étant entrées en ligne, il commandera : *A gauche* = ALIGNEMENT.

332. A ce commandement, la première section se portera sur la ligne; le chef de peloton en dirigera l'alignement sur l'homme de droite qui correspond au guide de cette section, et commandera ensuite : FIXE.

333. Le mouvement étant achevé, l'instructeur commandera :

1. *Guides* = A VOS PLACES.

334. A ce commandement, le chef de peloton se porte à la droite de son peloton, le sous-officier de remplacement derrière lui au troisième rang, et le guide de la seconde section en serre-file.

Observations générales relatives à l'École de peloton.

335. La troisième leçon sera toujours exécutée au port d'armes, seule position qui puisse amener les recrues à marcher correctement en bataille. L'instructeur s'appliquera donc à leur en faire contracter l'habitude; mais comme elle est fatigante, surtout dans les commencemens, il aura soin d'arrêter souvent le peloton, et de le faire reposer sur les armes.

336. Dans les trois dernières leçons, l'instructeur pour éviter de fatiguer les soldats et les empêcher de se négliger sur le port d'armes, qui doit toujours être régulier, leur fera mettre quelquefois l'arme au bras, lorsqu'ils marcheront par le flanc, et il leur fera porter l'arme sur l'épaule droite quand ils marcheront de front.

337. Lorsqu'on portera l'arme sur l'épaule droite, la distance entre les rangs sera de 41 centimètres (15 pouces); ainsi, quand on fera passer le peloton du port d'armes à cette position, les deux derniers rangs raccourciront un peu le premier pas, afin de se trouver à la distance prescrite, et ils l'alongeront au contraire pour la resserrer, lorsqu'on leur fera porter l'arme.

338. Lorsqu'on marchera au pas de route, le soldat portera son arme de la manière qu'il trouvera le plus commode, ayant seulement attention que le bout du fusil soit assez élevé pour prévenir les accidens.

339. Toutes les fois qu'une troupe, marchant autrement qu'au port d'armes, s'arrêtera, elle portera les armes au commandement de *halte*. Ce principe est général.

340. Lorsque les compagnies devront être exercées en detail à l'École de peloton, le commandant du régiment indiquera la leçon ou les leçons qu'elles devront executer. Un roulement servira toujours de signal pour commencer et finir toutes ensemble.

FORMATION D'UN PELOTON DE TROIS RANGS SUR DEUX ET RÉCIPROQUEMENT.

341. Le peloton étant formé sur trois rangs, de la manière diquée au n° 9 du titre Ier, et supposé faire partie d'une lonne, la droite ou la gauche en tête, lorsque l'instrucur voudra le former sur deux rangs, il commandera :

1. *Sur deux rangs formez le peloton.*
2. MARCHE.

342. Au premier commandement, le guide de droite a à-droite.

343. Au second commandement, le guide de droite se ettra en marche, et se dirigera sur le prolongement du emier rang.

344. La première file se mettra en marche en même nps que le guide; l'homme du premier rang tournera à oite dès le premier pas, suivra le guide et sera suivi luiême par les hommes du second et du troisième rang de file, qui viendront tourner à la même place que lui. La onde file et successivement toutes les autres se mettront marche comme il a été prescrit pour la première, de mare que l'homme du premier rang suive immédiatement omme du troisième rang de la file qui se trouvait à sa ite.

45. Le guide, ayant marché la moitié de l'étendue du nt du peloton, s'arrêtera à l'avertissement du chef de oton et fera front.

46. L'homme qui suit le guide s'arrêtera en même temps lui, et se placera à sa gauche en faisant front ; l'homme vient ensuite se placera derrière le premier pour forr la première file ; le troisième homme se placera à côté premier, au premier rang ; le quatrième, derrière le sième au second rang. Tous les autres viendront se plade la même manière, alternativement au premier et econd rang, et formeront ainsi des files de deux homà la gauche de celles déjà établies.

47. Les serre-files prendront leurs nouvelles places de ille à deux pas derrière le second rang.

48. Le chef de peloton surveillera la formation, et, dès lle sera achevée, il fera numéroter les files et marquer ections.

49. Le peloton étant formé sur deux rangs, lorsque

l'instructeur voudra le former sur trois, il commander

1. *Sur trois rangs formez le peloton.*
2. MARCHE.

350. Ce mouvement s'exécutera comme il est presc n° 342 et suivans, mais en observant ce qui suit :

351. Le guide de droite s'arrêtera après avoir marc quatre pas, l'homme qui le suit s'arrêtera également et f front, et les deux hommes qui viennent après se placer derrière lui au second et au troisième rang ; les trois ho mes suivans formeront la seconde file, et tous les au viendront successivement former des files de trois hom à la gauche de celles déjà établies.

Formation d'un peloton de trois ou de deux rangs sur un réciproquement.

352. Le peloton étant sur trois ou sur deux rangs, l que l'instructeur voudra le former sur un rang, il comm dera :

1. *Sur un rang formez le peloton.*
2. MARCHE.

353. Ce mouvement s'exécutera d'après les princi prescrits n° 342 et suivans ; mais le chef de peloton v filer son peloton, au lieu d'en suivre le mouvement lorsque le dernier homme se mettra en marche, il arrê le peloton et lui fera faire front.

354. Le peloton étant sur un rang, lorsque l'instruc voudra le former sur trois rangs ou sur deux, il comn dera :

1. *Sur trois rangs* (ou *sur deux rangs*) *formez le peloto*
2. *Par le flanc droit.*
3. *A droite.*
4. MARCHE.

355. Au troisième commandement, le peloton fer droite ; le guide et l'homme de droite resteront fac tête.

356. Au commandement de *marche*, les hommes qu fait à-droite se mettront en marche, et formeront les de la manière indiquée n° 350 et 351 ou n° 346, selon le peloton devra être formé sur trois rangs ou sur deux

Observations.

357. Les formations ci-dessus décrites s'exécuteron

ituellement par la droite du peloton; mais lorsque l'in-tructeur voudra les faire exécuter par la gauche, il fera aire demi-tour à droite au peloton, et fera porter les guides u troisième rang.

358. La formation s'exécutera ensuite par les mêmes com-nandemens et d'après les mêmes principes que par le pre-nier rang: le mouvement commencera par la file de gauche evenue file de droite, et, dans chaque file, par l'homme du ernier rang devenu premier; le guide de gauche se con-ormera à ce qui a été prescrit pour le guide de droite.

359. La formation étant achevée, l'instructeur remettra peloton face en tête.

360. Lorsqu'un bataillon en bataille devra exécuter l'une es formations qui viennent d'être décrites, le chef de ba-aillon le fera rompre par peloton en arrière à droite ou à auche; ce qui étant exécuté, il fera les commandemens rescrits pour l'instructeur, en faisant précéder le com-nandement de *marche* de l'indication de *pas accéléré*. Cha-ue peloton exécutera son mouvement comme s'il était olé.

INSTRUCTION

POUR LE TIR A LA CIBLE.

Le tir à la cible étant une des parties les plus essentielles l'instruction de l'infanterie, les commandans des régi-ens s'attacheront à ce que les officiers et les sous-officiers connaissent parfaitement la théorie.

On se conformera, pour tout ce qui est relatif à la théo-du tir à la cible, à l'instruction de l'artillerie, approu-e par le ministre de la guerre et insérée au journal mi-aire.

Les hommes de recrue seront exercés au tir à la cible, s qu'ils sauront exécuter tout ce que renferme l'Ecole du dat.

Dans les commencemens de cet exercice, on fera tirer x hommes plusieurs coups de suite, en rectifiant chaque s, avec soin, les défauts qu'on aura remarqués dans la sition du corps ou dans celle de l'arme.

On ne fera tirer à la deuxième distance que lorsque les dats tireront passablement à la première, et on suivra la même règle pour les faire passer successivement au autres distances.

Les caporaux et les soldats de chaque compagnie seroi divisés en trois classes : la première classe comprendra le plus habiles tireurs ; la deuxième, les plus adroits apré ceux-ci, et la troisième tous les autres. Nul homme ne ser réputé suffisamment instruit au tir, qu'autant qu'il aur été admis à la première classe.

Les commandans des régimens emploieront tous le moyens qui sont à leur disposition, pour exciter l'émula tion dans les exercices du tir à la cible ; ils feront tenir un note exacte des meilleurs tireurs de chaque compagnie ainsi que des officiers et des sous-officiers qui se feront re marquer par leur intelligence et leur zèle dans l'enseigne ment de cette branche importante de l'instruction.

Un officier supérieur assistera au tir à la cible, et veiller à ce qu'on s'y conforme strictement à tous les princip prescrits.

Pour entretenir les caporaux et les soldats dans l'hab tude du tir, on ne fera jamais brûler, par chaque homme plus de cinq à six cartouches le même jour ; et au lie d'employer dans une seule saison toutes les munitions d livrés annuellement aux régimens, on devra tirer à la cib à diverses époques de l'année, qui seront plus ou moi rapprochées, suivant que les circonstances le permettror

Les munitions seront réparties entre les trois classes, façon que la troisième classe tire plus que la seconde, celle-ci plus que la première. De cette manière, tireurs les moins adroits, recevant un plus grand nomb de cartouches, auront plus de moyens de se fortifier.

MANIEMENT

DE L'ARME DES SOUS-OFFICIERS.

Les sous-officiers auront toujours, ainsi que la troup la baïonnette au bout du fusil.

Les sous-officiers observeront, dans tous les temps maniement des armes qui leur particulier, la caden prescrite pour le maniement des armes des soldats ; pe dant les charges et les feux, ils resteront au port d'arn ou l'arme au bras, selon l'ordre qui en sera donné.

Les sous-officiers de remplacement et de serre-file poront l'arme ainsi qu'il va être prescrit.

Port de l'arme.

L'arme dans le bras droit et au défaut de l'épaule, le ion en arrière et d'aplomb, la baguette en dehors, le s droit presque alongé, la main droite embrassant le en et la sous-garde, la crosse à plat le long de la cuisse ite, la main gauche dans le rang.

Présentez = VOS ARMES.

1 temps et 2 mouvemens.

Premier mouvement.

orter l'arme avec la main droite d'aplomb vis-à-vis le ieu du corps, la baguette en avant; empoigner en me temps l'arme brusquement avec la main gauche, le it doigt contre le ressort de la batterie, le pouce alongé long du canon contre la monture, l'avant-bras collé au ps sans être gêné, la main à hauteur du coude.

Deuxième mouvement.

Empoigner l'arme de la main droite au-dessous et contre ous-garde, comme les soldats.

Portez = VOS ARMES.

1 temps et 2 mouvemens.

Premier mouvement.

Glisser la main gauche jusqu'à la hauteur de l'épaule orter, avec cette main, l'arme d'aplomb contre l'é-le droite; empoigner avec la main droite le chien et ous-garde, le bras droit presque alongé.

Deuxième mouvement.

aisser tomber vivement la main gauche dans le rang.

Reposez-vous = SUR VOS ARMES.

1 temps et 2 mouvemens.

Premier mouvement.

orter brusquement la main gauche à la grenadière, déer un peu l'arme de l'épaule avec la main droite, lâr l'arme de la main droite, la descendre de la main che, la ressaisir avec la main droite au-dessus de la caine, le pouce droit sur le canon pour l'empoigner, les quatre doigts alongés sur le bois, l'arme d'aplomb, crosse à 8 centimètres (3 pouces) de terre, le talon d crosse dirigé sur le côté de la pointe du pied droit, et lai tomber la main gauche dans le rang.

Deuxième mouvement.

Laisser glisser l'arme dans la main droite, en ouvran peu les doigts, de manière que le talon de la crosse se p à côté et contre la pointe du pied droit.

Vos armes = A TERRE.

Comme les soldats.

Relevez = VOS ARMES.

Comme les soldats.

Portez = VOS ARMES.

1 temps et 2 mouvemens.

Premier mouvement.

Élever l'arme perpendiculairement avec la main d à hauteur du teton droit, vis-à-vis l'épaule, à 5 centim (2 pouces) du corps, le coude droit y restant joint; s l'arme de la main gauche au-dessous de la main droit descendre aussitôt la main droite pour empoigner la s garde et le chien, en appuyant l'arme à l'épaule, le droit presque alongé.

Deuxième mouvement.

Laisser tomber vivement la main gauche dans le ra

L'arme = AU BRAS.

1 temps et 3 mouvemens.

Premier mouvement.

Porter l'arme en avant avec la main droite entre les yeux et l'aplomb, la baguette en dehors; saisir l'arm la main gauche à la capucine, la relever à hauteur du t ton, et empoigner en même temps l'arme de la main dr à 11 centimètres (4 pouces) au-dessous de la platine.

Deuxième mouvement.

Retourner l'arme avec la main droite, le canon en hors, l'appuyer à l'épaule gauche, et passer l'avant- gauche horizontalement sur la poitrine, entre la droite et le chien, qui sera appuyé sur l'avant-bras gau la main gauche sur le teton droit.

Troisième mouvement.

Laisser tomber vivement la main droite dans le rang.

Portez = VOS ARMES.

1 temps et 3 mouvemens.

Premier mouvement.

Empoigner l'arme avec la main droite au-dessous et ntre l'avant-bras gauche.

Deuxième mouvement.

Porter l'arme avec la main droite d'aplomb contre l'é-ule droite, la baguette en avant; la saisir avec la main uche, à hauteur de l'épaule droite, tourner en même mps la main droite pour empoigner la sous-garde et le ien, le bras droit presque alongé.

Troisième mouvement.

Laisser tomber vivement la main gauche dans le rang.

Remettez = LA BAÏONNETTE.

1 temps et 3 mouvemens.

Premier mouvement.

Porter brusquement la main gauche à la grenadière a tacher un peu l'arme de l'épaule avec la main droite.

Deuxième mouvement.

Descendre l'arme de la main gauche, la ressaisir avec la ain droite au-dessus de la capucine; poser la crosse à rre, en laissant glisser l'arme dans la main gauche; rap-rter aussitôt la main droite à la baïonnette.

Troisième mouvement.

Oter la baïonnette et la mettre dans le fourreau; saisir nsuite l'arme avec la main droite, un peu au-dessus de la pucine; laisser tomber en même temps la main gauche, reprendre la position du soldat reposé sur l'arme.

Portez = VOS ARMES.

Comme étant reposé sur les armes.

Baïonnette = AU CANON.

1 temps et 3 mouvemens.

Premier et second mouvement.

Comme ceux de remettre la baïonnette, excepté qu'à la du second mouvement la main droite ira saisir la baïonnette par la douille et la branche, de manière que l'ext mité de la douille depasse de 2 centimètres (1 pouce) talon de la main.

Troisième mouvement.

Arracher brusquement la baïonnette avec la main droi et la mettre au bout du canon ; saisir ensuite l'arme ave main droite au-dessus de la capucine, et laisser tom vivement la main gauche dans le rang.

Portez = VOS ARMES.

Comme étant reposé sur les armes.

MANIEMENT

DE L'ARME DES CAPORAUX.

Lorsque les caporaux seront dans le rang, ils porter l'arme comme les soldats; mais s'ils font partie de la gar du drapeau, s'ils sont en serre-file, ou s'ils marchent à tête d'une troupe ou d'une pose de sentinelles, ils por ront le fusil dans le bras droit comme les sergens; ce s'exécutera de la manière suivante ;

Portez l'arme = COMME SERGENT.

1 temps et 3 mouvemens.

Premier mouvement.

Empoigner l'arme avec la main droite, en tournant platine en dessus, comme au premier mouvement de *p sentez* = VOS ARMES.

Deuxième mouvement.

Porter l'arme d'aplomb avec la main droite contre l' paule droite; la baguette en dehors, le bras droit presq alongé, la main droite empoignant le chien et la sou garde ; saisir l'arme avec la main gauche à hauteur de l' paule.

Troisième mouvement.

Laisser tomber vivement la main gauche dans le ran

Croisez = LA BAÏONNETTE.

1 temps et 2 mouvemens.

Premier mouvement.

Elever un peu l'arme avec la main droite, en faisant demi-à-droite sur le talon gauche, et rapportant le mili

1 pied droit vis-à-vis et à environ 8 centimètres (3 pouces) 1 talon gauche.

Deuxième mouvement.

Laisser tomber l'arme dans la main gauche, qui la sai-a un peu en avant de la capucine, le canon en dessus, coude gauche appuyé au corps; empoigner en même mps l'arme au-dessous de la sous-garde avec la main oite, qui viendra s'appuyer contre la hanche, la pointe la baïonnette à hauteur de l'œil.

Portez = VOS ARMES.

1 temps et 2 mouvemens.

Premier mouvement.

ledresser l'arme avec la main gauche, en revenant face tête, la placer contre l'épaule droite, la baguette en nt; empoigner en même temps le chien et la sous-garde c la main droite.

Deuxième mouvement.

âcher l'arme de la main gauche, en la laissant tomber s le rang, et alonger en même temps le bras droit.

Portez l'arme = COMME SOLDAT.

1 temps et 3 mouvemens.

Premier mouvement.

étacher l'arme de l'épaule, la porter d'aplomb entre les , la saisir avec la main gauche à hauteur du col; pren-avec la main droite l'arme à la poignée, la main à eur du coude, la baguette en avant.

Deuxième mouvement.

ever l'arme avec la main droite, le pouce alongé le de la contre-platine; tourner le canon en dehors; pla-'arme contre l'épaule gauche; descendre en même s la main gauche sous la crosse.

Troisième mouvement.

sser tomber vivement la main droite dans le rang.

MANIEMENT

DE L'ÉPÉE OU DU SABRE DES OFFICIERS.

Port de l'épée ou du sabre.

La poignée dans la main droite, qui sera placée à ha teur et contre la hanche droite, la lame appuyée à l' paule.

Salut de l'épée ou du sabre.

3 temps.

Un. A six pas de la personne que l'on doit saluer, élev l'épée ou le sabre perpendiculairement, la pointe en hau le plat de la lame vis-à-vis l'œil droit, la garde à hauteur l'épaule, le coude appuyé au corps.

Deux. Baisser la lame en étendant le bras, de mani que la main droite soit placée à côté de la cuisse droite, rester dans cette position jusqu'à ce que la personne qu aura saluée soit dépassée de six pas.

Trois. Relever l'épée ou le sabre et placer la lame con l'épaule droite.

Salut du drapeau.

Dans le rang, les porte-drapeaux, soit de pied fern soit en marchant, porteront toujours le drapeau le ta à la hanche droite; et lorsque les drapeaux devront ren les honneurs, les porte-drapeau salueront de la mani suivante :

La personne qu'on devra saluer étant éloignée de six p élever la main droite le long de la lance jusqu'à ce qu' soit arrivée à hauteur de l'œil; baisser la lance en alongc le bras de toute sa longueur, sans que le talon du drap quitte la hanche; et relever la lance, lorsque la perso qu'on aura saluée sera dépassée de six pas.

INSTRUCTION

POUR LE TAMBOUR-MAJOR.

La place des tambours, clairons et musiciens, dans dre de bataille, a été déterminée au titre 1er.

En colonne de manœuvre, les tambours marchero hauteur du cinquième peloton de leur bataillon, du opposé au guide.

Dans la colonne de route, ainsi que dans le passage du éfilé en avant ou en retraite, ils marcheront à la tête de eurs bataillons respectifs.

Batteries et sonneries.

Le nombre des batteries est fixé à vingt, non compris la atterie particulière à chaque régiment. Ces batteries sont :

1. La générale.
2. L'assemblée.
3. Le rappel.
4. Au drapeau.
5. Aux champs.
6. Le pas accéléré.
7. Le pas de charge.
8. La diane.
9. La retraite.
10. Le ban.
11. La messe.
12. La berloque.
13. Le rappel aux tambours.
14. Le roulement.
15. A l'ordre.
16. Le pas redoublé.
17. Le pas de course.
18. Halte.
19. Marcher en retraite.
20. Commencer le feu.

(16 à 20 : Pour les tirailleurs.)

Le nombre des sonneries est fixé à 26, non compris la rche particulière à chaque régiment. Ces sonneries sont :

1. La générale.
2. L'assemblée.
3. Le rappel.
4. Au drapeau.
5. Le pas ordinaire.
6. Le pas accéléré.
7. Le pas de charge.
8. Le réveil.
9. La retraite.
10. Le ban.
11. La messe.
12. La berloque.
13. Le rappel aux clairons.
14. L'appel.
15. A l'ordre.
16. Le pas redoublé.
17. Le pas de course.
18. Marcher en avant.
19. Halte.
20. Marcher en retraite.
21. Commencer le feu.
22. Cesser le feu.
23. Marcher par le flanc droit.
24. Marcher par le flanc gauche.
25. Ralliement sur la réserve.
26. Ralliement au bataillon.

(16 à 26 : Pour les tirailleurs.)

ignaux du tambour-major pour les différentes batteries.

a générale... Étendre le bras droit, empoigner la canne au milieu, et élever la pomme à hauteur du cou.

'assemblée... Étendre le bras droit, élever la canne à peu près d'un pied de terre, en mettant le pouce sur la pomme.

e rappel.... Mettre la canne sur l'épaule droite, le bout en arrière.

u drapeau... Élever le bras, tourner le poignet en dedans, de façon que la canne croise horizontalement devant soi, à hauteur du cou.

ux champs.. Élever la canne perpendiculairement, le bout en haut, le bras étendu à hauteur de l'épaule.

6. *Pas accéléré*.. Élever la canne le bras droit étendu, la paume de la ma tournée en avant, la pomme de la canne au-dessus l'épaule droite, le bout de la canne à hauteur et deva la poignée du sabre.

7. *Pas de charge*. Porter la canne directement devant soi, le bout en ava l'avant-bras droit étendu, le coude en arrière, et ind quer l'accélération du pas en agitant la main droite.

8 *La diane*..... Prendre la canne de la main gauche, et mettre le pou sur la pomme à la hauteur de l'épaule gauche.

9. *La retraite*... Passer la canne croisée derrière le dos.

10. *Le ban*....... Passer diagonalement la canne devant la figure, la pomn à droite, les doigts en dessous, et appuyer le jonc da la saignée du bras gauche, que le bout de la canne d dépasser d'un pied.

11. *La messe*..... Porter la pomme de la canne sur l'épaule droite.

12. *La berloque*... Prendre la canne par le cordon, et étendre le bras à ha teur de l'épaule.

13. *Le roulement*. Étendre le bras droit, et agiter vivement le bras et la cann

Signaux pour les évolutions des tambours.

1. Pour faire marcher par le flanc droit, prendre la canne par le milieu étendre le bras à droite.
2. Pour faire marcher par le flanc gauche, faire le même signal en étenda le bras gauche.
3. Pour faire rompre le peloton, laisser tomber le bout de la canne dans main à gauche, à hauteur des yeux.
4. Pour former le peloton, laisser tomber la pomme de la canne dans la ma gauche, à hauteur des yeux.
5. Pour faire changer de direction, se tourner à demi vers les tambours, leur indiquer par un mouvement de la canne de quel côté ils devrc tourner.
6. Pour faire marcher obliquement à droite, étendre le bras droit à haute de l'épaule, tenir la canne de biais, et empoigner le bout avec la m gauche à hauteur de la hanche.
7. Pour faire marcher obliquement à gauche, faire le signal inverse : la pom de la canne indiquera toujours le côté vers lequel on devra obliquer.

Poser la caisse à terre.

Trois mouvemens.

1. *Remettre les baguettes*. Empoigner la canne en dessous de la pomme, l'éle à hauteur des yeux, en étendant le bras en av
2. *Défaire la caisse*..... Rapprocher la pomme contre la poitrine.
3. *Poser la caisse à terre*. Comme pour remettre les baguettes.
4. *Relever la caisse*..... Même signal que pour mettre la caisse à terre.
5. *Rattacher la caisse*... Même signal que pour défaire la caisse.
6. *Tirer les baguettes*.... Même signal que pour remettre les baguettes.

EXPLICATION DES PLANCHES.

OBSERVATIONS GÉNÉRALES.

Dans toutes les figures, le gros trait représente le premier ang.

Le petit trait perpendiculaire surmonté d'une flèche, placé u côté du troisième rang, indique que la troupe fait face de e côté.

Ce qui est ponctué, marque la position que la troupe occuait avant le mouvement.

Ce qui est au trait blanc représente la troupe après le preier mouvement.

Ce qui est au trait et haché, représente la troupe dans sa ernière position, ayant exécuté le mouvement, ou étant en iarche pour l'exécuter.

Les lignes ponctuées tracent le chemin que les troupes doient parcourir pour passer d'une position à une autre.

Les lignes marquées à points longs, entremêlés de points onds, indiquent la ligne que les guides des subdivisions ont ivie, ou celle sur laquelle ils doivent être dirigés.

Dans les figures relatives à l'école de bataillon, et dans ielques unes de celles relatives aux évolutions de ligne, les etits carrés à la droite et à la gauche des subdivisions reprént les guides.

La flèche qu'on trouve dans plusieurs figures indique le côté ers lequel on marche.

Le commandant en chef est représenté à cheval ou par la ttre (*k*).

Les chefs de bataillons sont représentés à cheval ou par la ttre (*b*).

Les adjudans-majors sont représentés à pied ou par la ttre (a).

Les adjudans sont représentés à pied ou par la lettre (*a*).

La lettre (*c*) représente les chefs de peloton.

Dans les figures relatives à l'École de peloton, l'instructeur représenté à pied ou par la lettre (*b*).

La position de toutes les lettres montre de quel côté font ce les personnes qu'elles représentent.

PLANCHE Ire.

La FIGURE 1 *représente un bataillon en bataille.*

(Titre Ier, n° 2 et suivans.)

La compagnie de grenadiers est placée à la droite du bataillon, la compagnie de voltigeurs à la gauche, et les compagnies de fusiliers sont placées de la droite à la gauche, suivant l'ordre de leurs numéros, entre les grenadiers et les voltigeurs.

Le drapeau, et les huit caporaux qui forment sa garde, sont placés à la gauche du quatrième peloton ; le caporal de grenadiers est à la droite du porte-drapeau au premier rang, et le caporal de voltigeurs à sa gauche.

Les tambours, formés sur deux rangs, sont placés à vingt pas du rang des serre-files, derrière le centre du cinquième peloton.

Les officiers et les sous-officiers sont placés comme il suit :

Le chef de bataillon, à trente pas du rang des serre-files derrière le centre du bataillon ;

L'adjudant-major et l'adjudant, à huit pas en arrière des serre-files, le premier vis-à-vis le centre du demi-bataillon de droite, le second vis-à-vis le centre du demi-bataillon de gauche ;

Le capitaine, à la droite de son peloton au premier rang ;

Le lieutenant en serre-file derrière le centre de la seconde section, à deux pas du troisième rang ;

Le sous-lieutenant, à pareille distance du troisième rang derrière le centre de la première section ;

Le sergent-major, derrière la seconde section à la gauche du lieutenant ;

Le premier sergent, en remplacement derrière le capitaine au troisième rang ;

Le second sergent, derrière la gauche de la seconde section ; dans le huitième peloton, ce sergent est placé à la gauche du premier rang, ayant derrière lui un caporal au troisième rang ;

Le troisième sergent, derrière la droite de la seconde section ;

Le quatrième sergent, derrière la gauche de la première section ;

Le fourrier, derrière la première section à la droite du sous-lieutenant ;

Le guide général de droite, derrière la droite du bataillon ; le guide général de gauche, derrière la gauche sur l'alignement des serre-files.

La FIGURE 2 *représente un régiment de trois bataillons en bataille.*

(Titre Ier, n° 2, et suivans.)

Les bataillons sont placés de la droite à la gauche, suivant l'ordre de leurs numéros; ils sont séparés par un intervalle de 24 pas;

Le colonel, à cheval, est placé à 50 pas derrière les serre-files, vis-à-vis le centre du second bataillon;

Le lieutenant-colonel et le major, à cheval, l'un à la droite, l'autre à la gauche du colonel et sur le même alignement que lui;

Le tambour-major, à la tête des tambours du premier bataillon; le caporal tambour de ce bataillon, en serre-file derrière les tambours;

Les caporaux tambours des second et troisième bataillons, à la tête des tambours de leurs bataillons;

Les musiciens, à deux pas derrière les tambours du premier bataillon;

Les sapeurs, formés sur deux rangs, sont placés sur l'alignement du régiment, leur gauche à quatre pas de la droite du premier bataillon.

PLANCHE II.

Représente le mécanisme du pas oblique à droite.

(Ecole du soldat, n° 45 et suiv.)

L'homme de recrue a posé son pied droit à 46 centimètres (17 pouces) à droite et à 46 centimètres (17 pouces) en avant du talon gauche, ce qui porte la diagonale A B, que ce pied parcourt, à 65 centimètres (24 pouces) à peu près.

Le pied gauche s'est porté ensuite de A en C à 45 centimètres (17 pouces), ou à peu près, en avant du talon droit. La ligne A C est d'environ 105 centimètres (38 pouces).

PLANCHE III.

Les FIGURES 1 et 2 *représentent le soldat sous les armes.*

(Ecole du soldat, n° 15 et n° 62 et suivans.)

La figure 1 représente le soldat vu de face; les pieds forment un angle moins ouvert que l'équerre, parce que, dans cette position, le poids du corps se répartit sur toute la surface inférieure des pieds ; les genoux sont tendus sans raideur. L'arme est droite, la position est exacte sans être gênée.

La figure 2 représente le soldat vu de profil ; le haut du corps, qui donne l'impulsion dans la marche, est en avant.

La FIGURE 3 *représente le soldat marchant.*

(Ecole du soldat, n° 56 et suiv.)

L'homme est représenté au moment où, cessant de passer la jambe, il pose le pied à terre.

PLANCHE IV.

La FIGURE 1 *représente l'homme ayant l'arme au bras.*

(Ecole du soldat, n° 75 et suiv.)

La FIGURE 2 *représente l'homme présentant les armes.*

(Ecole du soldat, n° 85 et 86.)

La FIGURE 3 *représente l'homme reposé sur les armes.*

(Ecole du soldat, n° 91.)

PLANCHE V.

Représente les trois rangs croisant la baïonnette.

(Ecole du soldat, n° 98 et suiv.)

PLANCHE VI.

La FIGURE 1 *représente la position du soldat ayant exécuté le premier temps de la charge en quatre temps.*

(Ecole du soldat, n° 183.)

La FIGURE 2 *représente la position du soldat ayant exécuté le second temps de la charge en quatre temps.*

(Ecole du soldat, n° 184.)

La FIGURE 3 *représente la position du soldat ayant exécuté le troisième temps de la charge en quatre temps.*

(Ecole du soldat, n° 185.)

PLANCHE VII.

La FIGURE 1 *représente l'homme du premier rang dans la position d'*apprêtez vos armes.

(Ecole du soldat, n° 122 et suiv.)

La FIGURE 2 *représente l'homme du second rang dans la position d'*apprêtez vos armes.

(Ecole du soldat, n° 126 et suiv., et n° 130.)

PLANCHE VIII.

La FIGURE 1 *représente l'homme du premier rang dans la position de* joue.

(Ecole du soldat, n° 131.)

La FIGURE 2 *représente l'homme du second rang dans la position de* joue.

(Ecole du soldat, n° 131.)

La FIGURE 3 *représente l'homme du troisième rang dans la position de* joue.

(Ecole du soldat, n° 131 et 132.)

PLANCHE IX.

La FIGURE 1 *représente le soldat ayant l'arme descendue.*

(Ecole du soldat, n° 154 et suiv.)

La FIGURE 2 *représente le soldat portant l'arme sur l'épaule droite.*

(Ecole du soldat, n° 157 et 158.)

PLANCHE X.

La FIGURE 1 *représente la position des pieds des trois rangs dans le feu de peloton direct.*

(Ecole du soldat, n° 192 et suiv.)

La FIGURE 2 *représente la position des pieds des trois rangs dans le feu de peloton oblique à droite.*

(Ecole du soldat, n° 195 et suiv.)

La FIGURE 3 *représente la position des pieds des trois rangs dans le feu de peloton oblique à gauche.*

(Ecole du soldat, n° 199 et suiv.)

PLANCHE XI.

Les FIGURES 1, 2 et 3 *représentent un peloton marchant par le flanc droit, et conversant par file à gauche, et ensuite par file à droite.*

(Ecole de peloton, n° 127 et suiv., et 133 et suiv.)

La figure 1 représente le peloton marchant par le flanc droit : le guide de droite est devant l'homme de droite du premier rang pour le conduire, et le chef de peloton s'est placé à la gauche de son guide ; les serre-files sont à deux pas du troisième rang, chacun à hauteur de sa place de bataille.

La figure 2 représente le peloton qui converse par file à gauche : les hommes du premier rang ne tournent pas tout court ; ils décrivent un petit arc de cercle et ceux des second et troisième rangs commencent à alonger le pas, avant d'être arrivés à l'angle que forment les deux directions, afin de se retrouver, le plus promptement possible, chacun à hauteur de son chef de file.

La figure 3 représente le peloton conversant par file à droite.

Les hommes du second et du troisième rang décrivent un petit arc de cercle, tandis que ceux du premier rang en décrivent un plus grand pour converser à droite.

L'instructeur s'est placé près des points où le peloton a changé de direction, afin de surveiller l'exécution du mouvement.

La FIGURE 4 *représente un peloton marchant par le flanc droit, et se formant sur la droite par file en bataille.*

(Ecole de peloton, n° 139.)

La tête du peloton étant arrivée à hauteur du point où doit s'appuyer la droite, le mouvement a commencé, le second et le troisième rang ont marqué le pas.

Le sous-officier de remplacement a tourné à droite et le chef de peloton s'est conformé à son mouvement ; le chef de peloton a été arrêté par l'instructeur au moment où il est arrivé sur la ligne de bataille ; le sous-officier de remplacement s'est alors porté derrière le chef de peloton.

L'homme de droite du premier rang a continué à marcher

La FIGURE 3 *représente la position des pieds des trois rangs dans le feu de peloton oblique à gauche.*

(Ecole du soldat, n° 199 et suiv.)

PLANCHE XI.

Les FIGURES 1, 2 et 3 *représentent un peloton marchant par le flanc droit, et conversant par file à gauche, et ensuite par file à droite.*

(Ecole de peloton, n° 127 et suiv., et 155 et suiv.)

La figure 1 représente le peloton marchant par le flanc droit : le guide de droite est devant l'homme de droite du premier rang pour le conduire, et le chef de peloton s'est placé à la gauche de son guide; les serre-files sont à deux pas du troisième rang, chacun à hauteur de sa place de bataille.

La figure 2 représente le peloton qui converse par file à gauche : les hommes du premier rang ne tournent pas tout court; ils décrivent un petit arc de cercle et ceux des second et troisième rangs commençent à alonger le pas, avant d'être arrivés à l'angle que forment les deux directions, afin de se retrouver, le plus promptement possible, chacun à hauteur de son chef de file.

La figure 3 représente le peloton conversant par file à droite.

Les hommes du second et du troisième rang décrivent un petit arc de cercle, tandis que ceux du premier rang en décrivent un plus grand pour converser à droite.

L'instructeur s'est placé près des points où le peloton a changé de direction, afin de surveiller l'exécution du mouvement.

La FIGURE 4 *représente un peloton marchant par le flanc droit, et se formant sur la droite par file en bataille.*

(Ecole de peloton, n° 159.)

La tête du peloton étant arrivée à hauteur du point où doit s'appuyer la droite, le mouvement a commencé, le second et le troisième rang ont marqué le pas.

Le sous-officier de remplacement a tourné à droite et le chef de peloton s'est conformé à son mouvement; le chef de peloton a été arrêté par l'instructeur au moment où il est arrivé sur la ligne de bataille; le sous-officier de remplacement s'est alors porté derrière le chef de peloton.

L'homme de droite du premier rang a continué à marcher

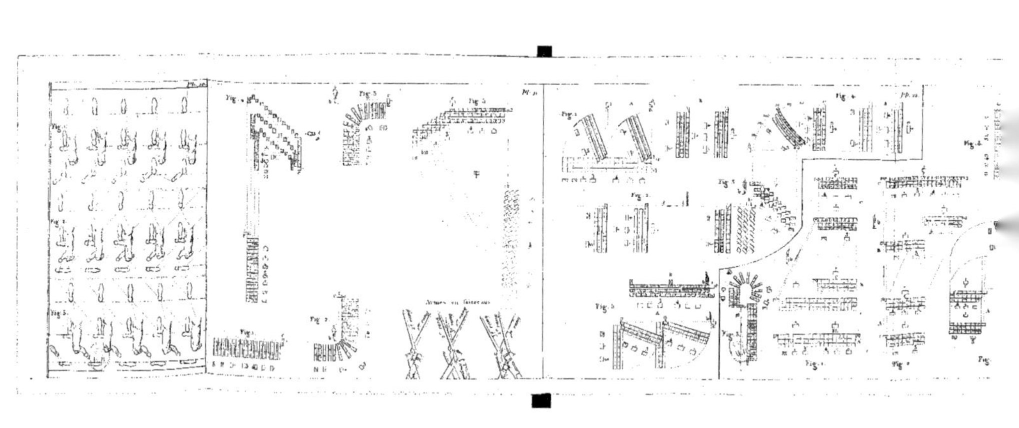

droit devant lui, et, après avoir dépassé le sous-officier de remplacement, il a tourné à droite pour se porter sur la ligne de bataille, et s'y est placé à la gauche du chef de peloton; le second homme a continué à marcher après avoir dépassé le premier, s'est porté comme lui sur la ligne et s'est placé à sa gauche. Le troisième a fait la même chose à l'égard du second, et ainsi des autres.

Aussitôt qu'il y a eu deux hommes du premier rang établis sur la ligne, le second rang s'est mis en marche, et chaque homme de ce rang s'est placé derrière son chef de file, en se conformant à ce qui a été prescrit pour les hommes du premier rang; le troisième rang s'est ensuite formé de la même manière, lorsqu'il y a eu deux hommes du second rang établis sur la ligne.

Six hommes du premier rang, quatre du second et deux du premier sont déjà formés sur la ligne.

L'instructeur suit le mouvement à hauteur des hommes du premier rang qui se portent sur la ligne.

La FIGURE 5 *représente un peloton marchant par le flanc droit et se formant par peloton en ligne.*

(Ecole de peloton, n° 144 et suiv.)

Le sous-officier de remplacement a continué à marcher droit devant lui; le chef de peloton s'est porté rapidement à quelques pas en avant, et a fait face à son peloton pour surveiller le mouvement.

Les soldats ont avancé l'épaule droite et ont pris le pas accéléré pour se porter en ligne par le chemin le plus court; les hommes du second et du troisième rang suivent exactement leurs chefs de file; les files entrent en ligne, l'une après l'autre, et en y entrant, elles prennent le pas du guide.

Le peloton conserve le tact des coudes à droite, jusqu'à ce que le chef de peloton commande *guide à gauche,* lorsque la dernière file est entrée en ligne.

PLANCHE XII.

La FIGURE 1 *représente un peloton qui rompt par section à droite.*

(Ecole de peloton, n° 161 et suiv.)

Chaque chef de section s'est porté à deux pas devant le centre de sa section; le sous-officier de remplacement s'est

droit devant lui, et, après avoir dépassé le sous-officier de remplacement, il a tourné à droite pour se porter sur la ligne de bataille, et s'y est placé à la gauche du chef de peloton ; le second homme a continué à marcher après avoir dépassé le premier, s'est porté comme lui sur la ligne et s'est placé à sa gauche. Le troisième a fait la même chose à l'égard du second, et ainsi des autres.

Aussitôt qu'il y a eu deux hommes du premier rang établis sur la ligne, le second rang s'est mis en marche, et chaque homme de ce rang s'est placé derrière son chef de file, en se conformant à ce qui a été prescrit pour les hommes du premier rang ; le troisième rang s'est ensuite formé de la même manière, lorsqu'il y a eu deux hommes du second rang établis sur la ligne.

Six hommes du premier rang, quatre du second et deux du premier sont déjà formés sur la ligne.

L'instructeur suit le mouvement à hauteur des hommes du premier rang qui se portent sur la ligne.

La FIGURE 5 *représente un peloton marchant par le flanc droit et se formant par peloton en ligne.*

(Ecole de peloton, n° 144 et suiv.)

Le sous-officier de remplacement a continué à marcher droit devant lui ; le chef de peloton s'est porté rapidement à quelques pas en avant, et a fait face à son peloton pour surveiller le mouvement.

Les soldats ont avancé l'épaule droite et ont pris le pas accéléré pour se porter en ligne par le chemin le plus court ; les hommes du second et du troisième rang suivent exactement leurs chefs de file ; les files entrent en ligne, l'une après l'autre, et en y entrant, elles prennent le pas du guide.

Le peloton conserve le tact des coudes à droite, jusqu'à ce que le chef de peloton commande *guide à gauche,* lorsque la dernière file est entrée en ligne.

PLANCHE XII.

La FIGURE 1 *représente un peloton qui rompt par section à droite.*

Ecole de peloton, n° 161 et suiv.)

Chaque chef de section s'est porté à deux pas devant le centre de sa section ; le sous-officier de remplacement s'est porté à la place du chef de peloton, au premier rang. Au moment où le mouvement a commencé, l'homme de droite du premier rang de chaque section a fait à-droite, le chef de section s'est porté par la ligne la plus courte en dehors du point où doit appuyer la gauche de sa section, ayant soin de se placer sur une direction perpendiculaire à l'alignement du peloton et de laisser, entre l'homme de droite et lui, l'espace nécessaire pour contenir sa section.

Chaque section a rompu à droite par le principe des conversions de pied ferme, et a été arrêtée, au moment où l'homme qui conduit l'aile marchante est arrivé à trois pas de la perpendiculaire.

La section étant arrêtée, le guide s'est porté à hauteur du chef de section, qui l'a placé sur l'alignement de l'homme qui a fait à-droite; le chef de section a ensuite aligné sa section entre cet homme et le guide.

La section étant alignée, le chef de section a commandé *fixe*, et s'est porté à deux pas devant le centre.

A représente le mouvement au moment où les sections ont été arrêtées.

B représente le mouvement achevé.

La FIGURE 2 *représente un peloton rompu en colonne par section, la droite en tête, se disposant à marcher.*

(Ecole de peloton, n° 175 et suiv.)

L'instructeur s'est porté à trente pas en avant sur le prolongement des guides. Le guide de la tête a pris deux points (*d h*) sur la ligne qui, partant de lui, passe entre les talons de l'instructeur.

La FIGURE 3 *représente un peloton marchant en colonne par section, la droite en tête, qui change de direction du côté du guide.*

(Ecole de peloton, n° 192 et suiv.)

Le peloton étant en marche, l'instructeur a placé sur la direction des guides un jalonneur (*h*) au point où le changement de direction doit s'exécuter; ce jalonneur présente la poitrine au flanc de la colonne.

Le guide de la première section s'est dirigé sur ce jalonneur, de manière à raser sa poitrine avec son bras gauche.

Arrivé à la hauteur de ce jalonneur, il a tourné à gauche en continuant de marcher du même pas. Chaque homme, avançant un peu l'épaule droite et prenant le pas accéléré, se porte sur l'alignement, et prend le pas du guide à mesure qu'il y arrive. Les hommes du second et du troisième rang suivent exactement leurs chefs de file.

La seconde section continue à marcher et tourne à gauche, lorsqu'elle arrive à hauteur du jalonneur.

L'instructeur, placé près du point de conversion, surveille l'exécution du mouvement.

La FIGURE 4 *représente un peloton marchant en colonne par section, la droite en tête, qui exécute un changement de direction du côté opposé au guide.*

(Ecole de peloton, n° 298 et suiv.)

L'instructeur a placé un jalonneur (*h*) au point où la colonne doit changer de direction.

La section de la tête, étant arrivée à hauteur du jalonneur, a commencé à converser; le guide de cette section a décrit un arc de cercle qui a pour rayon le front de la section. Les soldats, en observant le tact des coudes du côté du guide, exécutent une conversion à droite; celui qui est au pivot fait le pas de 22 centimètres (8 pouces) pour dégager le point de la conversion, ce qui fait cintrer un peu la section.

Le guide de la seconde section marche exactement dans la trace de celui qui le précède; arrivé à hauteur du jalonneur (*h*), il a commencé à converser, ayant soin de décrire le même arc de cercle que le guide de la tête.

Les chefs de section se tournent face à leurs sections pendant la conversion.

L'instructeur, placé près du point où le mouvement commence, veille à son exécution.

La première section a achevé de converser et la seconde exécute la conversion. Les lignes ponctuées (*m*, *o*), indiquent la position du premier rang de la section aux différens points de la conversion.

B représente le peloton marchant en colonne, après avoir changé de direction.

La FIGURE 5 *représente un peloton en colonne par section, la droite en tête, se formant à gauche en bataille.*

(Ecole de peloton, n° 214 et suiv.)

L'instructeur s'est porté en avant de la première section sur le prolongement des guides et leur a fait face; il a pris, entre le guide de la tête et lui, un peu moins que distance de section. Les guides n'ont pas bougé.

Les sections ont conversé à gauche par le principe des conversions de pied ferme ; l'homme de gauche de chacune d'elles a fait un à-gauche et a appuyé sa poitrine contre le bras du guide ; les chefs de section se sont tournés face à leurs sections pour surveiller la conversion.

Chaque section a été arrêtée par son chef, au moment où l'aile marchante est arrivée à trois pas de la ligne des guides ; le chef de la seconde section, après l'avoir arrêtée, s'est porté en serre-file ; le chef de peloton s'est porté sur la ligne de bataille, au point où appuie la droite de son peloton, et a aligné les deux sections.

Les sections étant alignées, l'instructeur a fait rentrer les guides.

A représente le mouvement, au moment où les deux sections s'arrêtent ; B représente le mouvement achevé.

PLANCHE XIII.

La FIGURE 1 *représente un peloton en marche, supposé faire partie d'une colonne, la droite en tête, rompant par section.*

(Ecole de peloton, n° 238 et suiv.)

Le chef de peloton s'est porté devant le centre de la première section, et l'a prévenue qu'elle devait continuer à marcher droit devant elle. Le chef de la seconde section s'est porté devant le centre de cette section, et lui a fait marquer le pas.

Le guide de la première section a passé au flanc gauche de cette section aussitôt qu'elle a eu dépassé la seconde.

La seconde section a obliqué à droite pour se placer derrière la première, et elle a repris la marche directe, aussitôt qu'elle a été couverte par cette section.

A représente le peloton prêt à rompre par section.

B le représente au moment où, les deux sections étant séparées, la seconde se dispose à obliquer à droite.

C représente le mouvement achevé.

La FIGURE 2 *représente un peloton marchant en colonne par section, la droite en tête, formant le peloton.*

(Ecole de peloton, n° 246 et suiv.)

La première section a obliqué à droite pour démasquer la seconde, qui a continué à marcher droit devant elle. Au moment où la première section a commencé à obliquer, le guide de cette section s'est porté au flanc droit.

La seconde section étant démasquée, la première a marqué le pas pour l'attendre, et, lorsqu'elle est arrivée à sa hauteur, le peloton s'est mis en marche, prenant le guide à gauche. Le chef de peloton s'est porté devant le centre du peloton et le chef de section en serre-file.

A représente le peloton marchant en colonne, avant de commencer le mouvement.

B représente le mouvement au moment où la seconde section vient d'être démasquée.

C représente le mouvement achevé.

La FIGURE 3 *représente un peloton supposé faire partie d'une colonne, la droite en tête, exécutant la contre-marche.*

(Ecole de peloton, n° 299 et suiv.)

Le peloton a fait à-droite, les deux guides ont fait demi-tour à droite, le chef de peloton a fait déboîter en arrière les trois files de droite, et s'est placé à côté de la première pour la conduire.

Le peloton s'est ensuite mis en marche, les deux guides n'ont pas bougé. La première file, conduite par le chef de peloton, a conversé à gauche autour du guide de droite, et s'est ensuite dirigée, en passant devant le premier rang, de manière à arriver à deux pas en arrière du guide de gauche; toutes les files sont venues converser à la même place que la première; et lorsque cette file est arrivée à hauteur du guide de gauche, le peloton a été arrêté et aligné entre les deux guides.

A représente le mouvement commencé; le peloton a fait à-droite, et les trois premières files ont déboîté en arrière.

B représente le mouvement qui s'exécute; les files de droite, après avoir conversé autour du guide, se prolongent en arrière du nouvel alignement.

C représente le mouvement achevé; les deux guides ont repris leur place à la droite et à la gauche du peloton.

La FIGURE 4 *représente un peloton marchant en colonne par section, la droite en tête, qui se forme sur la droite en bataille.*

(Ecole de peloton, n° 308 et suiv.)

L'instructeur a fait prendre à la colonne le guide à droite, e s'est porté légèrement au point où doit appuyer la droite d peloton en bataille, faisant face au point de direction de gauche

La première section étant arrivée à hauteur de l'instructeu a tourné à droite; le guide s'est dirigé de manière à faire ar river l'homme de droite contre l'instructeur, et le chef de pe loton a arrêté la section, au moment où le guide s'est trouvé à trois pas de la ligne de bataille.

Le guide de cette section s'est porté sur la ligne de manière à correspondre à l'une des trois files de gauche, il a fait face à l'instructeur qui l'a aligné sur le point de direction de gauche.

Le guide étant assuré sur la ligne, le chef de peloton a aligné la section à droite.

La seconde section a continué à marcher jusqu'à ce qu'elle soit arrivée à la hauteur de la file de gauche de la première; alors elle a tourné à droite; le guide s'est dirigé sur la file de gauche de la première, et lorsqu'il est arrivé à trois pas de la ligne, le chef de section a commandé : 1. *section;* 2. HALTE; 3. *à droite* = ALIGNEMENT, et s'est porté en serre-file.

Au commandement de HALTE, le guide s'est porté sur la ligne de bataille, s'y est placé sur le prolongement du guide de la première section et de l'instructeur, de manière à correspondre à l'une des trois files de gauche de la section.

A représente la colonne en marche ayant le guide à droite.

B représente le mouvement près de s'achever; la première section est formée sur la ligne de bataille; la seconde a été arrêtée à trois pas de cette ligne, et son chef attend pour la faire aligner à droite que toutes les files soient entrées en ligne.

PLANCHE XIV.

La FIGURE 1 *représente un peloton, faisant partie d'une colonne, la droite en tête, qui met des files en arrière et les fait rentrer en ligne.*

(Ecole de peloton, n° 261 et suiv.)

A représente le peloton mettant une file de gauche en arrière; cette file a marqué le pas, et les hommes de chaque rang, avançant un peu l'épaule gauche, appuient à droite pour marcher derrière le troisième rang, à mesure qu'ils seront dépassés par ce rang.

B représente le mouvement terminé; les trois hommes de la file mise en arrière suivent les trois dernières files restées en ligne à la gauche du peloton; le guide de gauche a appuyé à la dernière de ces files.

C représente le même peloton mettant une seconde file en arrière; la file déjà rompue a raccourci le pas afin de laisser entre elle et le troisième rang la place nécessaire pour contenir la nouvelle file qui va se mettre en arrière, et chacun des hommes de cette file gagne en avançant légèrement l'épaule

loton a arrêté la section, au moment où le guide s'est trouvé à trois pas de la ligne de bataille.

Le guide de cette section s'est porté sur la ligne de manière à correspondre à l'une des trois files de gauche, il a fait face à l'instructeur qui l'a aligné sur le point de direction de gauche.

Le guide étant assuré sur la ligne, le chef de peloton a aligné la section à droite.

La seconde section a continué à marcher jusqu'à ce qu'elle soit arrivée à la hauteur de la file de gauche de la première; alors elle a tourné à droite; le guide s'est dirigé sur la file de gauche de la première, et lorsqu'il est arrivé à trois pas de la ligne, le chef de section a commandé: 1. *section*; 2. HALTE; 3. *à droite* = ALIGNEMENT, et s'est porté en serre-file.

Au commandement de HALTE, le guide s'est porté sur la ligne de bataille, s'y est placé sur le prolongement du guide de la première section et de l'instructeur, de manière à correspondre à l'une des trois files de gauche de la section.

A représente la colonne en marche ayant le guide à droite.

B représente le mouvement près de s'achever; la première section est formée sur la ligne de bataille; la seconde a été arrêtée à trois pas de cette ligne, et son chef attend pour la faire aligner à droite que toutes les files soient entrées en ligne.

PLANCHE XIV.

La FIGURE 1 *représente un peloton, faisant partie d'une colonne, la droite en tête, qui met des files en arrière et les fait rentrer en ligne.*

(Ecole de peloton, n° 261 et suiv.)

A représente le peloton mettant une file de gauche en arrière; cette file a marqué le pas, et les hommes de chaque rang, avançant un peu l'épaule gauche, appuient à droite pour marcher derrière le troisième rang, à mesure qu'ils seront dépassés par ce rang.

B représente le mouvement terminé; les trois hommes de la file mise en arrière suivent les trois dernières files restées en ligne à la gauche du peloton; le guide de gauche a appuyé à la dernière de ces files.

C représente le même peloton mettant une seconde file en arrière; la file déjà rompue a raccourci le pas afin de laisser entre elle et le troisième rang la place nécessaire pour contenir la nouvelle file qui va se mettre en arrière, et chacun des hommes de cette file gagne en avançant légèrement l'épaule

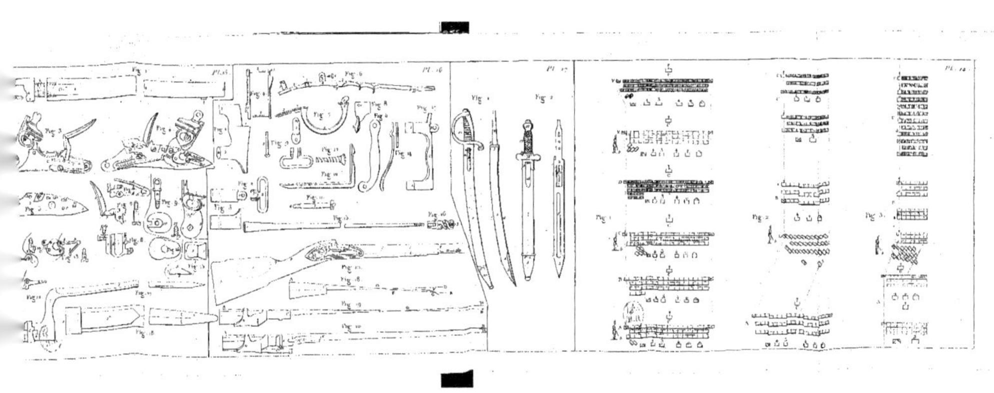

gauche, l'espace d'une file à droite; la seconde file a marqué le pas, et chaque homme, à mesure qu'il est dépassé par le troisième rang, appuie à droite pour se placer entre ce rang et la file déjà rompue.

D représente le mouvement achevé; le guide a appuyé à la dernière des files restées en ligne; les deux files rompues suivent l'une derrière l'autre les trois files restées en ligne à la gauche du peloton.

E représente le même peloton qui fait rentrer une file en ligne; les hommes de cette file ont avancé l'épaule droite et ont accéléré le pas pour se porter en ligne à la gauche du peloton, le guide a appuyé à gauche pour lui faire place; les hommes de la file qui doit rester encore en arrière ont avancé l'épaule droite pour gagner l'espace d'une file à gauche.

F représente la seconde file qui rentre en ligne.

La FIGURE 2 *représente un peloton, faisant partie d'une colonne, la droite en tête, marchant au pas de route et rompant par section.*

(Ecole de peloton, n° 285.)

A représente le peloton marchant au pas de route; les rangs ont de l'un à l'autre 70 centimètres (26 pouces) de distance.

B représente le même peloton qui rompt par section; la première section a continué à marcher droit devant elle, le chef de cette section s'est porté au flanc gauche au premier rang, et le guide a reculé au troisième.

La seconde section a obliqué à droite pour se placer derrière la première; les hommes de cette section ont fait un demi-à-droite en obliquant, afin de ne pas arrêter la subdivision qui suit.

C représente le mouvement achevé; la seconde section marche derrière la première; le chef de cette section s'est porté au flanc gauche au première rang, et le guide a reculé au troisième.

La FIGURE 3 *représente un peloton de vingt files marchant en colonne par section au pas de route, la droite en tête, et rompant par demi-section.*

(Ecole de peloton, n° 286 et suiv.)

A représente les deux sections ayant serré les rangs pour rompre, les chefs de section se sont portés devant le centre de leurs sections.

B représente les sections qui rompent; le chef de peloton et le chef de section se sont portés devant le centre de leurs demi-sections de droite ; dans la première section le sous-lieutenant, dans la seconde le sergent-major, se sont portés devant le centre de la demi-section de gauche.

Les demi-sections de droite ont marché droit devant elles ; le chef de peloton et le chef de section se sont portés au flanc gauche au premier rang ; les demi-sections de gauche ont obliqué à droite pour se placer derrière celles de droite ; le sous-lieutenant et le sergent-major se sont placés au flanc gauche de ces demi-sections au premier rang.

Les serre-files se sont répartis au flanc gauche des demi-sections au troisième rang de la manière suivante : dans la première demi-section, le fourrier derrière le chef de peloton dans la deuxième, le quatrième sergent ; dans la troisième, le troisième sergent derrière le chef de section.

C représente le mouvement achevé, la colonne marche au pas de route et a repris 70 centimètres (26 pouces) de distance entre chaque rang.

TABLE DES MATIÈRES

DE LA PREMIÈRE PARTIE,

CONTENANT LES LOIS, ORDONNANCES, ETC.

TABLE DES MATIÈRES

DE L'ORDONNANCE DU 4 MARS 1831.

TITRE Ier.

TITRE II.

ÉCOLE DU SOLDAT.

1re Partie.

2e Partie.

FIN DE LA TABLE.

www.ingramcontent.com/pod-product-compliance
Ingram Content Group UK Ltd.
Pitfield, Milton Keynes, MK11 3LW, UK
UKHW020445200726
13857UKWH00002B/580

9 782012 95213